股权众筹投资指南

关于风险、收益、法规、筹资网站、尽职调查和交易条款

[美] 戴维·弗里德曼（David M. Freedman） 马修·纳丁（Matthew R. Nutting）◎著
清控三联创业投资（北京）有限公司◎译

EQUITY CROWDFUNDING FOR INVESTORS

A GUIDE TO RISKS, RETURNS, REGULATIONS, FUNDING PORTALS, DUE DILIGENCE, AND DEAL TERMS

清華大學出版社
北京

David M. Freedman, Matthew R. Nutting

Equity Crowdfunding for Investors: A Guide to Risks, Returns, Regulations, Funding Portals, Due Diligence, and Deal Terms, 1st Edition

ISBN: 9781118853566

北京市版权局著作权合同登记号 图字：01-2017-0237

图书在版编目(CIP)数据

股权众筹投资指南：关于风险、收益、法规、筹资网站、尽职调查和交易条款 /（美）戴维·弗里德曼（David M. Freedman），（美）马修·纳丁（Matthew R. Nutting）著；清控三联创业投资（北京）有限公司译.—北京：清华大学出版社，2019
（清华五道口互联网金融丛书）
书名原文: Equity Crowdfunding for Investors: A Guide to Risks, Returns, Regulations, Funding Portals, Due Diligence, and Deal Terms
ISBN 978-7-302-49676-2

Ⅰ. ①股… Ⅱ. ①戴… ②马… ③清… Ⅲ. 企业融资－研究 Ⅳ. ①F275.1

中国版本图书馆 CIP 数据核字(2018)第 276400 号

责任编辑： 张 伟
封面设计： 王天义
责任校对： 王荣静
责任印制： 李红英

出版发行： 清华大学出版社
网 址：http://www.tup.com.cn, http://www.wqbook.com
地 址：北京清华大学学研大厦 A 座 邮 编：100084
社 总 机：010-62770175 邮 购：010-62786544
投稿与读者服务：010-62776969，c-service@tup.tsinghua.edu.cn
质量反馈：010-62772015，zhiliang@tup.tsinghua.edu.cn
印 刷 者： 三河市铭诚印务有限公司
装 订 者： 三河市启晨纸制品加工有限公司
经 销： 全国新华书店
开 本： 148mm×210mm **印 张：** 12 **字 数：** 277 千字
版 次： 2019 年 10 月第 1 版 **印 次：** 2019 年 10 月第 1 次印刷
定 价： 69.80 元

产品编号： 066257-01

前 言

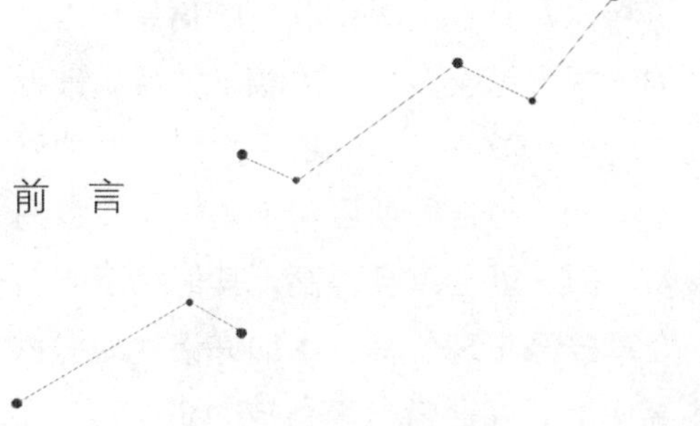

一个人很难有机会像我在写本书的前言时那样，意识到这是一项充满价值的工作。2012 年、2013 年、2014 年三年中，甚至在《创业企业促进法案》(《JOBS 法案》) 通过并成为我国法律之前，我都一直是众筹活动的积极支持者和热情参与者。

尽管众筹是对企业项目筹资和投资者支持的资金筹措活动的总称，但是我最初对众筹领域的热情是出于作为一个投资者对有安全保障投资形式的兴趣，而不是作为企业的资金筹措者或者服务提供者。事实上，我当了几十年的个人天使投资人，现在我是一名专业的资金管理者，为别人管理资金。一小部分人可能会争辩说，众筹带来的各种各样的社会经济收益依赖于个人投资者开出支票的意愿和能力。

然而，公众关于众筹的讨论大多数集中在其带给企业和社会整体的收益上。这本书为弥补这一差距迈出了一大步，它向新的合格投资者提供了启蒙读本，同时还解释了最近的法律以及条令更改如何允许每一个人——不仅仅是小部分富有人——参与到这个富有吸引力而且收益大的资产团队中来。这本书编写得非常合理并且具有较高的阅读性，就算是对于有经验和已经参与其中的参与者来说，本书也提供了许多背景资料以及其他的关于利息的信息。

众筹的收益以多种多样的方式已经至少翻了 4 倍。并且，最近的立法的名称已经暗示了其中的两个好处，这个名字恰到好处地叫《创业企业促进法》(《JOBS 法案》)。当各种项目和企业能够更容易地获得必需的起步以及发展资金时，就业率会提高，其他经济方面的收益也会自然而然出现。众筹已经实现了其基本的许诺，即提供重要的附加金融来源给那些高速增长和通常是高科技的企业，对于专业的投资者和公共市场来说，这些企业给出的利息最高，并且对任何一个国家的经济进步和福利都做出了非常重要的贡献。众筹还提供新的、有价值的工作原理来支持普通民众型企业和生活方式型企业，这些企业雇用了大量的普通公民，构成了我们社区中日常生活的基本框架。这样的企业以前只能依靠企业自身或来自社区银行的资金，因此常常因为资金不足而头疼。

众筹的第三个主要益处，以及我个人非常支持这项活动的主要原因，就是众筹使得通往有产阶级的道路更加宽广和民主，以前这条道路只向一小部分富有的且相互紧密联系的个人和机构开放。这本书的大部分内容都旨在说明《JOBS 法案》下的 Title Ⅲ众筹，包括它和其他债权众筹的关系以及不同之处。对那些没有经验但是却有足够经济方面动力的投资者来说，所有形式的债权众筹中所涉及的大量事件和各方面都是相同的，而本书很好地介绍并解释了它们。《JOBS 法案》下的 Title Ⅲ众筹，以及总体上来看的债权众筹，都为扩大天使投资人的群体（那些用他们自己的资金开出支票来支持并且参与到早期阶段和成长阶段的企业的人）提供了历史性的机会，使得这一群体的参与者从很小的富裕的精英团体扩展到了实际上所有人。

为了使表述完整，我们必须提出众筹行动的最后一个主要的优点，但是我们将不会在这里广泛地讨论它，这个优点就是，众筹为公民的决策和实践进步提供了一种全新的、具有潜在破坏力的、替代性好的机制。正因如此，许多公民捐赠者团体现在可以聚集到一起并且共同支持各种项目和活动，这些活动通常无法从我们频繁地陷入政治性僵局的现任政府那里获得所需要的共识。这方面来说平等地适用于所有形式的众筹，包括基于证券的形式和本书着重介绍的股权形式。

正如这本书经常确切指出的那样，基础的《JOBS 法案》立法及其冗长的法令目前在很多方面都是不完善和不完美的，这在之后肯定会被进一步修补和提高。基于这些不确定性，股权众筹以及其他形式的基于证券的众筹的未来将会是怎样的呢？什么样的事件将会成为今后进一步的吸引力并且为这一切做出努力呢？

事实是，大多数知识渊博、富于经验的早期阶段的投资者肯定会希望大多数参与到股权众筹中的个人投资者赔钱。这并不能否认另一种可能性，即小部分人能够并且将会获得纯回报（如果他们勤奋、有自制力并且遵循这本书或者其他地方的各种建议的话），但是就像那些更富有的有经验的个人天使投资人一样，大多数股权众筹投资者付出巨大努力却只能非常现实地承受全军覆没的后果。确实，政治家们和一些产业的领导人常常发表的公开声明相反起到了一种针对系统性诈骗的误导扰乱。这种错误的代表事实上要比偶尔的发行者诈骗（为了避免失败）更加令人担忧，这些发行者诈骗长期以来一直受到公众的监督，事实上，在近年来许多其他国家更加前沿的众筹活动中，几乎是见不到这种诈骗的身影的。

我们能做什么来使得大部分个人众筹投资者的财务成果是有

收益并且最大化呢？本书包含大量的珍贵的经验智慧，这些经验智慧对于在任何早期阶段股权投资包括众筹中获得可靠的财务收益是非常关键的。这些内容中最重要的就是根据一个人自身的优先选择和目标来了解并且操作，对至少 10 个早期阶段的投资项目进行预算分析并建立投资组合，以及参与、获取途径接近或者至少跟进别人广泛地针对每一个潜在投资项目的尽职调查，这些投资通常是由投资者主导的并且超出了发行者和中介提供的法律最小值，发行者和中介一定有不同于投资者的动机。

然而，就算是严格认真地按照所有这些设定好的指导来做，由于很多原因，这个行业的甲板还是和大多数小规模股权众筹的投资者的财务上的成功是对立的。就像本书详细讨论的那样，早期阶段的投资不可避免是一个充满风险的行为，在这个行为中，大多数的冒险和承诺都是不会成功的。就算是对于所有投资者包括天使投资人和风投专家来说，情况也是如此。更进一步来说，更加富有的私人投资者和公共证券部分的投资者还有这样的投资方法，即通过持续的尽职调查以及与利益结盟的和全职的专家人员实质经验的办公室投资，并且从中获益。因此他们还可以投入更大的金额从而在他们所投资的公司里获得更大的发言权。

最后，还有一些知识只能通过实打实的经验学到，而不能通过在各大公共论坛里获得，比如，所有的起引领作用的事情，包括写下第一张支票，都不会构成一个通往早期阶段投资的成功的、完整的故事，不论是以股权众筹还是传统的天使筹资方式。第一张支票本身并不是结束，而仅仅是一个开头的结束。随着公司的发展和繁荣，为了使得公司能够达到其承诺的成功地位、私人收购或者是公开上市，通常需要更多的资金，同时对早期投资者的最终回报通常严格取决于在接下来的资金筹措环节中发生的事情。这些附加的、后来的财务支持的增额通常来自专业的投资者和集中的基金，并且相较于特例来说，更加常见的情况是，后期的更大量的资金更能在其自身利益方面产生巨大的作用，而且因为这些资金有这种能力，它常常会损害到早期投资者的利益（这就是所谓的投资的黄金准则，即是说，那些有钱人制定的规则）。

那些早期通过股权众筹筹得资金支持的成功发展的公司，绝不会甚至也不能通过之后的Title Ⅲ股权众筹来获得未来的更大型的筹资，而最早的Title Ⅲ投资者将会被允许再次参与，因为为了保护投资者，财务限制已经成为股权众筹的一部分，或者即使被允许这样做的话，也是较小的众筹投资者，总的来说拥有参与所必需的更好的金融来源。更具体地说，在这个投资者个人进行的超过 50 项私人投资中，每一个被投资的公司都会重新回到这个平台以获取额外的基金，并且后期投资了更加成功的公司的投资者们常常（合法的或者是其他的，在某些情况下需要很复杂的协商或者甚至就是不合法的）侵占了他们早期的共同投资者的利益。股权众筹投资者聚集的能力以及进行专业的尽职调查的能力（就像之前讨论过的那样），还有潜在的和来自开端的更大的投资者合作的能力，相比于那些传统的天使投资人和风险投资人来说，都是他们获得财务方面成功的关键；然而，这些操作方法还既不能获得法律的允许，也不能获得实际的发展。

总结来说，本书提供了非常珍贵的体验，它介绍了早期阶段众筹方面的一般性内容，针对投资者如何理解并且参与到基于证券特别是股权众筹的活动中给出了非常实际的指导。这本书同样也会让你经历“一次愉快的阅读”，对于任何一个希望理解现代经济和社会中重要的、正在发生的现象的人来说，本书都值得关注。我一直是一名众筹的忠实支持者，尽管它有各种各样的不确定性和复杂性，我坚信，这种有资本回报的成功对于每个想要付出勤奋和努力的人来说都是触手可得的，我也很高兴这样的机会正变得越来越面向所有人。一些参与者能够同时也确实将会继续通过这些投资挣得大笔的财富。本书的作者对这本书做出的卓越贡献也值得我们认同和感谢。

前瞻：新天使投资人

你是否曾经希望自己在苹果公司还在乔布斯父母的车库里运营的时候就投资过这个公司？或者在脸谱的总部还在马克·扎克伯格的大学宿舍里时就买下它的一些股份？

人的一生中很少有机会能像某些刚起步的公司的创建者或者早期投资者那样获得大量的财富。

迈克·马克库拉是苹果公司的第一位天使投资人。他在 1976 年遇见了史蒂夫·乔布斯和斯蒂夫·沃兹尼亚克，当时他们刚刚制作出苹果电脑第二代的原型，并且还没有把苹果公司的总部从加利福尼亚州的洛斯阿尔托搬到库比蒂诺的一间办公室里。马克库拉此时 32 岁，并且刚从英特尔公司退休，他帮助乔布斯和沃兹尼亚克写他们的商业计划，然后他投资了 8 万美元购得了公司三分之一的股权（他还向苹果公司贷款了 17 万美元）。这笔交易在当时价值不到 100 万美元。三年后苹果公司上市，公司的市值猛增至 1.778 亿美元，此时马克库拉的股份价值约 200 万美元。这比起他最初的投资增加了远不止 2 000 倍。

雷德·霍夫曼是脸谱最初的两位外部投资者之一。霍夫曼自身是一位企业家，他是贝宝支付平台创始董事会的成员之一，并且之后在 2003 年创立了领英。2005 年，他向脸谱投资 37 500 美元，这时候这个公司刚刚从哈佛的学生宿舍搬到它在硅谷的新总部，市场估值 500 万美元。七年后脸谱发起了它的首次公开募资，公司的价值跃至 100 亿美元。霍夫曼手上的公司股票价值大约 75 亿美元，是他最初投资的 20 万倍。

这是两个引人注目的成功的投机天使投资的例子。而大多数天使投资项目是没有这么成功的：一些项目取得了小的成功，但是，令人难过的是，大多数都失败了。你要知道，新创立的公司价值的疾速增长是伴随着缓慢增长或者彻底的失败的同等可能性。为什么成功的天使投资人一般会购买多个刚起步公司的私人股权，因为通过这样做，他们分散了风险，增加了获得成功的机会。

然而，天使投资的潜在回报并不仅仅是在财务方面，还有一些策略性的收益，比如：

（1）和极具天赋的创业者、投资者、出色的企业家以及人脉宽广的公司领导的密切联系。

（2）能够以专业的知识和技能参与公司的管理和治理，可能是作为董事会的成员、付费的咨询者或者是策略性的合作伙伴。

（3）能够接触到创新的商业模型、新的产品、前沿的科技以及专利调查。

（4）能够获得后期天使投资、风险投资以及 IPO 投资的机会。

在寻找金融回报和策略性收益的过程中，天使投资人还可以得到社会的回报：推动社区的发展（特别是当投资者和发行人代表相同的大都市地区时），创造新的工作，支持他们最喜欢的产品和品牌并且帮助一些好人实现他们的梦想。成功的投机活动的回报和收益确实已经达到很高的地步。

2012 年是天使投资项目发展到顶点的一年。在美国，268 000

多个天使投资人投资了大约 67 000 个初创企业，以及处于萌芽阶段、早期发展阶段和增长阶段的小型企业。这些交易的总投资金额几乎高达 23 亿美元。这些还不包括风险资本投资，风险资本投资包括基金（或者说资本的集合），而不是个人，通常用于投资商业发展后期阶段（但仍然属于预备首轮融资）。

2012 年，在个人天使投资者中最受欢迎的行业板块就是软件和医疗保健，其次是零售、生物科技、工业/能源和媒体。

这给了你关于美国天使投资活动规模的一个想象——而这是在规则改变之前。

原来的规则

在股权众筹合法化之前，对于大多数美国人来说，投资快速增长的刚起步的企业要么是极其不现实，要么是不合法的。

根据 1933 年通过的法案，如果我们大多数人还记得的话，天使投资很大程度上是对于所有人关闭的，除了以下的少部分人：①美国最富有的人；②正在寻找资本的私人公司的创立者和他们的家人及朋友，俗称 3F。这些限制的法律基础从 1933 年的安全法案开始，之后由 SEC（美国证券交易委员会）和联邦法庭进一步完善。在第 2 章中我们会充分描述当时的管理框架来帮助您理解新的股权众筹的规则，而是这里描述的是一个简单版本：

- 私人公司股票的发行者，无论是在刚成立的公司还是现存的企业，可以给无数个值得信任的投资者提供股份，这些投资者包括净资产达 100 万美元或者年收入 20 万美元的个人（如果是夫妇，年收入则至少 30 万美元）。这些股票发行者每轮融资也可以向最多 35 个非合格投资者售卖股份，只要这些投资者足够聪明，懂得购买私人公司股票的风险并且和公司创立者或是公司的决策建议者有良好的私人关系。

- 私人股票发行者和他们的注册中间人（比如说股票交易员）只能够向与他们有着非常优先关系的人提供股份，当然一小部分人除外。他们不能够参与“一般性劝诱”，意思是他们不能针对一项提供给全体公众的投资进行宣传和广告。

对于那些既没有巨大财富，也没有与股票发行者（或者他们的中间人）建立密切关系的美国人来说，通往天使投资的大门是紧闭的，甚至还挂着帘子。并且，对于大部分普通的美国人来说，通往其他各种私人证券的大门在当时（现在也）是关闭的，这些私人证券包括风险投资、私人股本、对冲基金以及其他“选择性”投资。所以，你不用责怪自己在一些公司刚起步的时候对此一无所知，比如在 1977 年苹果公司的股份可以购买时或者是 2005 年脸谱在寻找早期的投资人时。

游戏的改变者

2012 年，当美国国会打开了通往天使投资那扇大门并且放松了对大众投资的限制后，游戏规则发生了天翻地覆的变化。前总统奥巴马在 2012 年 4 月 5 日签署了《JOBS 法案》，旨在通过简化小公司的资本筹集过程来使得它们繁荣起来。《JOBS 法案》的 Title Ⅲ豁免了 1933 年证券管理条例中的注册要求，从而使得初创企业和那些发展中的企业能够通过线上众筹门户向*所有*投资者，而不仅仅是那些合格投资者，出售他们的股权。这一“众筹豁免”在证券管理条例中被编制成为条款 4（a）（6）。注册和豁免的概念可能会使人有点迷惑，所以我们将在第 2 章中将它们讲清楚。

2015年，证券交易委员会和美国金融业监管局将有望针对股权众筹制定相关规定[①]，这一举措将会使得线上天使投资的大门向公众敞开。证券交易委员会和美国金融业监管局将会进一步管理股权众筹，不断地调整规则并且尝试治理这个系统使其不存在任何欺诈行为。

在法案新的条款4(a)(6)里设置了一个公司能通过股权众筹筹集资金的上限为每年100万美元，同时还限制了非合格投资者根据其净资产和收入能投资的金额，这些限制确保了没有人会因为众筹而破产（我们将会在第3章里详细地描述这些限制）。但是，这些法案条令没有限制公司通过众筹这个门户能售卖的股票的人数。传统的天使投资交易要求投资者们每人投资成百上千的美元才能走进众筹这扇大门，然而股权众筹的投资者们可以买少于1 000美元的股份，甚至有可能更少。所以，根据新的条款4(a)(6)，那些在众筹平台或者通过股票交易人发行股票的公司有可能会从相对大数量的投资者那里得到许多相对小额的投资。这在根本上颠覆了传统的天使交易：从少量投资者投入大量金额的模式变成大量投资者投入少量金额的模式。

2012年有268 000个天使投资人投资了刚起步的和处于早期阶段的公司，当时这样的交易还被限制在一小部分人当中，既然现在这些限制都被放宽了，很难说还有多少投资人会参与到天使资本的市场中来。我们可以成为一个天使投资人的国度，为企业家们提供筹集资本、雇用员工以及缴纳税费的机会。我们不仅要在大都市和高科技发达的地区进行天使投资，而且每个地方都要这样做。

---

① 2015年10月30日，美国证券交易委员会（SEC）正式发布了Title Ⅲ众筹规则最终稿。

考虑你自己的风险

尽管通往天使投资的大门，至少是在线天使投资的大门，现在已经对所有投资人打开了，但并不是每一个人都做好了准备要走进去。说到投资公开发行的股票和债券，那些从来没有做过天使交易的投资者，甚至是自认为有经验的投资者，都需要熟悉一下私人投资的新世界。种子期和早期的投资带有极大的风险，当然也有可能获得令人兴奋的巨大回报和收益。在多样性、资产分配、流动性和长期金融目标方面，你需要懂得天使投资能怎样影响你的整体投资组合。我们将会在第 8 章讲到这些。

所谓投资者，包括那些实际已经进行过天使投资却不懂得众筹本质的合格投资者。我们将会深度研究众筹的演变过程，从基于捐献和实物回报的众筹到私人股权众筹。这一简短的历史为我们上了许多课，这些课是关于风险、回报、诈骗的出现和大众的智慧（或者是大众的疯狂，这得根据上下文来理解）的。

最后，对于你们当中小心权衡过利弊并且相信你（或者/以及你的团体）将会从投资刚起步的和正在发展中的私人公司中获益的人，我们提供了四章关于如何投资的内容，这些内容包括以下话题的一些介绍：

- 天使投资的预算，包括对“干粉”储备的需要。
- 制定现实的关于回报、流动性和管理参与的期待。
- 决定投资何种领域、公司和发展阶段（萌芽阶段、新兴阶段、成长早期或者是后期）。
- 确定你进行天使投资最初的动机：是获得金融方面的回报还是团体的发展。

- 在市场上成百的选择中选出合适的众筹门户或者是股票交易人。
- 做到（或者依靠大众或主要投资者做到）应有的勤奋，比如调查公司的创始人以及回顾他们的金融项目。
- 懂得一些交易术语，特别是与你所要买的那种证券相关的，并且还要懂得你作为一个股份占有者的权利和义务。
- 随时关注你所投资的公司并且管理你的众筹投资组合。
- 弄清你投资退出的可能时机、地点和方式（天使投资人把这称作“套现”），这包括了二级市场、管理层回购、合并和收购、IPO 首轮上市融资以及其他的进入策略。

IPO，投资退出，以及二级市场

说到 IPO，当然你会希望你投资的刚起步的公司能够不断发展最后上市，就像苹果公司和脸谱公司做到的那样，这样的话你就能够得到相当丰厚的回报，就像马克库拉和霍夫曼那样。毕竟，《JOBS 法案》的目标之一就是使得快速成长的公司更容易上市（这是新的法律中很重要的一部分但是这部分并不是本书的重点）。但是，要记住，IPO——尽管是可能的——是可能性最低的进入你的天使投资的方法。只有约 1％的天使投资在 IPO 时就结束，尽管一些成功的投资者小组——比如美国西部历史最久的天使投资小组加州门罗帕克天使乐队，实现了 IPO 率超过 3％。

但是，你还是可以通过其他的进入策略获得你所投资的回报，包括管理回购、收益以及在新的二级市场中的重新出售。我们期盼着股权众筹的出现能够激发出新的、线上的二级市场和/或者众筹股权的公开股票交易市场，这就是基于互联网的市场，在这个市场上，众筹的投资者可以出售他们的股份（在强制规定的一年持有期之后）。在这本书出版之后建立的二级市场，以及其他的许多对众筹投资者有用的资源，将会以列表的形式出现在我们的网页上（www.wiley.com/equitycf）。

只有当你投资的刚起步的公司幸存下来并且发展时，进入策略才是有用的。大多时候都是没用的。有一些刚起步的公司没法在市场上获得发展的动力，最后的结局就是公司解散或者破产。还有一些公司尽管成功了，规模却很小，这种情况对于天使投资人来说是没有实际的进入通道的（根据交易的情况决定）。

财务上的、策略上的以及社会的收益

我们的前瞻是从重点强调传统天使投资的潜在收益开始的，这些收益包括了财务方面的（投资的回报）和策略方面的（和优秀的企业家发展良好的关系，将你的专业技能用到项目中以及得以一窥创新行业的内部的机会，等等）。

说到金融方面的收益，我们可以预计股权众筹将会和传统的天使投资非常相似——至少在筹资大门打开后并且解决了技术和操作方面的若干问题后，这项产业不知怎么变得成熟起来。假设在过去的几年间你通过不同类型的投资使得你的投资组合多样化了，你将会有机会获得一个整体上相当好的回报。现实一点来看，你最终的财务目标不应该是获得投资额 3 倍的回报（如果这真的发生了，就把它当作一个惊喜吧），而是打败众所周知的一些市场指数比如道琼斯指数和标准普尔 500 指数。你有可能令人信服地打出一个全垒打，但是你的投资中的一些甚至是大多数都很有可能是三击未中而出局。

最成功的天使投资人知道如何挑选足够好的企业并且控制他们因投资失败的企业而造成的损失，这样一来，他们就能够通过他们的天使投资组合获得一个整体来看不错的回报。然而，最权威的天使投资的数据来源显示，尽管归结起来天使投资人可能获得了相当不错的回报，但是大多数独立的天使投资人事实上是在赔钱的。

你可能会想，如果大多数天使投资人都在赔钱，为什么他们还在继续着这样的投资？一些成功的（或者不那么成功的）企业家选择成为天使投资人是因为“这是一条可以让人们待在创业世界却不需要每周工作 80 小时的路”，伊恩·索博斯基这样解释。他有博士学位，是天使银行的总经理，同时还在加利福尼亚大学伯克利分校教授企业财务课程。他说：“许多天使投资人都是某个产业的退休的首席执行官或者负责人，他们投资是因为想帮助这些新兴公司发展以及指导这些年轻的执行官。他们常常被这些年轻公司的活力所打动。但是对于大多数天使投资人来说，最简单的答案是，这很有趣。”

说到策略方面的收益，股权众筹是一个相当新的环境，公司的创始人和投资者之间的联系是非传统的。要记住股权众筹包含了相当大数量的小金额投资者。除了最早期的少数投资者，这些投资者常常是 3F 或者企业合伙人，发行者不能够根据他们的专业技能或者是对于公司的策略性的价值来选择哪些人能成为投资者。 即使你认为你为交易带来了完善的策略价值，你仍然将会和成百甚至上千的其他“小金额的”投资者一起投资，这些投资者中的许多人也认为他们为这项交易带来了有价值的专业知识。所以，不要认为一个股权众筹的交易带来的策略方面的收益会和传统的天使交易一样有说服力。

现在说一下好的消息吧。作为那些策略性收益的代替，股权众筹的投资者们会享受到这个全新的金融生态系统带来的独一无二的社会收益，因为这个系统的基础有着强有力的社会关系网络的成分。除了传统天使投资带来的社会方面的收益（发展社区，创造新的工作机会，支持优秀的人才和想法）以外，股权众筹还有以下一些特有的社会方面的收益：

- 和企业家以及投资者同伴建立良好的关系，这些企业家和投资者同伴往往能和你分享你对于某一个特别的产品、品牌、创业者团队、社区或者领域（比如游戏、电影、时尚、3D 打印或者可持续能源，等等）的激情。
- 和其他投资者合作分析一个股票发行者的商业计划和财政项目，共同调查和估值这些计划和项目的可行性，核实这些项目宣称的消费者基础，估计项目的可伸缩性（发展的空间），判断这个公司是否有成功的可能。
- 利用众人的智慧来进行尽职调查，比如说，发现诈骗和不正当竞争的证据，侦察出一切公开中的不实描述或是遗漏，监管一轮融资中的花费流程（在第 6 章我们会继续探寻众人智慧的概念）。
- 参与到线上平台中，在这些平台上众筹的投资者们将由他们的同伴评出等级，你也可以选择参与评分或是被评，同时你也可以追随那些评价最高的投资者，看看在众多的投资门户中他们投资了什么。

对于一些读者来说，特别是对新千年一代和其他熟悉社交网络和产品类众筹的读者来说，股权众筹的社会收益可以被总结为一个词：乐趣。

作为新手，如果那些风险没有吓到你，并且你考虑通过股权众筹来投资，请参阅如下的引导：

- 将你可投资资本中的 5% ~10% 分配到“可选择”的私人投

资项目中，比如初创企业和处于早期阶段的企业。

- 因为天使投资总体上具有高度无流动资金的特性，所以不要投入超过你能承受的资金，否则很有可能导致你之后的数年内都没有机会再进入投资渠道。
- 给自己一些时间——比如说一年或者两年——来进行一些小额的天使投资，学习基本的知识，其间你有可能还会犯些错误，但也会在你向天使投资项目投入大量资金之前获得一些投资技能。

规矩是会进化的

股权众筹是受到高度调节的私人资本市场的一个新分支。就像现存的一些分支是在过去的几十年间不断发展完善一样，在对其进行管理的法律和规则不断地修改和调整之后，这个新的分支也会进一步进化、完善，特别是在接下来的五年中。

在这本书出版的过程中，美国证券交易委员会在 2015 年推出最后的规则来推进 Title Ⅲ，这样一来，股权众筹的门户就能够得以向公众打开，并且所有投资者都将能够参与到 Title Ⅲ的股票发行中来。

在接下来的章节中，我们将会指出法律和规则将有可能在哪些地方改变。我们会将最新的进展发布到这本书的网站上（www.wiley.com/equitycf）和这本书更新后的版本以及其他的 Wiley 出版物中。

一些关键术语的定义

在提到股权众筹及其相关联的平台、门户和规则时，不同的人使用着各种各样不同的术语。这些数量众多的术语很容易引起人们的疑惑，因为这是一个由相当复杂的法律和条令管理着的全新的产业，人们还需要许多年才能确定这一产业的一些专用术语。为了避免混乱，我们在这里提出一些在本书主要使用的术语。

众筹平台：组织众筹活动的网站。这些平台包括捐赠、回报和 Title Ⅲ证券（包括负债和股权）众筹网站，这些网站是对所有人（公众）开放的。但是这些平台不包括 D 条例发行平台，因为那些平台只针对受信投资者而不对公众开放（尽管有一些人会把 D 平台说成众筹平台，但我们认为这种系统命名法会引起混乱）。

股权众筹：向所有投资者（包括那些无信用认证的）发行和销售基于股权的私人资本股票，这是由《JOBS 法案》下的 Title Ⅲ权威认证的。股权意味着所有权，一位购买了股份的投资者就成为发行该股份公司的所有者之一。这样的股票发行只能通过已注册的中间媒介达成，无论是股票经纪人还是资金门户。

资金门户：Title Ⅲ权威认证的两种中间媒介的一种（另一种是股票经纪人平台），可以通过众筹发行基于股权的私人资本股票。

D 条例发行平台：发行 D 条例证券的网站，只针对合格投资者。这些平台，既有法则 506（b）又有法则 506（c）的特点，因此在某些方面看起来很像众筹门户，但是它们并不对所有投资者（公众）开放。

Title Ⅲ：2012 年《JOBS 法案》的七个标题之一。Title Ⅲ对股权众筹进行了授权并且使得所有投资者（包括合格投资者和非合格投资者）都能参与。Title Ⅲ为股票发行的列表增加了“众筹豁免”，这些股票发行的列表得以免于美国证券委员会在 1933 年证券法案的条款 4 下设立的注册过程。

Title Ⅲ股权发行：这和股权众筹的发行是一样的，但是我们有时称它为Ⅲ来达到以下目的：①提醒读者股权众筹的法律基础；②将它与股权众筹（针对所有投资者）和 D 条例发行（只针对合格投资者）区分开。

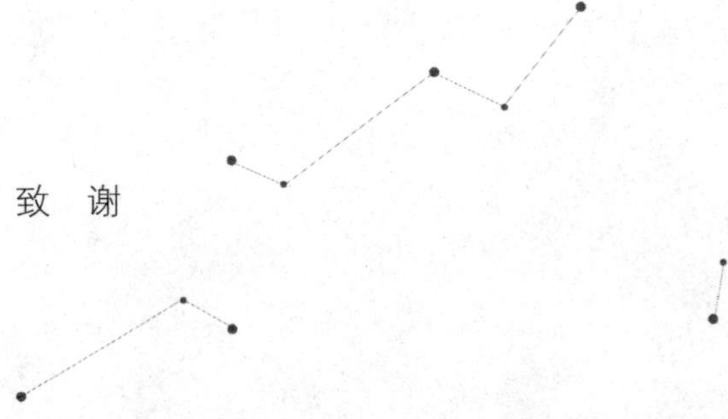

致　谢

感谢资本律师和 Crowdcheck 的首席执行官莎拉·汉克斯，她对每一章节都进行了重审并且对提高本书的准确性及实用性提出了建议。

感谢哈莉叶特·科恩和保罗莉亚·弗里德曼的爱与灵感。

非常感谢作者美丽的、近乎完美的妻子克里斯汀和完美地创造了她的上帝。

感谢周新旺（清华大学五道口金融学院）和张璋（北京联合大学）对本书的翻译、审校所做出的贡献。

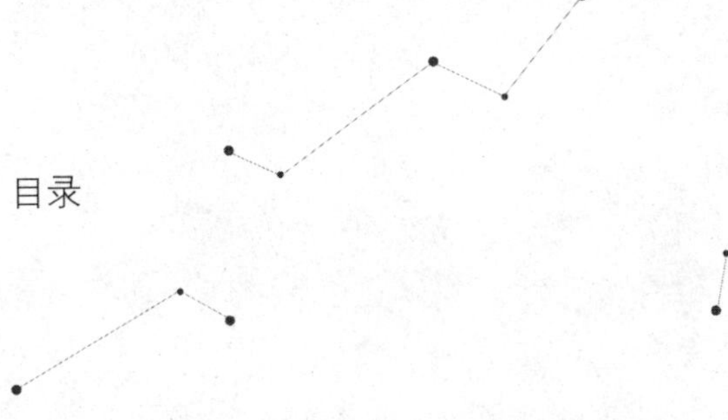

目录

第 1 章

线上众筹平台的建立

——回报众筹、捐赠众筹、债券众筹平台的历史

在过去的10年里，线上众筹平台的出现，就像20世纪90年代电子商务的出现一样，使得企业家、网络建设者、消费者以及投资者（当然还有他们的律师）格外激动，他们急切地想要寻找新的机会。正如20年前电子商务扰乱了零售市场一样，众筹也威胁着一些现存的金融机构和金融行业。

事实上，一些兴奋的开拓者和早期的参与者已经预测到，众筹这一形式，即使不会重新定义华尔街，也会在私人资本市场掀起一场新的革命。现在处于早期阶段，没有人能断言这些人的兴奋是否放错了地方。

使一些众筹的开拓者感到困惑的是，竟然有许多人没有听说过“众筹”这一概念，或者是听说过却几乎不知道它是怎么运行的，再或者就是并没有意识到不同种类众筹之间是有极其大的区别的。

所以，我们从一个宽泛的定义开始介绍众筹。众筹是一种通过线上投资平台实现的筹集大量小额捐款来资助一个受欢迎的企业的方式。筹集捐款这一古老的方式有着几个世纪的历史，而众筹就是它的高科技的新版本。正因为众筹这一概念非常新潮，在市场上有许多关于它的疑问。比如说，许多人仍然认为Kickstarter是众筹的象征。Kickstarter也许是产品类众筹的最佳例子（这种众筹方式也是目前最流行的方式），但是还有许多种不同的众筹方式，包括捐赠众筹以及证券众筹，后者包括了债权众筹以及股权众筹的平台。我们将帮助您区别各种众筹方式的不同，会特别介绍是什么原因使得股权众筹和它之前的众筹不同。

老式（互联网之前的）众筹的一个经典例子是，1885 年，约瑟夫·普利策发起的为给自由女神像的花岗石底座筹集资金的运动。法国将这座由雕塑家弗雷德里克·奥古斯特·巴托尔迪设计的自由女神雕像捐赠给美国，以此来庆祝两国之间的友谊以及它们对于共和政体理想的共同尊重。雕像在 1885 年 6 月船运到美国，但并没有立即进行组装，而是在仓库里放置了一年。在此期间，人们要先制作花岗石的底座。底座的制作过程被一再推迟，原因是美国的自由女神协会没有足够的资金。

据估计，制作底座并将雕像置于其上需花费 30 万美元，但是美国委员会只能筹集到总费用的一半多。纽约州州立政府以及美国国会都拒绝帮助筹集资金。

巴尔的摩、波士顿、旧金山以及费城等城市提出，如果重新决定雕像的落成位置，它们会为整个建造过程提供经费。普利策，这个出生于匈牙利的纽约《环球时报》发行人，非常希望这座雕像能留在他所在的城市，因此他动用了出版社的力量，恳请纽约市民来帮忙为这个项目提供资金。他在《环球时报》中精准地写道：“建造雕像的费用是由广大的法国人民捐赠的，捐赠者包括工人、商人、商店里的女服务员以及工匠，所有人无论什么阶级或者自身条件如何，都为这尊雕像捐款。”他在他的报纸里对纽约的人们发起了戏剧性的号召：

我们不应该等着那些百万富翁来给我们钱。这不是法国百万富翁们给美国百万富翁们的礼物，而是全体法国人民给全体美国人民的礼物。

这项由普利策资助并发起的资金筹措活动包括了拳击比赛、艺术展览、剧院相关商品，以及可售的、分别价值 1 美元（6 英尺高）和 5 美元（12 英尺高）的小型自由女神雕像。最慷慨的捐助者们则会获得纪念金币。

不到五个月，《环球时报》就从 125 000 位市民那里筹集到了 102 000 美元的捐款（相当于今天的 230 万美元），所有的这些钱都转交给了美国委员会，用作底座项目的资金。大多数的捐赠金额都是 1 美元或者更少。

《环球时报》公布了捐赠者的名字作为对他们的感谢和回报，不管他们捐赠了多少（这一举措还增加了报纸的发行量）。

1886 年 10 月 28 日，自由女神像在总统格洛弗·克利夫兰主持的纪念活动上被组装、运输并正式献给美国。讽刺的是，一年前，克利夫兰还是纽约市长的时候，他投票否决了为雕塑底座筹集资金的计划。

互联网并没有改变所有事情

那就是 19 世纪的众筹活动，尽管当时英语里还不存在这个词。21 世纪的众筹依靠的是互联网的力量，当然，确切地说，电子商务和社交网络也融进了众筹平台中。

尽管具体操作已经有了非常大的不同，但从很多方面来看，普利策的众筹和今天的版本非常相似。这两种版本都包括通过最先进的宣传方式向大量普通的支持者（而不仅仅是有钱人）发起情感上的号召。大多数的支持者会捐赠一小笔钱然后获得和他们捐赠金额相当的回报。对于一些捐赠者来说，仅仅帮助一个有价值的项目获得成功就已经非常满足了。

但是互联网改变了一些事情

你听说过约瑟夫·普利策，更多的可能是因为普利策奖，而不是他在 1885 年发起的城市众筹项目。你大概没有听说过现代众筹先驱之一的布莱恩·卡梅隆。卡梅隆是一位波士顿的音乐家以及计算机程序员，他在 2000 年参加了西非的舞蹈演出，非常吃惊地（同样也是深受启发）看到观众从他们的座位上站起来，跑向舞台，并且真正地向舞者身上扔钱。

这使卡梅隆想到，这种为艺术家提供资金的方法解决了当今音乐产业里愈演愈烈的盗版问题。那就是，一旦数字版本的录音在网上公开，盗版者非常轻易就能够非法地将它们下载下来，剥夺了作曲者、录音的艺术家或者是创作者应得的收入。向舞台上正在表演的艺术家扔钱当然能在非常小的范围内解决这个问题，但是那些成千上万的还未公开表演的录音艺术家呢？

卡梅隆成立了一个网站，在这个网站上，音乐家的粉丝们可以虚拟地向艺术家投掷钱，在他们的数字录音公布之前提前购买录音（或者是其他的回报）。卡梅隆把这个网站取名为艺术家分享。艺术家分享的第一个众筹项目在 2003 年启动（当时艺术家分享网站的筹款被称为粉丝筹款），众筹的是玛丽亚·施耐德的爵士专辑《花园里的音乐会》。施耐德的粉丝们通过筹资平台可以捐献特定金额的钱来帮助她作曲和制作专辑。比如说，捐款 9.95 美元的粉丝，在 2004 年专辑发布的时候，可以成为第一批合法下载这张专辑的消费者。而捐款 250 美元或者更多的粉丝（除了能得到专辑下载的权利）名字会被列入专辑附带的小册子里，作为帮助使得这张录音专辑成功推出的青铜参与者。还有一位粉丝，捐款高达 1 万美元，（在指定的艺术家分享活动中）被列为执行制作人之一，并且受邀和艺术家在一家纽约的餐厅共进晚餐；另外一位粉丝，捐赠了 18 000 美元，他得以和施耐德一起在空中鸟瞰中央公园。

施耐德的艺术家分享活动筹集了大约 13 万美元，但施耐德和卡梅隆都不愿意透露捐助者的具体人数。筹措到的经费使得施耐德能够完成作曲、向与她合作的其他音乐家支付报酬、租用较大型的录音棚、制作并在市场上宣传专辑（这张专辑由艺术家分享网站独家出售）。在 2005 年的格莱美颁奖典礼上，这张专辑获得了“最佳大型爵士专辑”奖。

艺术家分享网站还支持许多不同音乐流派的音乐家和作曲者，以及一小部分摄影师和电影制作者，这些人需要先向网站提供申请，只有其作品被选中才能开展众筹活动。换句话说，这个网站是有主管的。在这个网站上，艺术家们可以通过创新的目录管理工具和粉丝们分享他们极具创意的创作过程。作为对所筹得资金的回报，艺术家们通常都会提供一些福利，比如 CD 的提前试听版本、现场表演的 VIP 通道（比如，前排的座位或者是后台）、私人演唱会、参与彩排和录音的过程、和艺术家合影、成为共同制作者以及其他除基本数字专辑（合法的）下载的好处。当施耐德因为她的专辑《天空的蓝》在 2008 年再次获得格莱美奖时，艺术家分享网站邀请为她捐赠最多的捐赠者之一作为执行制作人和她一起参加了格莱美颁奖典礼。

在粉丝筹款这一概念还没经过测试更不用说证明是否有用之前，当施耐德开始着手她的极具开创性的众筹活动时，“很多音乐家和在录音产业工作的人都告诉我，我一定是疯了才会这样就放弃传统的专辑制作和发布模式”，施耐德这样说。她在艺术家分享网站上取得成功的关键是她拥有坚实的粉丝基础，而她知道她能够依靠这一粉丝基础获得成功。这样的筹资平台有利于艺术家们和粉丝联系和交流，这样的联系和交流是传统的商业模式所不能提供的。施耐德众筹的成功已经不仅仅是金钱上的成功，而是“和粉丝们建立了长期的友谊”，她这样说道。

在所有的艺术家分享活动中，艺术家们会得到所筹得资金的85%，并且拥有他们作品的版权和标准带的全部著作权，这是和传统的音乐产业一个非常显著的不同。筹资平台得到剩下的15%，并且赚取该音乐周边商品的销售收入。

直到 2013 年年底，艺术家分享网站已经为很多音乐作品筹集经费，这些作品中包括施耐德获得两座格莱美奖杯的作品，还有另外四个作品也获得格莱美奖。

股权众筹的大爆发

艺术家分享网站是一个我们所说的股权众筹的典型例子。就网站访问量来说，2008 年成立的总部在美国的 Indiegogo 和 2009 年成立的 Kickstarter 是目前世界上最大的股权众筹网站。除了艺术（包括艺术、漫画、舞蹈、设计、流行、影像、音乐、摄影、创意写作以及戏剧），这些网站也为一些社会事务（比如动物、社区、教育、环境、健康、政治和宗教）以及企业和小的公司（如食物、运动、游戏、出版和科技等类型）举办资金筹集活动。

自2009年成立到2014年9月，Kickstarter已经组织了超过 18 万起资金筹集活动，其中大约有 40%的活动是非常成功的。成功的70 923 起活动从超过 710 万的支持者那里筹集到了总共 1.335 亿美元的资金。平均每个成功的活动大概有 100 位支持者。大约 27%的活动筹集了超过 1 万美元的资金，而大约 2%的活动筹集了超过 10

万美元的资金。毫不意外的是，Kickstarter 网站最成功的筹资项目是音乐类，紧随其后的是影像类，艺术、出版、戏剧、游戏以及其他九个类目被排在后面。Kickstarter 网站对每个完成了的筹资项目抽取所筹得资金中的 5%作为费用。

当然，并不是所有的项目都能获得成功地筹到所需资金。在一个要么融资成功从而拿到所有的钱，要么融资失败从而拿不到一分钱的筹资模型中，大概 44%的项目根据它们既定的目标而获得所有筹资，而大多数的项目什么也不会得到。要么全有要么全无的模型意味着如果一个项目不能在固定的时期内达到它设定的筹资金额的话，这个活动就会失败，并且捐献者的信用卡不会被收取费用，同时平台也挣不到一分钱（Indiegogo 支持两种筹资方式：一种是要么全有要么全无方式，而另外一种是全部保留方式。在后一种筹资方式中，就算目标没有完成，这个项目仍然能够得到它筹集到的所有经费）。

和艺术家分享网站和大多数其他众筹网站一样，Kickstater 的筹款项目中，给予捐赠者的回报通常和他们捐赠的数额成正比。Chipolo 的筹资活动就是一个非常好的例子，尽管它的回报差异非常大以至于很难说清楚什么是典型的回报。

Chipolo 是一个小型的彩色电池蓝牙薄片，你可以将这个小片贴在贵重的物品上，如手机、笔记本电脑、双肩包、照相机、汽车钥匙甚至是宠物的项圈上，如果这些物品遗失的话，你就可以根据这个小片对它们进行定位。这些斯洛文尼亚的美国发明者将它称为“虚拟皮带”。这个小的薄片通过 Chipolo 的一款手机应用（苹果系统和安卓系统）和智能手机无线连接，这样一来，你可以通过薄片发出的“哔”声来找到 60 米内的东西，或者是 GPS 地图上的任意位置。实际上，不仅仅是物品的拥有者，任何下载了这个手机应用的人都可以使用这个薄片（当然是在物主的同意下）帮助物主找到遗失的物品，这一功能也使得这个产品成为一个“众筹”的装置。Chipolo 团队在 Kickstarter 网站上设置了在 25 天内筹集到 1.5 万美元经费的目标，筹资活动从 2013 年 10 月 21 日开始，筹集到的资金将被用于制作、测试并宣传一款飞行产品。团队承诺会向支持者提供如下的回报（不完整列表）。

- 捐赠了 19 美元及以上的捐赠者将会获得首次发行的 Chipolo（估计零售价 35 美元），全球免费送货，并且预计会在 2013 年 10 月送达。这个活动仅有 200 个名额，而且是在两天内捐赠了 19 美元及以上的支持者才有机会获得这个名额。
- 捐赠了 34 美元及以上的捐赠者将会获得一枚 Chipolo 产品和一件 T 恤衫。
- 捐赠了 99 美元及以上的捐赠者将会获得 4 枚 Chipolo 产品，颜色可由捐赠者自选，并且产品上还会印有他们的名字。
- 捐赠了 2 999 美元及以上的捐赠者将会获得 9 枚 Chipolo 产品和 9 件 T 恤衫，产品上会印有他们的名字，Chipolo 团队的工作人员会亲自将这些回报赠品送到捐赠者所在的城市。

有必要指出的是，有超过 20 位支持者捐赠的数量不到 19 美元，这意味着他们不会得到任何实物回报，他们只是单纯地想支持 Chipolo 团队和它的产品罢了。一位刚刚成功地举办了一次众筹活动的企业家说，要成功地组织一次众筹活动，“你不仅仅是要向人们出售一件产品，更是要向他们出售一个梦想”。

就在 Chipolo 在 Kickstarter 网站的众筹活动开始 1 周后，所筹得的资金已经高达 10 万美元，这是他们原本目标金额的 6 倍（风险资本中的行话“6*X*”），尽管还没有人捐赠高到能获得亲自送货的福利。支持者们还建议额外增加这个蓝牙小薄片的其他应用，团队已经在设计中加入了其中的一些应用。

筹集到的金额超过原有目标的募集者可以获得所有的资金（减去 Kickstarter 网站收取的 5%的费用），假设他们会用这些资金来实现他们对捐赠者做出的承诺的话。

目前为止，最令人吃惊的 Kickstarter 的众筹活动之一就是 Pebble 手表。一群在加利福尼亚州帕罗奥图市的企业家创作出了一款数字化可定制的智能手表，这款手表可以运行下载的运动和健身类应用，并且能够无线连接苹果手机或者是安卓系统的智能手机。这个高科技产品的创新点在这里是三言两语难以描述的。这个团队希望在 2012 年 4—5 月筹集到 10 万美元。支持者用 99 美元或者更多的定金就可以提前预订预计零售价为 150 美元的 Pebble 手表；用 220 美元或者更多的定金就能获得两个 Pebble 手表，以此类推。这个活动从 68 929 位支持者那里筹集到了庞大的 10 266 845 美元（平均每人 149 美元）。

Kickstarter 最成功的活动是 Coolest Cooler 的筹资活动，这个活动在 2014 年从 62 000 位支持者那里筹集到了 13 285 000 美元。这个公司最开始的筹资目标是 5 万美元。值得注意的是，这家公司在 Kickstarter 上的前一次筹资活动是以失败告终的。

很重要的一点是，所有的产品众筹活动策划者都会保留知识产权：产品专利、商标以及版权。换句话说，Kickstarter 公司（总部设在纽约市）不是制造者、出版者或者是市场推广者，而是老练的中间平台，它将活动策划者和支持者联系起来，并且使得支持者们可以相互交流来评定这个活动的收益以及前景。

新的产品众筹网站正在涌现，并且着眼于细分领域的产品目录或者是小众的市场。举例来说，实验公司（原名 Microryza）是针对自然科学研究项目的众筹网站，它的捐助者将会获得“科学背后的洞察力”。Teespring 是一个受到 Kickstarter 启发而创办的网站，专门针对定制 T 恤的设计。

一个想要筹集资金的企业不是必须借助一个已经建立好的平台（诸如艺术家分享网站或者 GoFundMe）才能发起一场众筹活动。实际上，任何拥有一个基于个人博客系统网站的人都可以通过一个众筹插件在自己的网站上来发起一场活动（我们之后将会看到，自己发起的活动在股权众筹的世界里不会成功）。

支持者们应该估计到风险。就算整个项目已经获得完全的资助，这仍然不能保证企业会实现他们对支持者做出的承诺或者是准时地交付（至少有两个研究都发现，大多数的项目都错过了他们提交的最后期限）。在那种情况下，将钱投资到一个项目是具有很大风险的，但是承诺的回报将足够值得冒这些风险。一家西雅图的公司 ZionEyes（后来改名为 Zeyez），在 2011 年 6 月和 7 月从超过 2 100 位支持者那里筹集到 343 400 美元用于生产眼镜，这种眼镜带有内嵌的高清晰度的视频相机。这家公司遇到了生产困难，到目前为止既没有将产品交付给支持者，也没有给支持者退款。在筹资的公司无法兑现它们的承诺时，Kickstarter 公司是不会调解或介入的。

大众的智慧和疯狂

你可能会认为，投资几百或是几千美元给好几个初创企业来得到他们尚未上市的产品，可能会导致诈骗的频繁发生。然而，事实并非如此，诈骗率相当低。宾夕法尼亚大学沃顿商学院的助理教授伊桑·莫里克在 2013 年针对 48 500 个 Kickstarter 公司筹资项目进行研究，他得出的结论是：“在科技类和产品设计类的众筹项目中，只有不到 1%的资金流向了那些看起来不太会生产出产品的项目。”莫里克教授认为，相对较低的诈骗率（至少这种诈骗类型）是“社区影响”的结果，这是一种支持者和预期的支持者通过在众筹活动网页上的评论和回复能够互相影响，并且能够影响活动策划者的效应。换句话说，大众持续的存在和项目高度的社会性消除并威慑着可能的资金滥用情况。举例来说，Kickstarter 公司很低的诈骗率的原因如下：

Kickstarter 的项目周围一直存在着持续性社区，这些社区使得许多个人（有可验证的真实世界的身份）能够来权衡这些项目，并且讨论每个项目的收益和成功的可能性。

这样的讨论和那些“在其他社会媒体网站、博客和论坛以及维基百科和开源软件的完善”中的讨论是很相似的，莫里克这样认为，他在沃顿商学院的主要研究领域是创新型的和初创型的企业。“这些社区在优化股票发行、防止诈骗方面扮演了多个重要的角色，它们使得众筹成功。就拿 Kickstarter 来说，这些社区成功地侦察出了诈骗性质的项目。”莫里克在他 2013 年的研究里提到的诈骗就是我们俗称的“拿到钱就跑”。不可否认，在众筹的目录里还有其他种类的诈骗是莫里克教授没有在他 2013 年的研究里指出来的。比如说，CrowdCheck（一家位于华盛顿特区的尽职调查服务提供者公司）的首席执行官莎拉 · 汉克斯指出，在产品众筹活动中蓄意的或是疏忽的误述都有可能造成债务出现，在许多众筹活动中都存在这样的误述。但是很明显莫里克教授相信众人的智慧，无论是在产品众筹还是股权众筹的情况下。不幸的是，查尔斯 · 麦凯在 Kickstarter 公司出现前 270 年就写了一本名为《大癫狂：群体性狂热与泡沫经济》的书。

Oculus Rift 重点强调了产品众筹和股权众筹之间的区别

2014 年 3 月，产品众筹和股权众筹之间的不同之处变得明显了，因为这时脸谱用超过20亿美元收购了Oculus VR。Oculus在两年前成功发起了一场Kickstarter筹资活动，在那场活动中它筹集到了超过240万美元。

2014年3月26日，《赫芬顿邮报》刊登了一篇文章，文章题目故意很幼稚地使用了“我在Kickstarter上支持Oculus Rift，但我得到的只有这件肮脏的T恤”。

总部设在加利福尼亚州长滩市的Oculus VR，是一家“仿真的虚拟现实科技”开发公司。它的第一个产品就是Oculus Rift，Oculus Rift是专为3D游戏设计的一个虚拟现实的头戴装置，看起来就像极大的工业使用护目镜，包裹住了眼睛和耳朵。这家公司在2012年夏天发起了Kickstarter筹资活动，它的目标筹集资金是25万美元，相对来说不算很多（在事后看来）。投资了25美元或者更多的支持者作为回报会收到一件Oculus VR的T恤；那些投资了275美元或者更多的支持者会收到一个未装配的Oculus Rift的原型模具；再往上数几个台阶，投资了5 000美元甚至更多的支持者会得到10个模具（以及一件T恤、海报还有一些其他的东西），还可以去Oculus实验室参观一整天。有7个支持者去了。

Oculus筹资活动超出了它预定的目标，在大约一个月里从9 522位支持者那里筹集到了2 437 429美元。这个活动在2012年9月结束。支持者们最后也收到了先前承诺的回报。可售卖的Rift版本在2015年春天就会上市。所有人都获利。

接着创业投资公司斯帕克合伙人公司和经纬创投分别给Oculus投资了1 900万美元。脸谱公司最后用3亿美元现金、16亿美元脸谱公司股份以及另外几百万美元的股权激励（使得Oculus能够达到某些里程碑）收购了Oculus。当这一切发生的时候，斯帕克合伙人公司和经纬创投公司投资的股权价值增长到了大约 38 000 万美元，在不到一年的时间里得到了 20 倍的收益。

Kickstarter 的支持者们并没有购买 Oculus 的股权，但是他们中的一些人却在 Oculus Rift 的 Kickstarter 活动主页上(以及其他一些地方)发布不耐烦甚至是愤怒的信息。比如说，有一位支持者写道："你向脸谱出售简直是耻辱。这不仅仅损害了你们的声望，还损害了整个众筹界的声望。我简直不能用语言形容我现在有多么强烈地感觉到自己被背叛了。"大多数抱怨者主要想表达的是早期的支持者们理应得到更好的回报，因为他们帮助了 Oculus 的股东们使得它富有起来。

斯帕克资产的合伙人莫·科耶曼在回应这些骚动时解释说："仅仅因为人们说'嗯，我想要这家公司的股权'并不意味着这是可行的。我认为 Kickstarter 上的支持者们支持它并不是因为他们想要财务上的收益……他们只是想要尝试一下，想要体验一下，想要看一下。他们已经得到了该他们得到的。"

一些商业媒体抓住这个机会来解释说，Kickstarter 并不是一个基于股权的平台，并且在当时的美国法律也不允许普通的投资者(大众)在任何平台上购买股票，所以支持者们(那些收到了他们所期望的回报的人)没有权利因为他们的贡献而要求资本方面的收益。在《赫芬顿邮报》刊登那个故事的同一天彭博社发表了一篇文章，文中区分了实物回报众筹平台 Kickstarter 和股权众筹平台 CircleUp。彭博社说，CircleUp"在众多众筹网站中，致力于让私人能够购买初创企业的股票"。CircleUp 的首席执行官洛瑞·伊金在一个为股权众筹策划的活动上引用了他的话："请想象一下如果那些早期的 Kickstarter 支持者都是股权投资人……"

作为通往股权大门的商品回报

就像在 Kickstarter 上的 Oculus Rift 项目所显示出来的那样，就你对于所投资的初创企业能期望的资金回报来说，产品众筹和股权众筹是两种完全不同的物种。你不能购买那些 Kickstarter 列表上的公司的股权，而且除了你签署的特定的回报之外，你不能分享你所资助的初创企业通过脸谱获得的上百万美元的资金好处。

即使你的目标是成为一个股权众筹投资者，在一开始浏览几个产品众筹平台的时候你也可以学到许多众筹的基础知识和行话，了解社交媒体方面和众人协作方面的规律。这是一个非常有价值的培训并且还不会花你多少钱。我们建议你至少浏览一下那些正在寻找支持者的项目，读一下其他观察者最近更新的投资统计数据和评论，然后注册你最喜欢的一个资金门户并花上几十美元或者几百美元来体验一下这一过程。你在这一过程中可能还会得到一些新的音乐或者是小玩意儿，又或者获得比你所期待的更多的乐趣。感受一下成为众筹中一员的感觉是怎样的。你可以通过在搜索引擎搜索“众筹网站”找到各种不同的众筹网站的列表（包括“前十”列表福布斯、企业家网站、GoFundMe 和其他网站）。

我们强烈建议，在你冒着几千美元风险通过股权众筹投资之前，你应该在一个相对没有什么风险的环境中熟悉一下那些众筹概念和流程，比如在产品众筹环境中。对于股权众筹门户来说，产品众筹平台像 Kickstarter 从一个领航和社会观点的角度提供了非常好的训练。在之后的章节中我们将会帮助你学习关于股权众筹投资方面的相关内容。

债务众筹和捐赠众筹

在我们介绍股权众筹之前，还有另外两种值得我们关注的大规模的众筹平台。在美国，这两种众筹平台先于股权众筹出现，它们就是债务众筹和捐赠众筹。

债务众筹（在英国也被叫作“贷款众筹”）始于非营利性组织，在 2005 年 Kiva Microfunds 由马特·弗兰瑞和杰西卡·杰克利成立，前者是旧金山的一名软件程序员，后者则是在非洲一家小额信贷机构工作。根据 Alexa（一种网站信息、分析数据和排名的服务公司）的衡量，Kiva 现在是世界上第四大的众筹网站。

弗兰瑞和杰克利，这对已经结婚的夫妇，把他们的商业模式称作“人对人的小额信贷”（P2P）。Kiva 网站以在“发展中国家”的个人为主要客户对象，他们中的一些人很贫困，希望申请无担保的贷款来创建自己的小型公司，这些贷款金额数额都不相同，最低的甚至只有 25 美元。在刚开始的时候，Kiva 只着眼于海外的贷款人，特别是在非洲和拉丁美洲的。在 2009 年它拓宽了业务范围至包括美国本土和加拿大地区的贷款人，这些贷款人往往从银行和传统的借款人那里借不到足够的钱。2012 年，Kiva（和在肯尼亚的斯塔拉摩大学合作）引进了学生贷款。Kiva 同时还为中东、东南亚以及印度的贷款人提供服务。

Kiva 并不是一个投资平台。在 Kiva 上注册成为借款人的人能够拿回的是他们的本金而不是利息。贷款人确实会为他们的贷款支付利息，但是这些利息都流向了当地或者该地区的小额贷款机构，这些机构管理着不同国家的贷款。

那些将钱通过 Kiva 借出去的人能够通过在线文件、照片和更新数据“见到”他们的贷款人。大多数的借款人最后都将这些钱当作一项捐赠。当他们的本金被退回的时候——98%的情况下这是会发生的——大多数的借款人都会将这笔资金保留在 Kiva 的系统当中，并且将它们反复地借出去。由于这个原因，通过 Kiva 的借款或者是类似的非营利性债务众筹平台并不被认为是投资（基于债务的投资就是借款人寻找获得本金加上利息的回报）。

2014 年之前，Kiva 总共为 85 个国家超过 1 546 000 位贷款人提供了总额达到 66.8 亿美元的小额贷款，这些贷款由 Kiva 平台上的大概 126 万借款人提供，被全球 290 个小型借贷机构使用［Kiva 称这些机构为“领域合作者”（field partner）］。平均的贷款规模是 417 美元，借款人平均贡献的金额是很少的 9.9 美元。基于总额达到 834 274 美元贷款的还款率是 98.8%。Kiva 所借出的最大额的贷款是 2014 年向海地农村的一个农业项目借出的 10 万美元。

Kiva 自身并不通过向它的领域合作者收费来赚取收入（2012 年的年度报告显示看出当年盈利 17 394 130 美元），而是通过补助金、企业赞助者和 Kiva 网站上的个人捐赠者获得收入。选择不向领域合作者抽取任何一点贷款利息使得 Kiva 不用受到美国证券交易委员会的条令管制，因为这样一来它不会被当作投资公司。

尽管 Kiva 不是一个投资平台，但是它的成功确实帮助我们详细地了解了众筹获得慈善以及其他公众利益的能力。像 Kickstarter 和 Kiva 这样的网站证明了这样一个事实，那就是大多数人会投资他们信任的项目和事业。

借钱给你的同伴

2006 年，债务众筹作为营利性投资工具在美国出现，并且一年之前就在英国实施了。基于债务的众筹（同时也被称为个人对个人的借款或者 P2P）允许个人贷款者申请无担保的贷款（没有进行抵押担保贷款），并且如果平台接受的话，个人贷款者还可以向“众人”借款，然后连带利息一并归还。和非营利性的 Kiva 模式不同，营利性的 P2P 平台通过从贷款者那里收取贷款总额的一部分（一次性收取）以及从投资者那里收取贷款服务费用（也是一种固定的年费或者一次性收取贷款总额的一部分）来获取利润。对于贷款人来说，申请过程是免费的。投资者在每笔贷款（或者一揽子相似贷款）中会获得利息，前提是贷款者及时还清了贷款。

在贷款者看来，获得一笔 P2P 贷款比从银行贷款更加简单、快捷，也更便宜。它更便宜（在这里意思是，其固定利率整体要低一些）是因为大多数 P2P 平台的服务（申请复审和验证、信用检查，贷款拨付、支付过程、募集、执行和报告，等等）都是自动化的。这样一来就减少了开销。

只有一小部分的申请是被批准的。比如说，借款俱乐部（Lending Club，在 2007 年由雷纳德拉普郎彻在旧金山成立），就其处理的贷款总量和收益来看，它是世界上最大的 P2P 平台，它的贷款批准率只有大约 10%。

尽管如此，对于投资者来说，要获得大额的资金回报，这个利率还是足够高了（假设充分的多元化）——潜在的回报比传统的货币市场基金和债券好很多，而且波动性比股票小——同时在整个贷款的过程中还有值得信赖的包括每月利息和本金的现金流回报。2013 年 10 月，借款俱乐部针对其风险最大的贷款向贷款者收取了 24.44%的利率，这个利率相比其风险最小的贷款增加了 7.65%。

在投资者看来，尽管最小的投资可以低至 25 美元，但是 P2P 平台比基于产品回报的平台更加复杂，因为 P2P 平台包含由美国证券交易委员会规定的安全条令。你将会发现在 P2P 平台上有相比其他平台多得多的精细的印刷和脚注，而且你将会遇到一些你可能从来没有听说过的术语，比如“优先级消费证券”。和 Kickstarter 经历不同的是，在你将你的钱投资在一个单独的贷款者或者一个贷款组合中之前，你将需要花大量时间学习 P2P 系统是如何运行的，每个特定的借款机会有什么可能的风险和回报，以及存在怎样的二级市场。要记住，那些 P2P 的投资者是不需要接受信用认证的，这一点将会在第 2 章里向大家完整地解释。

大多数 P2P 平台只将资金借给个人贷款者而不借给企业，尽管这些资金也有可能被个人贷款者用于小型企业的支出。我们现在开始看到一些小型企业借款平台的出现，如果 P2P 的违约率很低的话，这些平台的数量将会激增。比如说，借款俱乐部在 2014 年就成立了一个小型企业借款的平台。

每个在 P2P 平台上申请获得批准的贷款人都会收到一个由该平台特别设定的信用风险评级和利率，它们充当了贷款者和投资者之间中介的角色。当然，为了保持吸引力，较高的风险一定会获得更高的利率。投资者们可以根据贷款者的风险/利率概况，以及其他特点比如贷款理由（债务重组、优化家庭生活水平、购买产品、汽车信贷、健康保险支出、小型企业支出、旅游度假等）选择值得信赖的贷款者。另外，投资者也可能会在同样的风险/利率区间内选择一组几十、几百甚至几千的贷款组合，这就在众多贷款者中形成了多元化。在所有情况下，投资者所面对的风险就是一个或者多个贷款者将无法还款，以至于投资者将会损失部分或者所有本金。

在 2008 年到 2009 年经济衰退后，一些银行开始严格监控消费者的信用，当时贷款者更加愿意考虑其他的金融产品，这时候 P2P 迎来了业务上的腾飞。就拿 2014 年 6 月来说，仅贷款俱乐部就提供了 379 000 笔总额超过 500 万美元的贷款，平均的个人贷款规模达到了 14 000 美元。这个平台从 2007 年成立以来支付了投资者 49.4 亿美元利息，其无法还款率根据风险的大小而不同，风险最小的贷款者是 1.5%，而风险最大的高达 10%。

目前为止，通过借款俱乐部贷款最常见的目的是对已存在的贷款进行再融资和偿还信用卡余额（这两类贷款占了所有贷款总数的 83%），紧接着的是家庭生活水平优化（占了大约 6%）、企业支出（2%）、购买产品、汽车信贷、医疗支出和其他。

考虑到借款俱乐部历史的利息率和违约率，它的项目在最低的利率区间回报给投资者大约 5.6%的优先级消费证券，在最高的利率区间回报 9.2%。举例来说，根据借款俱乐部的定位，“如果你向期限 36 个月、信用等级为 C（借款俱乐部的等级评价从 A 到 G）的项目投资了 10 万美元，该项目提供一个总计高达 9.5%的净年化回报率，那么你将会在每月收到大约 3 200 美元的现金”，你也可以撤回或者是重新投资。

P2P 受到越来越多人的欢迎，特别是从 2009 年开始，它吸引了机构投资者，如保险公司和养老金基金，这进一步加速了 P2P 的成长。事实上，因为机构投资者们并不是真正的同伴，一些金融专家开始将 P2P 称作“市场借贷”。

一些 P2P 平台，包括借款俱乐部和 Prosper（第二大的 P2P 平台，也是 2006 年在旧金山成立）给金融顾问支付介绍费用，请他们指引投资者来到这些平台。作为商业验证的一个标志，谷歌公司在 2013 年向借款俱乐部投资了 12.5 亿美元。最后，借款俱乐部在 2014 年 10 月上市，筹集到了 10 亿美元的资金并且确定了大约 900 亿美元的估值。

尽管我们劝说你将债务众筹看作一种使你的投资组合多元化的方法，但是在这本书中我们将会仅仅着重讲解股权众筹投资。

捐赠众筹

早在基于网络的众筹出现之前，大型慈善机构就开始在网络上募集捐赠了。但是在 2010 年，新型的捐赠众筹网站使得一些小型的组织和个人可以从众人那里征求捐款。例子有很多，包括当地所发起的针对灾难的救助，或者是为一个小联盟队参加锦标赛支出路费，或者是为一个高中合唱团出国旅游筹措资金。这种线上资金筹措策略也被一些需要从家庭和朋友（以及朋友的朋友）那里筹集资金的个人所运用，他们因为一些“私人原因”需要钱，比如支付医疗和兽医费用，支付大学学费，或者是“生活中的大事”需要开销，如为某人购买毕业礼物或者周年纪念礼物。

GoFundMe 成立于 2010 年，是捐赠众筹的先锋。2014 年 10 月，GoFundMe 平台使得其“使用者”可以从 100 万个活动中、700 万名捐赠者那里筹集 50 亿美元。在每个捐赠活动中，平台抽取 5%的利润。在每个项目转换到 WePay（一个第三方支付服务提供商）的过程中，使用者也要支付一笔流程费用，在美国这笔费用是捐赠款的 2.9%加上 30 美分。2014 年，根据 Alexa 的排名，GoFundMe 是世界上访问量第二多的众筹网站（紧随 Kickstarter 之后；Indiegogo 排名第三）。

不同于 Kickstarter 只接受美国本土的项目，GoFundMe（位于加利福尼亚州的圣地亚哥）在澳大利亚、英国、欧盟，以及美国和加拿大都开展业务。还和 Kickstarter 不同的是，GoFundMe 让用户们在他们自己的网站和博客上加入他们的捐赠页面，并且仍然追踪捐赠并且管理 GoFundMe 控制面板上的情况。

这里有一个关于 GoFundMe 活动能力的例子。青少年法拉·索戴尼 2012 年在科罗拉多州奥罗拉市发生的电影院大屠杀事件中严重受伤，她的家庭、朋友和社会网络在 15 个月内在 GoFundMe 平台上通过 6 088 个捐赠活动，获得了 171 525 美元捐款——仍然没有达到 20 万美元的目标——来帮助支付她的医疗费用。索戴尼和她没有工作的母亲当时都没有健康保险。

股权众筹的涌现

就在 2012 年国会通过了《JOBS 法案》并且股权众筹在美国缓慢开展时，筹资平台的科技水平也在一点点提升，同时众筹商业模型已经被测试并且证明了。许多因为缓慢增长的经济而疯狂需求资本的企业家和小型企业所有者都非常急切地想要通过众筹这个领域来筹集资金（你将会在第 2 章中发现股权众筹的定义和全面描述，以及关于其对于投资者的回报和风险的解释）。

许多想要赚钱的私人投资者都非常欢迎众筹，他们认为这是一种能够接触到风险和天使资本的途径。但是股权众筹产业当时还面临（现在仍然面临）两个阻碍其获得广泛接受的障碍。首先，由于可追溯到 1933 年的证券法，在美国投资初创企业和小的私人企业被很大规模限制在合格投资者内，这些人往往是有着高净值和高收入的精英。所以数千万的非合格投资者对于投资小型的非公营公司这件事并不熟悉也没有什么好感。其次，尽管对于音像产业中的所有人和许多高科技企业家来说，商品众筹很出名，但是对于如果不是大多数也是许多投资者和他们的理财顾问来说，他们根本没有听说过众筹，基本上没有人了解关于股权众筹的任何事。

感谢 2012 年的《JOBS 法案》，该法案向那些非合格投资者打开了股权众筹的大门，并且针对股权众筹的条令会在 2015 年由美国证券交易委员会和美国金融业监管局出台，股权众筹将很快变得不是那么神秘莫测。

第 2 章

股权发行平台（在 D 条例管制下）——仅针对合格投资者

像 Kickstarter 网站（我们在第 1 章中讨论的）那样的回报型众筹平台的成功证明了许多人很愿意投资他们信任的艺术家、初创企业和小型企业，尽管当许诺的回报非常少并且/或者这些回报还没有被生产出来。所以这是很正常的，天使投资世界中的中介会探寻并且慢慢适应产品众筹平台的基础设施，利用网站技术、社会媒体和电子商务的力量来实现以下目标：

- 将初创企业和成长中的公司同天使投资人联合起来；
- 宣布股权发行并且披露交易内容；
- 允许投资者们在尽职调查上协作；
- 使投资交易更加便利。

在发行者看来，和老式的、“非平台”天使投资模式相比，股权发行平台提供了流水线般的过程。在离岸平台上，一个企业家通常需要花费 8～12 个月来寻找对发行的股票感兴趣的天使并且和他们协商出一个交易。而在股权发行平台，从发行者列出其发行的内容到和投资者确定一项交易只需要 2～8 周，并且在某些情况下，所花时间不到一周甚至少于一天。更进一步，股权发行平台将来自全国的策略投资者吸引到交易中来，而在过去，促成一项交易常常需要通过复杂的私人社会网络和专家们的关系网，这些人际关系网通常只存在于一些大城市或者是全国很少的地区。股权发行平台以一种之前不可能的方法将这些天使投资人聚集在了一起。

不仅仅是这种能够从更广泛的领域集合更大规模潜在投资者的能力使得融资平台成为发行股份的强有力的工具。这些平台的另外一个优势是它们使得发行者和那些仅仅能负担得起小额投资的投资者的投资更有成本收益性。采用“非平台”股权发行模式发行常常要和潜在投资者们面对面开会，这些会议是面对个人的，偶尔以团队的形式，后者更花时间也更昂贵。投资平台使许多流程都自动化了，对于天使投资人来说，最小投资额仅原来的 $\frac{1}{10}$ ~ $\frac{1}{5}$。

在投资人看来，不需要通过电话和电子邮件询问各种事由，不需要和股票经纪人见面，不需要加入天使投资人俱乐部来寻找合适的私人股权，只需浏览一个或多个发行平台（或者拜访交易整合者，如 Crowd Watch 和其他的）即可进行投资。聪明的投资者可能仍然会打电话、参加会议和加入各种俱乐部，但是他们能够运用并且加快线上的搜寻，这种在线上的搜寻不需要差旅和娱乐的支出。

在美国的全国层面上，股权发行平台沿着两条独立的轨迹发展：D 条例和 Title Ⅲ（详情见表 2.1）。我们将会首先给你一个到 D 条例平台的引导，不仅是因为这些平台比 Title Ⅲ众筹门户要早几年，而且因为从技术的角度来看，大多数 Title Ⅲ门户都是直接

表 2.1 促进私人企业股权投资的网站

D 条例股权发行平台 （简称：D 平台）	Title Ⅲ股权众筹门户 （简称：Title Ⅲ门户）
由 1933 年证券法案下的 D 条例授权	由 2012 年的《JOBS 法案》下的 Title Ⅲ授权
美国第一个平台成立于 2011 年	美国第一个门户在 2016 年成立
只针对合格投资者	针对所有投资者，包括非合格投资者
对投资者没有投资限制	投资限制基于投资者的净资产和收入
对发行者没有筹资限制	筹资限制为每年最多 100 万美元

从 D 条例平台的基础建设中派生出来的。

定义

在 2015 年早期我们写下这些的时候，许多金融顾问，更不要说那些普通的投资者了，都没有听说过股权发行平台或者是股权众筹。我们不能假设这本书的读者就恰好知道股权的意思，事实上，正因为如此，我们将会首先定义股权。股权在法律中有许多不同的意义，但是在金融里它的意思是所有权。当你对一家公司进行股权投资时，你就购买了这家公司的所有权份额或者是股权。当这家公司发行、提供并且出售股票的份额时，它就是在通过股权融资的方式筹集资金。

对于一家公司的股权投资是否成功主要取决于这家公司的盈利能力。更加准确地说，它依赖于①投资者对于这家公司未来盈利能力的期望，以及②这家公司对于另外一家可能会收购它的公司来说被观察到的价值。如果这家公司持续地盈利，它的领导层就可能会同意向股东（股权拥有者）分配红利（也就是利润的一部分），并且这家公司的价格以及因此而确定的它的股票价值也很有可能会上升。如果想从一个更广阔的观点来看，请看下面“股权融资和债务融资之间的区别”。

股权融资和债务融资之间的区别

要真正地理解股权融资，将它和它的相对物，也即是债务融资，进行比较是非常有用的。当一家公司需要借钱，不管是从一家机构还是向个人借，这都是债务融资。所需要的工具可能会被称作债券、钞票、贷款或者是契约，但是它们都是同一种东西——那就是必须偿还的贷款。公司有义务在一个特定的时期内向借款者偿还本金（所借的总额）加上利息。如果在贷款期间公司盈利并且业务有了成长发展，公司仍然欠借款人相同的本金和贷款，这些钱——因为公司的良好发展——现在看起来非常少了。然而，如果公司遭受损失，在贷款期间内的任何时候基本上都是没有清还债务能力的，此时公司仍然欠借款人相同的本金和利息，这些钱在现在看来就是一个很大的负担了。对于另外一方借款人来说，不管贷款方是否盈利，假设没有拖欠情况的话，借款人都只能获得其贷款所应得的回报；借款人不会从公司强有力的发展中获取利润（也就是说他不会分享好的部分）或者从公司的疲乏发展中遭受损失（坏的部分）。

票据是可以协商的，意味着它们可以像债券那样被转让或者是再次出售，溢价或者是折价出售，这依赖于借款人预估的偿付能力。

股权则是一种完全不同的约定。当一家公司通过出售股票筹集资金时，投资者在预测这家公司会盈利的条件下才会购买股份。如果这家公司盈利并且有所发展，它的股票价值就会上升，在某个时间点投资者就可以出售手上的股票来换取收益。股东可能也会从任何分配中获得收益，比如公司支付的红利。如果这家公司没能盈利，它的股票价值很有可能下降，那么投资者的回报就很少甚至可能完全没有。所以无论是收益还是损失，股权投资者都会共同分享或者承担。

从公司的角度来看，交易是存在的：债务融资包括了保持控制权（所有权）和收益，公司无论什么情况——盈利或者没有盈利都必须偿还所有贷款本金和利息（如果公司申请破产保护，它就只归还它债务的很少一部分钱，但这是个很复杂的问题）。在进行股权融资时，公司放弃了其部分所有权而且它必须在某些时候和投资者们分享其收益——以红利或者资本收益的方式，但是如果公司没有盈利的话，它就没有义务和投资者们分享任何收入。资本收益就是从你购买股票到你出售股票这段时间内该公司股票价值的增加。

马克·库本，一位身家百万的企业家以及真人秀鲨鱼坦克当中的“坦克”角色，他曾经给企业家们提出了非常著名的建议：“如果你要开始一项事业并且负担一笔贷款，那么你就是个傻瓜。因为开始一项事业包含着许多的不确定性，但是有一项确定的就是……你必须偿还你的贷款。”与之相对的另一方面，如果公司失败，在大多数情况下它没有向其股权投资者偿还的义务（我们不必要支持库本关于融资的方法，但是许多公司确实选择那种方法）。

从投资者的角度来看，债务融资为贷款者提供了一种合理担保的现金流，不管公司是否盈利。股权众筹为投资者提供了利润的份额，但这仅仅在公司盈利的条件下才能取得。对于投资者来说，股权投资总体上要比债务投资风险更大，因为股权投资者可能承担完全的损失，并且任何收入或者利润都依赖于公司的盈利能力（并且就算公司确实在盈利，其股票价值也有可能下降）。

股权投资的最大收益就是当这家公司盈利非常多时，公司股票价值的攀升是没有界限的。最大的风险就是公司可能会停止运行并且进行资产清算，在这种情况下，一些债权人可能能够得到款项但是股权投资者就会遭受完全的损失。

还要注意初创企业以及处于早期阶段的公司和处于后期阶段的公司相比，会经历更多的在失败和巨大成功之间的摇摆。正因为这个原因，平稳但是过于稳定的债务融资的回报和起伏变化很大的股权之间的区别就很明显了。这是理解股权众筹的关键。

从一个现实的角度来看股权投资，除了公司的盈利能力、成长性和股票价值之外，还有两个因素需要考虑，那就是流动性和可靠性。

流动性

如果一项资产是相对于容易变卖换成现金的话，那么这项资产就是流动的。当你在一家上市公司购买了股票后——一家名字被列在像纽约股票交易所那样的公共证券交易所里的公司——那么在任何你想的时间出售你手中的股份都是相当简单的。也就是说，你可以去股票交易所（或者让你的股票经纪人这样做）将你手中的股份卖出，随后几乎肯定有人用像金融新闻媒体报道的接近每股市场价的价格买这些股份。换句话说，上市公司股票相对来说是流动的——比如说，比房地产流动性大，但当然不如现金流动性大。

当你在一家私人公司购买了股权——一家并没有被列在公共证券交易所里的刚起步或是在成长中的小型企业——那么你是否能如愿卖出你购买的股份就不是那么确定了。金融媒体不会固定地报道私人股票的价格。在之后的章节里我们会对私人股份的二级市场进行进一步解释，同时还会讲解当投资者将他们在私人公司的投资变现时会遇到的各种“流动性事件”。作为一个前瞻，我们在这里只说，尽管小型私人公司股份（特别是作为对股权众筹的合法化的回应）不断在成长和发展，但是私人公司里的股权流动性仍然是相当差的。

另外一个阻碍你变现你的股份的就是法律或者公司设置的限制。比如说，2012 年通过的《JOBS 法案》的 Title Ⅲ法令强制规定了一个最少 12 个月的持有期。并且，很多公司要求一些股东签署同意书，限制他们将股份出售给除了其他公司股东之外的人的能力。这样的同意书常常在公司的结构文件里，所以美国投资者应该仔细地看，在进行投资时，哪些限制可能是优先适用的。

当然，如果你投资的这家公司最终上市了（也就是说，它发展得足够大，大到能被列入公共证券交易所里），那么你的流动性担忧就没有了。正如我们在本书前瞻里提到的那样，这种情况发生得很少，尽管像我们在第 3 章中会讲到的那样，《JOBS 法案》可能会使这种情况发生的概率提高。另外一个流动性事件就是当一家上市公司需要一个较小的实体并且以股票支付总价交易购买的时候，这就是所谓的合并。在那种情况下，作为被收购的公司的股东，你可能最后会用前任实体公司的股份换取继承上市股票。

可靠性

作为一家公司的股权投资者——部分所有者，你被授权可以享受公司的成功，不管那些利润可能是什么（比如说，红利和资本收益）。但是这家公司的可靠性呢？比如说，如果这家公司是一起民事诉讼中的被告，你有义务出现在法庭并且参与任何审判吗？最简单的答案是，不用，只要：①这家公司遵守联邦州和当地的法律而成立；②这家公司里的投资者资产受到商业风险的保护，比如一个法人团体或者有限责任公司；③你私人没有承诺过对于这家公司的义务。股权投资的一些术语将会阐明投资者责任的限制，这些我们将会在第 11 章里讨论。

D 条例基础

要明白 D 条例平台是怎样运行的，以及投资者可以怎样使用它来增加自己的优势，就需要我们先来学习 D 条例的一些基础内容。如果这些内容对于你来说是全新的也不要担心。在这一章的结束你就会对这些基础知识非常熟悉了。

依照美国安全条例，主要是 1933 年的安全条例，任何想要向投资者提供有价证券（不管是债基证券的还是股基证券）的公司必须在美国证券交易委员会注册发行或者遵循一些条件以致不需要美国证券交易委员会的注册。注册是非常昂贵且非常花时间的（不管发行是否成功），所以中小型公司通常试图依靠美国证券交易委员会和法院多年来设立的几个豁免权中的一个来获得豁免。

注册有多昂贵呢？“花费依据企业的复杂性、公司管理团队为外部律师团和审计师提供支持的能力以及发行的价值规模来定。”塞缪尔·S. 古兹克解释道，他是一名证券律师，在洛杉矶和纽约都有办公室。“一个（相对于小的）公司发行首只公共股票，单单这些费用就差不多有从最低 20 万美元到远远超过 100 万美元。对于一家已经上市的公司来说，这些费用有可能降到低至 25 000 美元到 75 000 美元，因为这家公司已经有了美国证券交易委员会要求的广泛的公开文件，包括审计过的金融资产，并且这家公司通常有到位的内部金融控制。”对于一个更大的公司，法律费用和会计费用能高达好几百万美元。

美国证券交易委员会网站（http://www.sec.gov/info/smallbus/qasbsec.htm#noreg）总结了小型企业最常用的豁免办法，包括：

- D 条例；
- 按照《证券法案》4（a）（2）条款进行的私募发行；
- 按照《证券法案》3（a）（11）条款进行的州内发行；
- 按照《证券法案》新 4（a）（6）条款规定的众筹豁免（该豁免由《JOBS 法案》下的 Title Ⅲ提出）。

投资者可以确定的是，所有的股票和交易，不管是注册的还是被免于注册的，都遵从各种各样的联邦证券法律下的反诈骗条款。比如说任何发行者提供给投资者的信息都必须清除一切错误的或是误导的内容。我们将会在第 12 章讨论预防诈骗的内容。

除了联邦证券法和条令以外，一些股票的类型必须遵守它们发行并出售所在州的州证券法和条令（也被称作蓝色天空法）。

D 条例是美国证券交易委员会在 1982 年采用的一系列规则，用于明确在 1933 年证券法案下的某些豁免注册的条件。D 条例事实上包括了对于私人发行的三种不同豁免：法则 504、法则 505 和法则 506。在这三种法则中，法则 506 是目前最受欢迎的；它占有 99%的 D 条例股票筹集的资本以及 94%的成功筹集。这些包括在 D 条例平台上的股票。

2012 年，在 D 条例发行下筹集的资本总计超过 90 亿美元。在这个总数中，80%是由合并的投资资金筹集的，20%是由运行中的企业筹集的。媒体筹集的数量大概是 150 万美元（平均还要高得多，3 000 万美元，因为有一小部分非常大的“局外人”交易扭曲了平均值）。举例来说，2012 年，1.2 万亿美元是由注册的股票筹集的。

D 条例发行平台

第一批股权发行平台于 2011 年在美国出现，使用了从产品众筹平台借鉴过来的网络技术。正如我们在第 3 章中解释的那样，这些不是真正的 Title Ⅲ股权众筹门户，但是它们确实给了我们一窥股权众筹基础的视野。

股权发行平台最开始受到 D 条例的 506 法则管制（与此相对的是受到《JOBS 法案》下 Title Ⅲ管制的股权众筹）。它们都共同地被称作 D 条例平台。

在 D 条例平台先驱中，最主要的也是最成功的 D 条例平台是成立于 2011 年的 Micro Ventures（着眼于技术类公司），以及成立于 2012 年的 CircleUp（着眼于消费者产品和零售）。我们将会在这章当中全面介绍这两个平台。

在非平台活动中，506 法则允许每个私人证券交易中有不限制的合格投资者和最多 35 个非合格投资者。在这本书的前言部分，我们定义了一个合格投资者，即净资产达到 100 万美元（不包括其首个私人住宅的价值）或者年收入至少 20 万美元（如果是结婚的夫妇则要求 30 万美元）的成人。

为了简化服从规则（因为如果包含了非合格投资者，D 条例会强制执行信息披露），D 条例发行平台选择只允许合格投资者在它们的平台上进行注册并且参与到股权发行中。在 D 条例平台上，506 法则允许投资者“自我证明”他们的合格身份，通常通过填空平台注册表格上的一些简单的内容来证明。

值得注意的是，506 法则下的发行是不需要遵循州证券法（蓝色天空法）的，这使得 506 法则成为理想的线上发行方式，同时也使得其潜在地获得了所有 50 个州的投资者的支持。否则的话，一家公司需要遵循其预期的投资者指定支付地点所在州的法律，这是很不实际的。

506 法则在股票价值方面没有限制一只发行股票的规模。506 法则下的交易通常包含小型企业少于 200 万美元的股票发行，但是发行的总额从远远少于 100 万美元到远远超过 5 000 万美元不等。506 法则也没有限制一个投资者可以在任何一个交易中投资的总额（正如表 2.1 展示的那样，D 条例股票和 Title Ⅲ股票的一个主要区别就是 Title Ⅲ限制了一年内筹集的总额不得高于 100 万美元并且还限制了每个投资者可以投资的总额）。

2013 年 9 月之前，所有私人股票发行的公开宣传是被禁止的，包括那些在 D 条例下发行的股票。发行者只能直接向那些有实质性关系的私人或者企业出售股票，或者向那些他们知道即将成为合格投资者的人出售；他们不能向公众宣传他们的股票。

公开宣传包括通过媒体、研讨会、会议、社交网络等向公众宣布股票价格、股权百分比、期限以及一只股票的其他各种细节。

对于股权发行平台来说，公开宣传意味着在平台之外该股票出现在列表上的地方宣布或者宣传这只股票。从法律的观点来说，任何可能增加一家公司股票收益的交流都被看作公开宣传。

放松对公开宣传的管制

基于 2012 年的《JOBS 法案》的 Title Ⅱ，美国证券交易委员会将 506 法则分成了以下两个部分。

- 法则 506（b）是“传统”部分，它仍然只允许最多 35 位非合格投资者，禁止公开宣传，并且让合格投资者进行自我证明。
- 法则 506（c）是“新的”部分。它放宽了公开宣称的禁止规定以及仅针对合格投资者的限制。它还要求 D 条例平台“通过有根据的步骤流程”来确定每位投资者的资格。比如说，一个股票平台可以要求投资者呈交纳税申报单或者银行声明或者来自一位律师、银行家或是金融顾问的确认信。

放宽了公开宣称的禁止规定，使得发行者们可以接触到更多的潜在投资者，同时还有助于加快资本形成的过程。但是美国证券交易委员会担心，放宽了规定可能会导致许多初级投资者收到大量宣传但是却不知道 D 条例平台的风险。所以委员会对非合格投资者关上了大门并且加强了对合格投资者的实证过程（在 Title Ⅲ下，国会重新向非合格投资者打开了大门）。

那些决定通过 D 条例平台发行证券的公司必须选择它们是否愿意使用法则 506（b）或者法则 506（a）。

如果它们选择法则506（b）来进行豁免，在这种情况下公开宣称是不被允许的，对于那些它们所熟识的并且有着交易关系的合格投资者，它们可以提醒这些人它们即将在平台上发行债券。公司可以给这些个人其发行平台的URL（网页链接），但是他们不能透露发行细节，比如筹集的总额、每股股份价格、期限、资本背景、资金以及风险披露。预期的投资者必须去平台进行注册后才能看到所发行的细节并且进行购买。

选择了法则506（c）的发行者们可以公开地向公众宣布并且宣传所发行的许多细节（包括筹集的总额、每股股份价格、股权百分比等），还可以引导投资者前往那些可以找到更多信息和披露并且进行购买的平台。但要强调的是，他们只能要求合格投资者购买证券。

一些D条例平台在法则506（b）和法则506（c）中做出选择，然后特定地在一条规则下进行操作——拒绝那些在“错误”规则下进行发行活动的发行者。其他的D条例平台则使用一种混合模式，让发行者选择是实行法则506（b）还是法则506（c）。

一个严格按照法则506（b）豁免操作的D条例平台可能会在首页和其他页面推出发行公司的普通描述（没有像名字或是所在地这样的认证信息），这些信息是公众可见的，但是发行细节必须发布在“一扇门”后面，这些细节是只有那些在网站注册了的（并且进行了自我认证的）合格投资者才能看到的。

私人金融产业的人一开始将法则506(b)下发行的股票称作“安静的交易”,因为他们不能大规模地宣传[不,他们也不把法则506(c)下发行的股票称作“热闹的交易”]。

Title Ⅱ在2013年9月23日开始实行,并且一些(并不是全部)D条例平台允许他们的发行者参与到公开的宣传中，前提是他们选择在规则 506（c）下发行股票（看本章结尾处的例子）。CircleUp 立刻开始重视 506（c）法则发行；而 MicroVentues 则没有。将 D 条例平台向 506（c）发行开放的一个缺点就是，投资者可能会被吓到，因为他们需要提交文档或者是和他们的专业顾问合作证明他们的信用认证情况。那些坚持法则 506（b）"安静的交易" 结构的平台仍然可以让他们的投资者 "一键证明"。

2014 年 9 月 23 日，即 Title Ⅱ 开始实行一年之后，Cowdnetic 追踪了美国 13 个股权发行平台结果，根据其统计，超过 500 家公司在 506（c）发行下筹集到了总额超过 2.15 亿美元的股权资本。其中主要的领域是服务和科技（特别是社交媒体、电子商务和手机移动应用）。在 Title Ⅱ 下发行的证券占了主要的股权份额（72%），紧接着的是可转换债券（20%）和直接负债（8%）。

区别 D 条例和 Title Ⅲ

当国会 2012 年通过《JOBS 法案》时，一种基于该法案的 Title Ⅲ 新型的股票发行平台就诞生了。Title Ⅲ 允许所有投资者的参与，包括不限制人数上限的非合格投资者——"公众"。这是一个巨大的转变。一夜之间，所有的美国人，不仅仅是最富有的那 7%的人都能够通过互联网投资新兴公司了。事实上，一个简单的 Title Ⅲ 股权众筹交易可能就包含了成百甚至上千的非合格投资者。

Title Ⅲ 的用语中明确地提到了 "众筹门户"，而不是当时盛行的产业术语 "发行平台"。

D 条例专家们努力使他们的针对高收入消费者的生态系统（只针对更富有的投资者开放）和新出现的 Title Ⅲ 系统保持距离。D 条例专家们呼吁人们不要将他们的网站称作众筹网站，这很有道理，因为D条例平台并不向“公众”开放。许多产业内的人士观察到，众筹这个词只与Title Ⅲ有关，而与D条例无关。这不是社会阶层的斗争——这仅仅是一种定义两种不同投资种类的方法，这两种投资种类分别在不同的管理结构下操作。

为了避免疑惑，在本书中我们将会区别。

（1）D条例发行平台，或者简称为D条例平台（我们本章会着重讨论）。

（2）Title Ⅲ股权众筹门户，或者简称为Title Ⅲ门户（我们将在下一章中进行讨论）。

注意：可以发起 Title Ⅲ股权众筹的中介包括：①经纪交易商未注册的资金门户；②经纪交易商操作的平台。我们将会在第3章中进一步解释其区别。

为了使事情更复杂一些，当 Title Ⅲ门户最终进入市场时，是在 2016 年，当美国证券交易委员会和美国金融业监管局针对其操作发布最终规则时，一些 D 条例平台将会建立姐妹 Title Ⅲ门户，从而创造出混合的D条例/Title Ⅲ平台/门户。这些法则允许同时通过两个系统平行发行股票，但是我们目前会将它们分开解释以免大家一头雾水。

D条例发行平台目录

许多D条例发行平台选择单单专注于一个特定的产业、发展阶段以及/或者其他标准。它们可以根据以下情况被分入许多目录中：

- 它们列举的发行者种类（举例来说，它们可能专注于某些产业比如技术、消费者产品、可再生能源、服饰和时尚）。
- 它们所关注的发展阶段（萌芽阶段、刚起步、成长阶段、后期阶段等）。

- 它们是否①允许发行的公开宣传，并且因此必须验证每位投资者的资格；②禁止公开宣传并且允许投资者自我证明；或者③使用两者的组合。
- 它们是否允许投资者直接投资公司或者通过被称作被提名的经纪人的资金池、特殊目的机构（SPVs）或者其他类似的资金实体。
- 它们是否有资格或者通过注册的经纪交易商操作。

说到最后的一条：美国证券交易委员会和美国金融业监管局针对经纪交易商有比其他中介更严格的关于尽职调查的标准。这个区别是很重要的，特别是对那些几乎没有执行他们的尽职调查经验的投资者来说。

成为一位经纪人允许平台代表其客户进行证券交易，而成为一位交易商允许平台在其自己的账户上进行交易。

作为中介，一位经纪交易商必须按照合理的步骤来确保发行者发布到平台上的信息和披露是实质上准确并且完整的。如果经纪交易商没能按照这些步骤，那么它将会面临来自美国证券交易委员会和美国金融业监管局的惩罚（包括罚款和民事强制执行）。这意味着平台的工作人员必须仔细并且深度检查每一位申请人的金融细节披露、对其执行者进行犯罪背景检查，等等。经纪交易商有义务采取合理的步骤来找出不诚实的发行者和具有欺骗性质的股票。

注册的经纪交易商不仅仅要遵循联邦证券法以及其条令的反诈骗条款和反操纵条款，还要遵循额外的尽职调查和反洗钱规则以及其他特定针对股票交易商的要求。

两个非常新的规定就是了解你的顾客规则（FINRA2090）和适应规则（FINRA2111）。这两个规则同时要求股票交易商收集每位投资者足够的信息来判断该投资者的风险档案以及具体的投资项目是否适合他们。为了完成这个目标，在发行平台操作的股票交易商应该回顾申请公司的商业计划来找出那些大体上不适合其平台注册投资者投资的股票。

一个自身并不扮演股票交易者角色的 D 条例平台可能会和外界的股票交易商建立合同关系，这种合同关系允许该平台参与到各种活动中，如果不这样的话，这个平台就必须注册成为交易商才能参与到这些活动当中。这种关系使得平台也必须遵循严格的尽职调查的标准，这同样也是股票交易商需要遵循的。总部设在迈阿密的 Early Shares 公司（它通过它和一个注册交易商的关系来发行证券）就是这样一个 D 条例平台。

不是注册股票交易商以及没有和外部股票交易商合作的 D 条例发行平台可能仍然会接受来自发行者的申请并且将他们的股票列在平台上。这些平台大体上有以下两种操作方式。

- 它们的操作更像是风险投资基金（VC），在风险投资中，个人投资者可以通过风险基金对发行者的证券组合进行投资或者和其他投资者一起以单一实体基金的方式对某一发行者进行投资。如果这个 D 条例平台不扮演股票交易商的角色，那么你就不应该假设它和一个股票交易商一样专业或者是推断其股票的尽职调查和股票交易商一样严谨。投资者俱乐部就是一个例子。
- 它们的操作更像是一个被动的公告牌（就像这个名字显示的那样），它们接受所有或者是大多数投资者，但是却不进行尽职调查也不会考虑其适合性。在这种情况下，平台扮演着介绍人的角色，而投资者以及/或者发行者则有义务使外部股票交易商或者其他可以完成这个类似服务提供者参与到证券的发行中。EquityNet 就是一个例子。

大多数平台自身都是股票交易商，或者是和一个股票交易商合作，他们都很乐意公开信息，常常是公布在网站的页脚（在主页底部的文档里）或者是在“关于我们”页面上。一些自身不是股票交易商的平台会出示一份免责声明以起到在页脚、“关于我们”页面或者是问答页面公布信息的作用。如果网页上看不到公布的信息，你可以联系平台的工作人员并且询问他们的股票交易商身份或者访问 FINRA 的交易商认证页面（http://www.finra.org/Investors/ToolsCalculators/BrokerCheck/），通过搜索来确定这个平台是否注册成为股票交易商。

如果你正在考虑在一个非股票交易商平台上注册成为一名投资者的话，一定要认真询问相关负责人在他们接受一位发行者之前他们会进行怎样的挑选过程和尽职调查。有些平台会在内部进行这样的挑选和调查，有的则会使用像 Crowd Check 这样的第三方服务（有的还会强调他们不会进行正式的尽职调查，而将这一任务交给投资者去做）。如果这个平台确实宣布会进行尽职调查，那么一定要确保其负责人在证券产业内有相关的经验，这样他们的尽职调查才有意义。

记住你（以及大众）在投资之前仍然需要进行你自己的尽职调查，哪怕这个平台自身就是股票交易商。我们会在第 12 章中进一步解释相关内容。

在某些情况下，面对投资者的 D 条例平台工作人员是经过注册的、和注册的股票交易商密切合作的代表，他们可能会建议他们的投资者考虑投资的适当性——哪些股票将会是最适合某一具体投资者的资产组合。那些没有经过注册的中介代表和顾问通常是被禁止直接向投资者提出这种建议的；他们必须起到更像是管道的作用，帮助发行人和投资者彼此联系、知情并且交流。

为了说清楚 D 条例平台是如何运行的，我们将会详细介绍两个平台：一是 Micro Ventures，主要针对高科技创业公司并且在 506（b）法则下禁止公开宣传；二是 CircleUp，其发行者是消费者产品和零售公司，它在 506（c）法则下允许公开宣传。这两个平台都是注册股票交易商。尽管我们相信这两个平台都是凭借最高的专业水平而成为业界内最具声望的平台，我们却并不一定向任何特定的投资者推荐它们中的任何一个。你选择哪个投资平台应该取决于你个人的金融目的以及你对这个平台负责人和工作人员的信心。

简介：Micro Ventures

总部位于奥斯丁和旧金山的 Micro Ventures 是最早在美国成立的股权发行平台之一。它同时是第一个见证其发行者通过收购而完成退出的、给投资者们提供了极具吸引力的回报的平台。

Micro Ventures 成立于 2009 年，在 2011 年前期正式上线，据创始人比尔·克拉克说，它主要（但并不是特定的）着眼于“高速成长”的有着少许收益的新兴科技公司，或者至少是“在执行着他们的商业计划”的公司。该平台发行的股票还包括发展阶段后期的公司，可能出现在二级市场发行阶段。这个平台主要在 506（b）法则下操作，因此在大多数情况下不允许公开宣传。投资者必须在网站注册并且自我证明他们的合格投资人身份。平台仍然有一个关于它的投资者的“高格调”政策：在允许其获得私密披露内容或者进行投资活动之前，工作人员会通过电话和每位在平台注册了的投资者进行通话。

Micro Ventures 是一个已注册的股票交易商，并且其负责人——

以及面对投资者的雇员——都是拥有 7 系列执照的注册交易商。这就使得他们可以向投资者提出关于大多数种类证券的建议，包括私人内容和公开交易的股票和证券（但不能是真实资产或者保险）。再多说一句，7 系列测试是目前最长也是最困难的不同证券执照系列。

这个平台的负责人是克拉克，他同时也是创始人和主席，他在密歇根州立大学获得金融学学位并且拥有 11 年信用风险管理和金融服务的经验。

Micro Ventures 向所有成功的筹资活动收取 10%的费用，这些费用一半来自发行者一半来自投资者。如果众筹发行者经历了像收购或者是首轮融资这样的流动性事件，它同时还收取 10%的资本收益（在向投资者返还了所有的投资资金后），这被称作附带权益或者是“附带”。和风险投资基金相比，后者收取 20%的附带和每年 2%的管理费用，在 10 年这个通常的基金时间跨度间就会收取总额达到 20%的管理费用。克拉克说，平台的目标是增加交易的流动性从而使得成功的收费增加，以降低或者消除平台附带费用。

已完成的交易

就 2014 年 9 月来说，Micro Ventures 在其平台上完成了 80 个股权筹资，资本总额达到 5 000 万美元（这个数据不包括同一发行者同一时期内在非平台处筹得的资金，比如说从天使投资人或者是风险投资基金处筹到的资金）。这 80 个筹资中只有 3 个是 506（c）法则股票。据克拉克说，通常的筹资一般是 25 万美元左右，尽管也有超过 100 万美元的异常值（比如 3D 打印公司 Structured Polymers，它在 2013 年通过 Micro Ventures 筹集了 120 万美元）。最低的筹资大概是 10 万美元。大约 80%的筹资都是首轮——该发行者在这个平台上首次筹资——剩下的20%都是二轮。

最小的投资额是5 000美元，而这里没有最大额。这样一个很低的最小投资额使得一部分百万富翁可以通过投资几个有风险的、流动性相对低的D条例交易来实现他们的投资多样化，同时使其D条例下的投资总额低于一个百万投资组合的5%。

投资一项交易的最长期限，即从其登上列表第一天开始到交易关闭的时间是6周，但是平均时间是3.5周。克拉克说，一项最近的真实资产交易在3天内就关闭了。

就2014年9月来说，Micro Ventures上有大约9 000个合格投资者注册，他们中的大约15%正十分活跃地投资，而剩下的仍在随意浏览和学习。克拉克将这个惊人的活跃度归功于平台的高端投资者网络。他估计说，大多数投资者也同时在至少一个其他的D条例平台上注册了。

Micro Ventures提醒它的投资者，在一个资产流动性事件出现前，他们的投资可能在5～7年内都是具有较低流动性，前提是假设发行者真正存活了这么久的话。

交易流程

各种交易以两种方法在平台上进行流动。

第一种方法，一个高速发展的技术类初创企业可以前往Micro Ventures的投资需求界面，填写一张正式的申请表格，然后下载它的“融资推介”。融资推介或者压缩的商业计划，通常通过一个幻灯片进行展示，包含了“电梯游说”（一个快速的问题/机会浏览）、团队和董事会成员档案、市场策略、竞争者、商业模式、收益源金融计划、退出策略、资本需求，等等。

Micro Ventures产生交易流的第二种方法要更加积极。从他们的电话谈话和与其注册投资者的其他交流中，工作人员可以感受到技术产业的哪些部门是投资者们最感兴趣的——在某一个特定的时间它可能会是云服务、远程医学和移动设备。工作人员定期拜访高科技孵化器、加速器和企业的“产品演示活动”（在这些活动上初创企业会将它们的想法给一屋子的天使投资人展示）。这些事件、活动都十分有效地侦探出那些可以满足投资者们的投资需求的非常有潜力的初创企业，并且可以邀请它们在平台的投资需求页面进行申请。

这就是早期阶段的交易流是如何开始的。工作人员仍然需要过目所有的投资要求，然后承诺在每一个要求提交的一周内回复。这是第一轮检查，一个尽职调查过程的简略版本，它包括了检查公司的基本“度量”、管理团队和任何可能会参与的早期投资者。Micro Ventures 只回复那些他们评价为有潜力“在我们的平台成功”的申请，这只占所有提交申请的 2%。通过了首轮检查的 2%的公司将会被邀请出现在平台的推荐公司部分。

推荐公司部分，被戏称为“候补区”，显示了每个发行者的如下信息：公司名字和商标、产业类型（网络技术、数字媒体、软件、绿色科技、游戏等，以及偶尔出现的消费者产品）、发展阶段（通常是初创/种子阶段企业，但是偶尔也会出现成长阶段或者发展后期阶段的公司）、企业的一句话描述以及暗示有兴趣投资该公司（但这并不是承诺他们一定会投资）、等待进一步更全面的尽职调查的合格投资者数量。大约四分之一的推荐公司会进入被接受的最后一个阶段，然后经过股票交易商水平的尽职调查。这一调查包括了检查公司的商业计划、资产负债分析、“资金消耗率”、获利的使用、风险因素、管理团队的简历、法律诉讼地位、网站访问或者验证、资产列表、现存诚信度，等等（再多说一遍，我们想要强调投资者不应该单单依赖于平台的尽职调查过程，哪怕他们很相信平台工作人员的专业度。投资者仍然需要对每一个投资出价进行进一步调查）。

克拉克相信，在搜寻好的股票候选者时，来自注册投资者的众人智慧和硅谷的风险资本家“至少都不相上下”。

大约 1%的申请融资的公司最后能被列在平台的现有发行部分。一些人将这一百分率称作平台的“综合处理率”，意思是这一百分率的申请者是被接受的。大多数 D 条例平台的综合处理率都低于 5%。

在现有发行部分，每个列表都会显示公司的名字、商标、产业类型、发展阶段、一句话描述、出价被列出的时期、最小投资额（大多数情况下是 5 000 ~ 15 000 美元，发展后期阶段会更多）以及目前筹集到的资金总额。这就是那些经过了最初的注册过程的投资者可见的信息。要进一步看到更完整的发行信息，投资者们必须经过第二个注册阶段，这包括和一位 Micro Ventures 工作人员进行电话谈话。

完整的发行信息通常以一个简短的促销视频以及/或者一个发行者制作的幻灯片开始。接下来就是创立者的名字、著名的天使投资人（前提是如果有的话）、交易的期限（比如，*x* 美元可自由兑换的债务，利率为 *y*%）以及 Micro Ventures 的执行官所写的关于为什么会选择这家公司的声明。这些信息之后就是关于商业模式、产品或者服务、在平台上筹集到的资金的用途、工作特性图、金融预测、产业以及市场分析、竞争格局、执行团队、新闻报道等的描述。投资者们可以下载私人筹资备忘录或者 PPM（文件，通常有几十页，用于执行和关闭交易），这些资料都使用 PDF 格式，使得投资者们能保持这些资料的私密性并且不向其他任何人传播这些资料。如果任何投资者违反了条令，那么他就将不能再访问平台（我们将会在第 11 章里进一步解释 PPM）。

因为 Micro Ventures 很大程度上在 D 条例的 506（b）法则下操作，所以没有注册（合格认证）的投资者访问平台时不会看见任何具体的发行信息。因为公开宣传在 506（b）股票下是被禁止的，所以平台只能将报价显示给那些已经在平台注册的投资者和 Micro Ventures 已知的合格投资者。

另外，在 506（c）法则下操作的 D 条例平台可以将基本的发行细节显示给所有访问平台的人，无论他是否是合格投资者。但是下一步，只有注册了的合格投资者能够走到“大门的后面”来看更进一步的关于每个发行的细节。不仅如此，506（c）法则允许像《华尔街邮报》的市场观察这样的网站从各种不同的 506（c）平台整合发行数据到一个中心化的市场，从而提供给 506（c）股票的投资者们。这样的发行数据的整合网站就不会出现像 Micro Ventures 那样的 506（b）平台的报价。

某种程度上，由于只能在自己的平台上进行宣传，而不能进行更加广泛的宣传使得 506（b）平台存在了很多劣势，因为 506（c）股票发行能被更多的人所看到。然而，也有一些投资者不愿意遵循 506（c）平台要求的那些“合理的步骤”来证明他们的信用认证身份。

在考虑一个具体的出价时，无论任何时候，投资者都能够和其他有着相同兴趣的投资者通过平台上的像论坛一样的社会关系网进行“交谈”。而且，投资者可能会询问发行者一些问题然后收到回复，论坛上的其他投资者也可以看到他们之间的问答。这样一来，这种谈话本质上变成了一个协作性的尽职调查过程。

关闭交易

最后我们到了这一阶段，投资者决定向一个交易投资 5 000 美元或是更多。Micro Ventures 提供了一种高端的体验，即交易商可以和投资者一起完成这一过程，当然，投资者也可以选择不借助任何帮助完成整个交易。当投资者在平台上完成交易过程后，资金会被保存为代管财产直到其他投资者都进行了投资然后关闭交易。随后资金将会被转移给发行者，作为回报，投资者会得到一部分股权。如果交易因为某种原因没有关闭，资金将会退回并且不会收取任何费用。

Micro Ventures 和 CircleUp（我们接下来会分析到）以及其他 D 条例平台不同的一点是，Micro Ventures 将投资者的资金都集中到一个单一的实体中，一个有限责任公司（LLC），之后这个有限责任公司会执行私人筹资备忘录。举例来说，投资者 A、B 和 C 决定向发行者 X Corp 进行投资。Micro Ventures 会单单为了将 A、B、C 的资金集中到一起而成立一个有限责任公司，然后这个有限责任公司会对 X Corp 进行投资。在这样的安排下，每个投资者相当于购买了这个有限责任公司的成员单位，而不是直接向发行者投资。这样一来，发行者就只在其股东名册里增加了一个经济实体，这个股东名册就是一个列举了公司所有投资者的电子表格，并且标注了每个投资者投资的时间、每一笔投资的金额以及每个投资者手里掌握着多少股份等数据。

大多数公司都倾向于股东名册越简单越好，因为他们有义务回应来自每一位投资者的相关的问题和评论，同时还要定期向他们报告。小规模的公司通常没有全职处理投资者关系的工作人员，所以它们希望能避免回应来自许多投资者的询问，从而能有更多的时间花在创建企业和赢取利润上。

更重要的是，向集中到一起的投资者实体出售股份能够使得每个投资者拥有的对企业管理的控制水平最小化。因此，有限责任公司在公司和其投资者之间创造了一个缓冲区（在第 3 章中我们会讲到，集中起来的资金此时还不能被用作 Title Ⅲ众筹门户的投资，哪怕单单一个交易上就有数百甚至数千的投资者。然而，国会中提议的新的立法可能会修改 Title Ⅲ从而允许共同基金投资资金门户）。

对于投资者来说，资金池的缺点就是，单一实体进行投资意味着那些想要和公司的执行团队交流的投资者必须通过 Micro Ventures 进行交流，因为 Micro Ventures 管理着有限责任公司。而且，一个单一实体资金池最多只能有 99 位投资者。

将类似于基金的有限责任公司和传统的风险资本基金区别开是很重要的。风险资本基金是被动的资金池，在这样的集中里投资者不能选择所投资的资产组合公司（一个特例是风险资本质押基金，这种情况下投资者可以选择不投资某一个特定资产组合公司——但是投资者仍然不能选择投资哪个资产组合公司）。相反的是，每一个 Micro Ventures 的有限责任公司都只投资一个发行者，那些购买了有限责任公司单位的投资者在之前就会选好他们想要投资的特定的发行者。

由于在一个流动性事件发生前，投资者们可能会持有他们的有限责任公司单位长达 5～7 年，仅根据一个突出的例外就来评估 D 条例平台投资的收益还是太快。Micro Ventures 在 2011 年列出的第一个发行者是总部设在亚利桑那州的 Republic Project。这是一个针对广告商的基于云端的数据目录管理系统。Republican Project 于 2011 年在 Micro Ventures 平台首轮融资筹集了 10 万美元，在第二轮时又筹集到了 25 万美元。2013 年 11 月，Republican Project 被公共贸易公司 Digital Generation 收购。收购价格是保密的。首轮投资者将会得到比第二轮投资者更大的回报。并且，克拉克解释说，投资的具体回报（ROI）“取决于一个两年期的对赌协议”，“我们的首次支付将会在 2015 年进行。那就是说，自收购以来，所有的报告都是积极的”。

档案：CircleUp

Micro Ventures 专注于技术型初创企业的股票，有时候是几乎没有收入的，而 CircleUp 主要关注消费者产品和零售公司，这些公司有 100 万到 1 000 万美元的持续收入（2014 年）。这个平台的特色是一个叫“CircleUp 的种子”的部分，这个部分里是一些预收入公司。CircleUp 的候选者们通常带着一个成立的品牌和适当的分配网络“进入一个高速发展的阶段”。CircleUp 还有以下其他与众不同的特点：

- 它使用 506（c）法则，该法则允许为一些股票进行公开宣传，这意味着你可能会在除了 CircleUp 平台以外的地方看到它的广告，但是你仍然必须在 CircleUp 上注册来浏览更多的公开信息并且对它进行投资。
- 它允许投资者们直接向列表的发行者进行投资而不是像 Micro Ventures 所使用的有限责任公司那样以集中资本实体形式进行投资。
- 它和一些领先的消费者产品公司（比如宝洁公司和通用磨坊公司）有着战略合作伙伴的关系，这些公司能够在企业在 CircleUp 筹资过程或者筹资之后对它进行协助。它还能够投资平台的一些股票来跟上产业的创新潮流，并且为之后的收购创造可能性，这对投资者来说是退出的一个选项。

当创始人莱恩·卡尔德贝克（Ryan Caldbeck）和罗里·伊金 2012 年 4 月在旧金山创建 CircleUp 时，他们就已经决定专注于消费者和零售公司，因为这是一个“很大程度上被传统风险资本集团忽略的”产业，卡尔德贝克在 2013 年 4 月这样告诉合格投资者市场。他们没有像吸引到技术公司那样吸引到风险资本和私人股权的注意力，尽管他们有着很大的发展潜力。私人股权公司在达到 1 500 万美元的收入之前一般不会投资一家消费者公司。伊金指出，2011 年只有风险投资总基金的 4%流向了消费者产品，而消费者产品这一部分占国内生产总值的 15%～20%。

消费者和零售部分对于投资者的吸引力和那些可能成为下一个苹果或是领英公司的富于魅力的高科技新兴公司的吸引力是不同的。首先，一个预期的投资者可以索要平台上展出的大多数产品的样品并且在投资之前“体验”这些产品。它们中的部分已经在当地小商店或是宠物商店的货架上了。投资者们可能会对发行者感兴趣的原因中，既有公司的财务报表给他们留下深刻印象，也有他们“对这家公司及其产品具有认同感”。这种和潜在的商品间的情感上的联系是消费者投资的一个核心方面。

“想象 40 位父母投资一家婴儿食品公司，或者是 25 位宠物主人投资一个宠物公司。现在他们正在讨论这些商业公司不仅仅是因为他们喜爱这些产品，而且因为他们是股权投资者，”卡尔德贝克说，“发展阶段的消费者公司不太可能成长为价值 100 亿美元的企业——远在那之前它们就会被收购——但是它们可以干得很好并且为投资者创造实实在在的回报。在 CircleUp 上的公司平均每年增长多于 70%。”

CircleUp 网站上的考夫曼基金会的数据显示了消费者公司的天使投资，合适地多元化的话，每 4.4 年都会产生平均 3.6 倍于投资资本的回报。这并不一定比你可能期望的从投资高科技初创企业那里获得的回报多，但是投资一家已经发展的消费者品牌的风险要小一些。

卡尔德贝克和伊金都有斯坦福大学的 MBA（工商管理硕士）学位。首席执行官卡尔德贝克之前曾是再消费资本的主任，这是一家私人股权公司，主要针对消费者产品和零售。首席运营官伊金曾经是人类联合的投资负责人以及波士顿咨询小组的咨询师。他们两人都持有系列 24 和 82 的执照，后者包括了初级的私人处置的股票（不是二级市场交易）。梅根·罗斯科是 CircleUp 的投资者执行官，她拥有 7 系列证券执照（罗斯科是 EnTrust 资本公司的前高级副主席）。CircleUp 的工作人员不会向在平台注册了的投资者提供个人的投资意见，尽管他们的股票交易商身份允许他们这样做。

CircleUp 向每一个成功的筹资活动收取费用，由发行者而不是投资者支付。这些费用因筹集到的金额不同而不同。平台不会收取附带费用（在流动性事件发生或是退出筹资之后的资本收益的一部分）。所以，消费者和零售产业的潜在的收益并不如高科技产业那么令人惊喜，投资的费用整体上要低一些。

2013 年，CircleUp 自身在 mega-angels 谷歌风投和 Union Square 风投发起的种子阶段和第一轮筹资中筹集到了 900 万美元。

已完成的交易

就 2014 年 10 月来说，CircleUp 支持了 50 起资本筹集活动，总金额达到 5 000 万美元。截至当时最大的一笔交易是 Sustain 的 300 万股权筹集，这是一家公平交易避孕套的制作者。2013 年最大的交易是 SmartyPants 维他命，通过发行可转换票据筹得了 250 万美元。

筹资的平均时间少于 8 周，尽管有一家叫 Rhythm Kale Chips 的公司，在两周内就结束了 70 万美元的一轮筹资。相比来说，在消费者和零售产业，一个典型的线下天使筹资周期通常是 3～4 个月。

每一个发行者都会设置自己的最小投资水平。一些股票要求的最小额是 1 000 美元，而高端要求的最高额达到了 25 000 美元左右。在较低端部分，“小型”投资者更能够使他们的私人股权多样化。在天使投资的线下世界里，最小额一般是 25 000 美元到 50 000 美元。

许多 CircleUp 的注册投资者是遍布全国的策略型投资者，这意味着在消费者产品和零售产业，他们有经验，而且通常处于执行的水平。他们通常已经退休，但仍然想通过不仅仅是投资他们的资金而且还要向这些成长中的企业提供他们的专业知识来“留在这一局游戏中”。他们中的一两个人可能最终会成为他们通过平台投资的公司的董事会的一员，或者作为特聘咨询师。这是发行者们渴望得到的那一类投资者。

CircleUp 面对投资者的咨询时，会通过电话确定许多投资者的身份，了解他们的专业知识，然后确定他们在某一产业具体某方面的兴趣。从这样的谈话中，执行者们会了解到许多信息，比如，有差不多一半的投资者对处于发展早期阶段的私人公司有兴趣。有时这些投资者会让他们的财务顾问和/或者律师也参与到谈话当中。他们中有的人是私人资本市场的新手，参加这些只是因为“有趣”。

根据罗斯克统计，CircleUp 许多活跃的投资者都参与了多个交易。这些人中的部分向平台列出的所有发行者都进行了最小额度的投资。只有一小部分投资者只进行一项投资。

CircleUp 免费向投资者提供从咨询公司获得的调查报告、零售业标准、调查结果和分析（平台都会为这些资料支付订阅费），这些咨询公司包括总部位于芝加哥的 Spins 责任有限公司，它是一家针对“自然农产品”零售商和制造商的咨询专家公司。

交易流程

公司可以通过一个在线的申请书向 CircleUp 平台申请将他们的报价陈列在平台上，这个申请书包括关于产品和执行的基本信息，以及收入历史、毛利润和企业成长率。CircleUp 团队会通过检查缩小申请者数量然后对那些有潜力的申请者进行尽职调查。卡尔德贝克于 2013 年 11 月在市场观察的网站上写了如下的话：

除了公司标准，我们还仔细观察了 CircleUp 申请者退出市场的前景。大型消费者产品公司逐渐不愿意花费时间和资本来进行创新；购买一个已经证实的商标要比花几百万美元和好几年来尝试创立一个可能一上市就过时的产品要简单得多。比如说，一个椰子汁产品不太可能出现在 CircleUp 平台上，因为饮料零售巨头可口可乐和百事可乐已经有它们自己品牌的椰子汁了。我们寻找的公司售卖的产品应该是既和竞争者不一样又和相关策略性购买者互补的。

CircleUp 团队还仔细审察了价值评估。“我们不接受一个有资格的公司的第一大原因是这家公司寻求一个远高于类似交易的估价，”卡尔德贝克解释说，“投资时的进入估价有助于决定一位投资者所获得的回报，所以很关键的是，如果一个策略性收购者今后只支付 3 倍的价格的话，投资者是不会支付 10 倍的。”

不到 5%的申请者能最后获得批准，它们中的大多数都是分散的企业。尽管 CircleUp 团队在策展阶段进行了尽职调查，“我们仍然鼓励所有的投资者去进行他们自己的尽职调查——不仅仅是在我们的网站上，还要在平台以外的地方——而不是一味依赖于其他投资者的成果。”卡尔德贝克这样说。有许多原因说明这是一个很好的建议，其中一个就是尽职调查应该有符合个人投资者的适应性和经济需求，对于不同的人来说，这些都是不同的。

2014 年 1 月下旬，CircleUp 的“投资机会”页面展示了 48 家公司筹集的资本，占有最大比例的产业是食品行业（26 家），第二大的是饮料产业（9 家），剩下的依次是个人护理、家用产品、电子商务、服装、运动用品以及其他。所有的网站浏览者都能看到所有 48 家公司的股票。然而，其中只有 10 只标注有公司的名字、简短介绍和产品的照片；这些是使用 506（c）法则的发行者，该法则允许公开宣传。其他的 38 只股票只表明了不受商标保护的描述，包括产业（食品、个人护理、家用产品等）、发行日期、过往业绩营收，某些还标注了分配渠道；这些是 506（b）法则下发行的股票。只有注册的合格投资者能够走到“大门后面”去了解更多的发行细节。

CircleUp 平台促进了潜在投资者、忠实投资者和发行者之间的类似于论坛的交流，这些交流包括安排好的电话会议，在此期间那些潜在的投资者可以进行提问。

一个潜在的投资者能够接触到发行者深入的发行文件，通常包括项目进度会议、股权结构表和其他披露的细节，前提是要得到发行者的个人允许。

美国以外的投资者也能够投资陈列在 CircleUp 上的发行内容，但是可能无法在线操作——投资者必须在平台以外完成这个过程并且需要提供更多的个人信息，比如照片标识或者护照以及一份免税表格。

关闭交易

CircleUp 是一个“全部或无”平台——就像产品众筹平台中的 Kickstarter 那样——这意味着如果发行者没有达到其预定的筹资目标的话，它就什么也得不到并且交由第三方保管的投资者的资金将会返还到投资者手中。如果超过筹资目标的话，发行者将保留全部金额的投资，每个人都开心——当然这也只是暂时的。投资者通过订阅合同直接和发行者进行交易，同时凭借这些发行他们可能得到优先股、普通股或者是可转换债务（当公司通过了某个财务里程碑时能够被转换为股权的债券）。

当筹资轮关闭时，投资者和发行者仍然可以使用 CircleUp 的类似论坛的社交网络来进行交流，但是只有那些参与到发行中的投资者能够继续浏览发行者在 CircleUp 上的主页。

Micro Ventures 和 CircleUp 不允许非合格投资者参与 D 条例股票的发行，那些股权发行平台——Title Ⅲ股权众筹的先驱，也不允许非合格投资者参与——提供了非常有价值的关于平台操作、它们关注的商机、协作性尽职调查和投资过程中其他方面的课程。

关于 Title Ⅲ的悬念发展

2014 年年底之前，美国的好几个 D 条例平台都持续将发行者和合格投资者聚集到一起并且促进股权的交易。一些平台单单专注于除了技术和消费者行业（如 AgFunder 和健康筹资者）以外的特定产业。有几个 D 条例平台（包括 Early Shares）以及基于产品回报的 Indiegogo 都试验性地计划着，一旦美国证券交易委员会和美国金融业监管局发布最终条令，2016 年就增加 Title Ⅲ的众筹发行。

同时，在其他的国家，最明显的就是澳大利亚和英国，股权众筹平台向所有投资者开放，对于净资产和收入只有很小甚至几乎没有任何限制。在美国的一些州，从乔治亚州、威斯康星州和密歇根州开始，允许非合格投资者参与州内的股权众筹。

在 2015 年早期，美国的许多股权众筹平台操作者和创立者、企业家、投资者以及他们的顾问都在等待着，等着美国证券交易委员会和美国金融业监管局发布最后的条令，以便 Title Ⅲ门户能够成立并且州内的股权众筹能够向几千万非合格投资者开放。在媒体中，金融界权威人士则做出不同的预测，有的认为主要受到初级投资者欢迎的 Title Ⅲ众筹将预示着私人资本市场的一场光荣的民主革命，有的则认为这是一次不光荣的重大事故。

公开 506（c）法则下的公开宣传

506（c）股权发行的一个例子就是法斯兰有限责任公司。这是一家总部设在罗德岛的普罗维登斯的虚拟设计公司，同时也是专业游泳比赛泳衣及装备的零售商。

2014 年 1 月，法斯兰获批在 Equity Thrust 平台上列出其成员股权，Equity Thrust 是一家虚拟的 D 条例发行平台。法斯兰选择使用 D 条例下的 506（c）法则，该法则允许对其发行的股票进行公开宣传。这意味着法斯兰不仅可以在 Equity Thrust 上宣布其股票的发行，而且还可以在它自己的网站、新闻媒体、社交媒体网站以及其他公共论坛上进行宣传。尽管任何人都有可能看到这些公开的宣传，但是只有合格投资者能够在 Equity Thrust 平台上进行注册，并且获得保密的细节和披露，然后对法斯兰公司进行投资。

如果法斯兰选择基于 506（b）法则进行股票发行的话，它就不能公开地进行宣传。它将只能在 Equity Thrust 的平台上（只针对合格投资者开放）宣布并且描述其发行的股票，或者是直接向那些和发行者有着私人关系的投资者进行沟通。

2014 年 1 月，Equity Thrust 平台上只有不到一半的股票发行使用了 506（c）法则。大多数公司都选择了进行 506（b）发行，这也被称作“安静的交易”。

2014 年 1—3 月，法斯兰公司的发行股票都出现在 Equity Thrust 的主页上。图 2.1 是模仿出现在 Equity Thrust 的主页上的图片，点击这个图片，用户（不管是否在平台上注册）就会进入法斯兰的发行概览页面，这个页面上有对该公司的更详细的介绍和描述，包括以下内容:

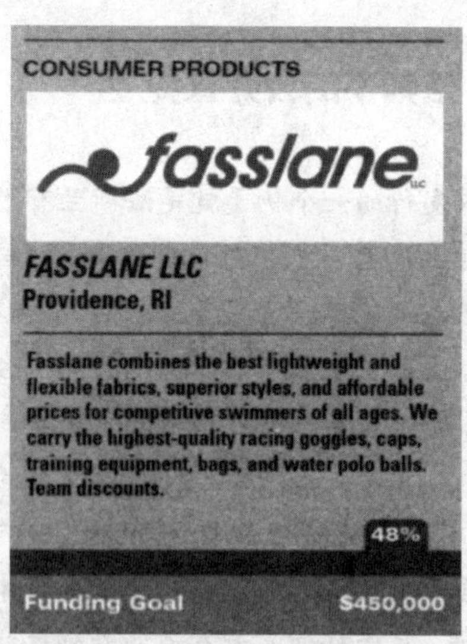

图 2.1

筹资目标（450 000 美元），目前筹集的总额（截至 2 月 25 日，215 000 美元或完成 48%）；

公司历史、目标、重要雇员的档案、地址；

市场描述、规模大小（根据总销售额）以及增长率；

产品图片；

筹资类型：股权；

一个简短的宣传视频；

外部链接：法斯兰公司网站、社交媒体页面、新闻媒体报道；

"获取产品样品"的按钮。

合格投资者必须在平台上进行注册来获取公司的商业计划、金融股、风险披露以及交易条款等信息。

相比之下，发行者如果选择在 506（b）法则下进行"安静的交易"，那么在 Equity Thrust 的主页上只会出现对于公司的产品和经济部门的一般描述，而不会出现发行者的名字（图 2.2）。想要获得更多的信息，你将必须在平台进行注册，并且对你的合格投资者的身份进行一键自我认证。

除了在 Equity Thrust 上的列表，法斯兰公司还通过一个 1.5 英尺宽、3 英尺长的横幅在其自己的网站上宣布了股票的发行，这个横幅出现在法斯兰公司网站的每一页下方（图 2.3）。横幅突出显示了 Equity Turust 的商标，并且带有"Equity Thrust 网站筹资进行中……了解更多"这样的信息。点击那个横幅，用户就会进入一个完整的宣传页面，这一页面仍然在法斯兰网站上。在宣传页面的底部，用户可以点击突出的超链接直达 Equity Thrust 平台的发行概览界面。

法斯兰还以新闻稿的形式将它的整页宣传分发给了当地的商业新闻媒体、泳池及休闲健身中心行业的贸易周刊和地区的天使投资人。

图 2.2

图 2.3

为什么会有发行者选择使用 506（b）法则从而放弃广泛宣传的

机会呢？原因大概有以下几种：其一，506（b）法则允许合格投资者在平台进行注册时对其身份进行自我认证。而 506（c）要求投资者（在大多数情况下）遵守平台的要求并且对他们的合格身份进行证实，比如，提供纳税申报或者是银行对账单，或者是专业顾问的信函。一些发行者担心 506（c）法则的认证要求可能会使得投资者出于对隐私的顾虑而被吓跑。其二，一些企业没有市场宣传的相关预算。

第3章

股权众筹（《JOBS法案》Title Ⅲ）

1976 年，斯蒂夫 · 沃兹尼亚克（Steve Wozniak）设计了苹果二代电脑。后来他指出，如果在 1976 年时人们被问到他们是否想拥有一台家用电脑，大多数人会反问："什么是家用电脑？"

如今，如果大多数人被问及他们是否想通过股权众筹投资初创企业或小企业，他们会以几乎相同的方式反问："什么是股权众筹？"

这是否意味着在未来十几二十年间，大多数人都会知道股权众筹，甚至可能想购买一些早期股权？答案是肯定的。每个人都会认真考虑通过股权众筹投资几百美元或几千美元到初创企业或早期企业，从而将自己的投资组合多样化。

自 1976 年以来，个人电脑已显著地改进并提升其影响力、用户友好性和功能性。沃兹尼亚克自己也没有完全预想到家用电脑会如何改变商业和社会的方方面面。我们小心翼翼，希望不至于太浮夸地描绘股权众筹，只是稍稍延伸一下这个类比，即股权众筹会以我们暂时还预见不到的方式完善、扩大并改变民间资本市场，即使起步很缓慢（也许很艰难）。

- 第 2 章提及了 SEC 的 D 条例发行，了解它的一些基础知识会对理解股权众筹有所帮助，尤其是其中的免于向 SEC 注册概念。私企如想对投资者发行股票，其必须：①向 SEC 进行注册并“公开发行”；②遵守注册的豁免条件。由于注册费用极其昂贵，大多数私企选择在豁免条件下进行发行，如州内豁免的D条例，或在2015年或不久以后启用的Title Ⅲ众筹豁免（第4章将进一步讨论州内豁免）。

这里让我们再回顾一下第2章中提到的D条例股权发行平台和Title Ⅲ股权众筹门户的区别（表3.1）。有些人可能错误地将D条例发行平台和Title Ⅲ众筹门户一概而论，将它们统称为股权众筹。的确，D条例和Title Ⅲ都涉及股权投资，但是不应将D条例发行平台视为众筹，因为它们实际上只对合格投资者开放，而不对普罗大众开放。本书中我们指的是Title Ⅲ众筹门户，因为：①它们对所有投资者开放，即对大众开放；②国会在2012年《JOBS法案》Title Ⅲ中将它们描述为“集资门户”。为简单起见，我们仍沿用股权众筹。

表3.1 集资平台要点

年份	世界	美国			
	股权众筹	D条例，规则506	Title Ⅲ股权众筹	州内股权众筹	非股权众筹
2003					ArtistShare
2004					
2005					Kiva
2006	ASSOB(澳大利亚)				Lending Club
2007					
2008					Indiegogo
2009					Kickstarter
2010					GoFundMe
2011		MicroVentures		*佐治亚州*	
2012	Seedrs(英国)	CircleUp	*签署《JOBS法案》*		

续表

年份	世　界	美　国			
	股权众筹	D 条例，规则 506	Title Ⅲ 股权众筹	州内股权众筹	非股权众筹
2013	CrowdCube (英国)	*一般劝诱*		*密歇根，威斯康星州*	
2014					
2015			*预计颁布美国证券交易委员会/美国金融业监管局规则*		

注：（1）以罗马字体标示的是网站（平台、门户）；

（2）以斜体标示的是立法或法规事件。

铺设通往资本市场的新道路

本书前言中曾解释，《JOBS 法案》是为了使企业家、初创公司和小企业（发行人）在向投资人和借贷人募资时更容易、成本更低。资本可以加速增长，从而提振经济，创造新的就业机会。该法案放松了对小公司在民间证券市场募资能力的“极其苛刻”的限制，从而实现了这一目标。[①]《工商初创企业推动法》并不真如其名称那样，只有利于想成长的私人初创企业，它还有利于“绝大多数公开上市的公司”。[②]《JOBS 法案》中有利于大型及成熟企业的规定，

① “法律动态——2012 年《JOBS 法案》”，Friday, Eldredge & Clark 律师事务所，2012 年 4 月 6 日。

② 伊丽莎白 · J. 钱德勒和帕特里克 · S. 墨菲，“《工商初创企业推动法》签署成为法律”，2012 年 4 月 10 日，位于密尔沃基的 Godfrey & Kahn 律师事务所发布的白皮书，2012 年 4 月，http://www.gklaw.com/news.cfm?action= pub_ detail&publication_id=1176。

不在本书关注之列，只需记住一点，该法案远远不只创建股权众筹这么简单。本章稍后会对其他规定进行总结。

《JOBS 法案》提高了资本的双向流动性：既有助于成长型企业找到更多的投资者，也有助于投资者找到更多的成长型企业进行投资。部分原因在于法案允许股权众筹门户公开展示多个非公开发行企业，实际上，几千万普通投资者之前都不知道有人会偏好非公开发行。

《JOBS 法案》于 2012 年 3 月颁布，并获得众议院（390 票对 23 票）和参议院（73 票对 26 票）两党的强烈支持。该法案有七个独立部分，前六篇源于六项不同的立法，例如，最初的《众筹法案》，2011 年经过参、众两院讨论之后，变成了《JOBS 法案》的 Title Ⅲ。

第一篇到第六篇为美国金融市场的初创企业或小企业募资指明了不同的道路。

- **第一篇**外号也叫"IPO 快车道"。它创造了一类新的企业，即新兴成长公司，是指收入额不足 10 亿美元的公司，依据通胀率进行调整。第一篇降低了与新兴成长公司公开上市有关的监管负担和成本，并创造出"过渡型快车道"，会"在首次公开发行一段时期内逐步采取 SEC 合规措施"[①]（公开上市的优势之一就在于通过公共证券交易所出售股票的能力）。第一篇是《JOBS 法案》中唯一专门适用于新兴成长公司的部分。
- D 条例规则 506 禁止对非公开发行进行一般性劝诱或广告，**第二篇**解除了该限制。一般性劝诱可以使发行人向更广泛的潜在投资者进行公告（但仍然只能向合格投资者出售股票）。

---

① "《JOBS 法案》——对企业家意味着什么？" *Cooley 动态*，2012 年 4 月，Cooley 律师事务所，http://www.cooley .com/66282。

参见第 2 章中总结的一般性劝诱如何影响 D 条例发行平台。第二篇还允许根据规则 144A 通过一般性劝诱向“合格机构买家”出售一些受限证券。

- 私人初创企业或小企业最高可向所有投资者（包括非合格投资者）发行 100 万美元的证券（股权和债权），Title Ⅲ将该发行以两种中介合法化：经纪商或新创建的一类监管实体，即众筹门户。本章稍后会详细介绍。第二篇不适用于 Title Ⅲ的众筹，即发行人不得对 Title Ⅲ的发行进行一般性劝诱或广告。
- **第四篇**将 A 条例下私企在 12 个月内能够发行的证券额度由 500 万美元增至 5 000 万美元，这也被称为 A（2）条例或 A+ 条例。
- **第五篇**将私企允许最多股东数量由 500 人增至 2 000 人（其中高达 500 人可能是非合格投资者）。除此门槛之外，企业必须按照《1934 年证券交易法》向 SEC 注册适当类型的股票，该过程同《1933 年证券法》下注册 IPO 一样烦琐。①
- **第六篇**允许银行和银行控股公司将最多记名股东数从 500 人增至 2 000 人，从而有助于它们更长久地私有化。
- **第七篇**指导 SEC“将与本法相关的信息及时在互联网上公布，并积极开展宣传工作，将本法涉及的修订内容告知中小企业、女性企业、退伍军人企业以及少数族裔企业”。

国会明确规定第一篇会立即生效，而第二篇至第六篇则会在 SEC 发布相关落实细则之后生效（尽管第五篇部分内容是自动生效的）。2012—2014 年三年来，SEC 都没有发布落实 Title Ⅲ的相关

① 由于股东门槛值为 2 000 人，依照员工持股计划或其他员工补偿计划持有证券的股东和众筹投资者们将不计入记名股东。

规则。

深入探讨 Title Ⅲ

Title Ⅲ是自《1933 年证券法》以来《JOBS 法案》的唯一一部分，实际上也是唯一立法，它毫无疑问地为广大非合格投资者开启了参与私募股权市场的闸门。

“众包证券发行”这一观点可追溯至 2007 年的美国。[①]在 2000 年互联网泡沫破灭之后，风险投资就大幅减少（可以肯定的是，部分原因在于引进功能强大的开源软件和 Web 2.0 开发工具后，创立基于 Web 的企业成本更低了）。有人认为，初创企业无法获得足够的可用资金，特别是通过网上募资；而散户们也无法获得早期投资的机会。[②]

继众筹网站 Kickstarter 和 Indiegogo 大获成功之后，2009 年，将股权众筹合法化这个想法在少数企业家和律师心中日益强烈。*MAKE* 杂志的项目编辑保罗·斯宾拉德（Paul Spinrad）可能是第一个将这种想法发布在 BoingBoing 博客这个公共论坛的人。[③]之后，永续经济法律中心由社区支持的创业项目负责人、律师珍妮·卡森

---

① 股权众筹于 2006 年出现在澳大利亚。见杰伊·帕克希尔，“世界还没准备好众包证券发行”，Startup Toolbox 博客，2007 年 4 月 26 日，http://blog.jparkhill.com/2007/04/26/the-world-isntready-for-crowdsourced-securities-offerings/。

② 布瑞恩·科恩（证券律师），“股权众筹法律环境：什么被允许，什么不被允许”，2013 年 11 月 15 日，Pepper Hamilton 律师事务所，纽约。

③ 见保罗·斯宾拉德，“众筹和《JOBS 法案》如何开始”，Crowdsourcing.org，2012 年 9 月 19 日，http://www.crowdsourcing.org/editorial/how-crowdfunding-and-the-jobs-act-got-started- told-by-the-guy-behind-the-bigidea/ 19288。

（Jenny Kassan），以及 Indiegogo 的创始人达妮 · 林格尔曼（Danae Ringelmann）进一步发展了这个理念。

随后，亚利桑那州雷鸟商学院的三个企业家和毕业生舍伍德 · 奈斯（Sherwood Neiss）、杰森 · 贝斯特（Jason Best）和扎克 · 卡萨迪 · 多里翁（Zak Cassady-Dorion）决定将这一理念编集成典并呈给国会。他们是公司的领导者，从传统天使投资人和风险资本公司那里募集到数百万美元，并成功创立了企业。贝斯特说："令我们感到沮丧的是，在金融危机最严重的时候，人们可以为回报式众筹网站捐钱，可以在 Kiva.org 这样的网站上借钱给发展中国家的企业家，但大多数人却不被准许对其每天使用的业务进行投资，或对其信任的企业家进行投资。"某晚，他们三人围坐在餐桌旁，写出了被他们称为《初创豁免众筹框架》的初稿。[①]这个 10 点式的框架成为《众筹法案》及《JOBS 法案》Title Ⅲ的基础。他们三人与凯伦 · 克里根（Karen Kerrigan）紧密合作，自筹资金，游说白宫、众议院、参议院和 SEC 采纳他们的意见，使其成为法律。克里根是小企业和企业家理事会的首席执行官，这是一个位于华盛顿的小企业游说团体。也有其他组织单独为股权众筹法游说，包括美国可持续商业委员会和剑桥创新中心。

让我们回至 2012 年 4 月，总统巴拉克 · 奥巴马（Barack Obama）签署《JOBS 法案》，使之正式成为法律。Title Ⅲ决定性的举措就是在《1933 年证券法》第 4（a）节基础上增加新的段落，成为新的第 4（a）（6）节。律师和监管机构可能将股权众筹称为"第 4（a）（6）节众筹"，但大多数人将它称为"Title Ⅲ众筹"或仅仅是"股

① 见 www.startup examption.com 上《初创豁免众筹框架》原稿。奈斯、贝斯特和卡萨迪 · 多里翁也是《傻瓜也能众筹投资》的作者，John Wiley & Sons 出版社，2013 年。傻瓜系列书主要针对创业者。

权众筹”（部分原因在于它难以记住）。

下面对 Title Ⅲ中最重要的规定进行总结，因为首先它与发行人有关，其次与投资人有关，最后与中介有关（后者包括基于 Web 的众筹门户和经纪商）。

Title Ⅲ关于发行人的规定

要在众筹门户上（或通过按照 Title Ⅲ规定运营在线发行平台的经纪商[①]）发行股权，发行人必须是驻在美国的私营公司。有些类别的发行人不得使用新的股权众筹豁免。例如，投资公司，包括共同基金和私募股权基金，不能通过众筹门户募资。此外：

- 发行人可以通过向 SEC 注册过的股权众筹门户在 12 个月内最高募集 100 万美元[一些议员，最著名的是北卡罗来纳州的代表帕特里克·麦克亨利（Patrick McHenry）提议将募资上限增至 500 万美元]。发行人不得在没有向 SEC 注册的平台上募资，也不能在自己的网站上这么做。所有交易流必须经过注册过的中介，要么是众筹门户，要么是经纪商。
- 每个发行人必须提供如下准确信息：
  - 证券发行人的名称、法律身份、实际地址和网站地址；
  - 董事、高管以及任何拥有超过 20%股权的股东姓名；
  - 证券发行人的业务、商业计划和资本结构（公司如何为其整体运营和发展融资，这可能包括长期债务、特定短

---

① 我们提到的股权众筹门户，是包括经纪商运营的 Title Ⅲ发行平台在内的，除非另有说明。经纪商平台与众筹门户非常相似，但也有一些关键性的区别。获得经纪商许可更为困难，也更加昂贵，但许可证持有人可获准提供投资建议。而 Title Ⅲ发行的众筹门户更容易注册，但绝不能建议投资者进行潜在投资。

期债务、普通股和优先股）介绍；

- 发行额、募集到发行额的截止日期以及从众筹投资者处募资的预期用途；
- 通过众筹发行证券的价格或定价方法（在后一种情况下，即便已经实际确定价格，投资者也有权撤销购买承诺）。

• 每个发行人必须提供其发行的条款和风险的准确介绍，包含以下内容（第 11 章将进一步解释交易条款，第 12 章将进一步解释尽职调查）：

  - 此次或之前发行证券的类型（以及它们之间的差异），现有股东的权利会如何影响新众筹投资者或股东的权利；
  - 20%证券持有人的控股情况；
  - 新众筹股权的估价方法，以及该值会受到未来几轮资本投资和其他企业行为怎样的影响；
  - 与少数股权（包括缺乏控制和贴现估值）、未来企业行为以及关联人交易相关的风险。

• 若发行人的募资金额低于 10 万美元，其必须提供所得税申报表（如果有的话）和由公司主要行政人员，通常是总裁或首席执行官证实过的财务报表。若募资金额超过 10 万美元，但又不超过 50 万美元，发行人须提供经独立于发行人的会计师*审核*的财务报表（所得税申报表不作强求）。倘若发行人的募资金额在 50 万～ 100 万美元，其必须提供经注册会计师*审计*的财务报表（如果国会将募资限额提至 500 万美元，审计要求可能在 300 万美元）。请注意，审计可能会花掉发行人 1.5 万～2.5 万美元，这一关键点留待进一步讨论

（第 12 章会讨论审核和审计之间的区别）。

- 发行人可能会在 100 万美元募集限额的交易中将股票出售给任意数量的投资者。
- 发行人在发行平台之外是受限的，不能将潜在投资者引导给持有他们股票的中介。所有潜在投资者必须集中到发行登记的众筹门户上来。
- 发行人必须以新创建的表格 C 向 SEC 提交其发行，并在出售证券之日前至少 21 天，在众筹门户上向投资者公开这一信息。提交内容包括董事、高管和 20%股份股东的信息；发行股票价格；目标发行额和目标发行额截止日期；公司是否接受超出发行额的投资；财务报表；关联人交易和其他信息。
- 在成功完成一轮集资之后，发行人须向 SEC 提交年度报告，并与投资者共享。
- 发行人可能同时参与股权众筹发行和 D 条例发行，这就是*平行发行*。因此，通过 Title Ⅲ发行向普通投资者募集 100 万美元和通过 D 条例发行向合格投资者募集任意数量资本都是可能的。
- 在联邦法和州法之下，发行人（包括发行的公司董事、高管、卖家和发起人）都对与发行有关的欺诈性或故意误导性陈述或重大遗漏承担责任。如果发行人没有“尽到合理注意义务”，明知而做出虚假或误导性陈述，其必须对购买该证券的投资者进行补偿，并且加上利息。

Title Ⅲ关于投资者的规定

普通人对私企的小额投资能力代表着民间资本市场的重大转

变。传统规则将大多数非合格投资者拒之市场门外，旨在保护资历尚浅的投资者，使他们不要进行风险最大的投资。Title Ⅲ中，国会试图将新投资自由与意在保护"新"天使投资人的要求和限制平衡起来，要求他们更多地披露发行信息（如前面列出的），而限制他们能够投资（以及可能失去）的额度。投资者每年能投入股权众筹交易中的额度，取决于他们的净资产或净收入，这里会详细介绍。国会之所以这么做，就是为了防止在高风险证券中由资历尚浅的投资者招致的灾难性损失。

- 年收入或净资产少于 10 万美元的个人，投资金额不得超过 2 000 美元，或其年收入或净资产的 5%。例如，一个年挣 8 万美元的人一年至多可以投资 4 000 美元。在任何情况下，任何人每年都可以将至少 2 000 美元用于股权众筹投资。
- 年收入或净资产在 10 万美元以上的个人，投资金额不得超过其年收入或净资产的 10%（以较大者为准），但每年不得超过 10 万美元。
- 投资者可自我证明他们没有超过投资限额。换句话说，他们不必提交所得税申报表或其他文件来证明这一点。
- 投资者在众筹门户上注册时，必须证明他们了解私募股权投资的风险。他们可以通过学习各门户的教育内容和填写测试表格做到这一点。
- 投资者在通过股权众筹购买股票后，必须至少持有一年，但有一些例外（例如，他们可以将股票出售给发行人或合格投资者）。
- 如果发行人对与发行有关的重大不实陈述或漏报有责任的话，众筹证券的投资者可以对发行人提起诉讼，要求撤资。[①]

---

① 《1933 年证券法》第 12（a）（2）节。

Title Ⅲ关于中介的规定

前文已经解释过，公司不能直接向公众发行众筹投资。所有股权众筹发行必须通过中介，该中介可以是众筹门户，也可以是经纪商（不是如第 2 章所定义的被动公告牌）。此外：

- 非经纪商众筹门户必须向 SEC 和注册过的全国性证券交易协会登记,而目前,美国金融业监管局是该协会的唯一成员。
- 非经纪商众筹门户不得向个人投资者提供投资意见或建议，也不得劝诱他们进行投资。这样一来，这些门户纯属发行人和“大众”之间的中转人，但是会增加一些教育性内容（见下一条）。
- 中介必须在自己的门户上提供“投资者教育”内容，以帮助投资者了解投资私募股权的风险,包括损失和流动性不足风险。他们必须确保投资者审阅了这些材料，通过填写问卷确认投资人已经了解存在的风险。SEC 不久也会说明这些门户该如何着手去证明投资者已经了解相关内容。
- 适用于众筹门户的规则虽不同于适用于经纪商的规则，但大体上，它们都可以制定客观标准，用于接受或拒绝申请它们门户的发行人（如它们可能根据行业或地理位置来策划发行）。经纪商也可能基于主观标准而策划发行。SEC 尚未说明众筹门户可以在什么程度上使用主观标准，如果有的话。
- 中介可能不会将投资者的资金一股脑儿放入单一投资实体（就如微型借贷与投资网站 MicroVentures 为 D 条例投资所做的那样）。换言之，个人投资者可直接投资发行股票的公司。
- 为降低交易的欺诈风险，中介必须对每一位发行人的高管、董事和拥有超过 20%股权的股东进行背景核查。如果该次发行的某位高管、董事或“参与者”（如发起人）是 SEC 所定义的“行为不端者”（如被定罪的重刑犯、受制于财务相关禁令或限制令的人、受 SEC 纪律处分的人等），中介必须取消发行人的资格。

- 中介很可能要对发行人所做的欺诈性或不实陈述承担潜在的责任。这是 SEC 在发布最终规则时所应说明的又一规定。这一条留待第 7 章进一步讨论。
- 中介（包括众筹门户、它们的董事、高管或合作伙伴）可能不会对使用它们服务的发行人有财务上的兴趣，也不会对任何第三方（包括发起人、搜索人或领头人）发掘潜在的投资者进行补偿。
- 中介不得持有、管理或拥有投资者资金。出于此目的，所有中介必须使用第三方托管服务，并且只有当成功发行后才能将资金发放给发行人。如果活动没有充足资金的话，这笔钱会返还给投资者。
- 中介必须做出合理努力，以确保发行人遵守发行限额，在达到目标发行额之前不会持有投资者资金；确保所收集的投资者个人信息的私密性和安全性；并努力确保（目前还不清楚它们将如何做到这一点）投资者不会超过其收入或净资产的限额。SEC 执法官路易斯·A. 阿吉拉尔（Luis A. Aguilar）将之称为中介的“守门角色”。
- 《JOBS 法案》并没有探讨众筹门户如何根据众筹交易向发行人或投资者收费。但是，新的法律明确规定，众筹门户不得持有在其登记的公司的股权。

经纪商和尽职调查

第 2 章指出，经纪商平台应经受比其他中介更严格的尽职调查。它们必须采取合理措施，确保发行人发布在其平台上的信息是准确的和完整的。它们必须收集每个投资者足够多的信息，用以确定客户的风险状况以及特定投资的适当性。经纪商不仅受到联邦证券法律和法规的一般反欺诈和反操控规定，还受到针对经纪商的额外反欺诈、反洗钱和其他要求。

大多数经纪商股权众筹平台或附属于某经纪商的平台，会在网站页脚或“关于我们”页面上披露该信息。一些非经纪商门户，在网站页脚或“关于我们”页面上，也有可能是在常见问题中提供同等效果的声明。如果无法获得该信息，你应该：①与该平台的工作人员联系，并咨询他们有关经纪商的状况；②登录美国金融业监管局的 BrokerCheck 页面（http://www.finra.org/Investors/ToolsCalculators/Broker Check/）进行搜索，看看该平台是否注册成为经纪商。

如果你想在非经纪商众筹门户上注册成为投资者，应该咨询平台的负责人，询问他们在接受发行人之前会执行何种筛选过程。一些门户会使用外部服务进行背景调查，如 CrowdCheck 网站（位于北弗吉尼亚）。有些门户则会强调，它们不会进行正式的尽职调查，由投资者自己做决定。如果平台不主张进行尽职调查，请确保负责人在证券行业有相关经验，这样他们的尽职调查才是有意义的。

务必牢记，即使某平台是经纪商，你（与大众合作）在投资之前，可能需要自己进行尽职调查。第 12 章会进行详细解释。

专家学者分析 Title Ⅲ

经济复苏缓慢，居高不下的失业率仍然是美国人必须考虑的问题，在此过程中，《JOBS 法案》作为一个整体，在大多数人控制之中，并非昙花一现。在创业界和金融界，这是一个巨大而明显的标志。（第二篇）解除了对一般性劝诱的限制，在潜在的 D 条例发行人和顾问之间引起了最早也是最大的轰动。SEC 于 2013 年 7 月发布了管理一般性劝诱的最终规则，并于 60 日后生效，这使得在 D 条例平台上进行一般性劝诱合法化，而在此之前，它一直依赖于规则 506（c）。专家学者预计几百万合格投资者以前之所以未被劝诱，是因为他们没有“合适”关系，这些人会对另类投资（包括私募股权投资、风险资本投资和天使投资）兴趣大增。

Title Ⅲ也许是《JOBS 法案》中最具争议的部分，它为数以千万计的投资者开启了另类投资最具风险的领域。这些投资者并不富有，所以他们被认为资历尚浅，事实上他们也的确经验不足。因为他们不富裕，所以被认定承受亏本投资的能力也小。

达拉 · 奥尔布赖特（Dara Albright）是 *Now Street Wire* 一名极具煽动性的编辑，也是全球众筹市场科技与数据库 Crowdnetics 的前首席战略官，她写道：“有一天，当历史学家们回顾这个时代，历史将证明：众筹将金融投资民主化，将美国带入经济繁荣的新时代，从而拯救了美国。”

我们赞成邓肯 · 尼德奥尔（Duncan Niederauer），他是一位较为温和的乐观主义者，同时也是纽约证交所—泛欧证交所（纽约证券交易所和泛欧洲证券交易所合并而成）的首席执行官。尼德奥尔预测，如果处理得当的话，股权众筹“将成为大多数小企业未来的融资方式。”①

玛丽·乔·怀特（Mary Jo White）自2013年4月起担任SEC主席，她认为多亏了《JOBS法案》“我们才开启了有望成为资本形成的巨大变革时期”。②人们认为前SEC主席们对股权众筹这一观点是反对的，或充其量是无动于衷，这一现象使得怀特的这一说法变得颇有意思。

一些专家预测，Title Ⅲ众筹将使得早期的金融市场更加“透明”，这是一个恼人的流行语。在这种情况下，这意味着股权众筹门户会要求每个人都遵守非公开发行、投资者参与以及交易条款，否则它们都不会被公开。这种透明度有助于新的私募股权投资者了解早期资本形成的过程。Indiegogo的创始人达妮·林格尔曼在《华尔街日报》特约专栏中指出：

一些人认为，应限制非合格投资者仅能购买大型公开上市交易公司的股票，因为投资小公司对于普通人而言风险太大，也太过复杂。股权众筹如不经过足够多现实世界的检验，我们真的不知道情况是否如此。但是我真诚地希望股权众筹可以使投资对于大多数人来讲风险更小，也不要那么复杂；可以改善华尔街和普通大众的投资经历，并刺激经济增长。③

需指出的是，如果股权众筹对发行人和投资者而言都进行顺利

---

① 新惊群. 经济学人，2012（6）：71.

② 玛丽·乔·怀特，美国证券交易委员会主席，在第41届年度证券监管机构上的演讲，科罗拉多，加利福尼亚州，2014年1月27日，可于此阅读https://www.sec.gov/servlet/Satellite/News/Speech/Detail/Speech/1370540677500#.Uv1HLYUtpX2。

③ 达妮·林格尔曼. 众筹带来了不同层面的经济[N]. 华尔街日报，2013-11-26.

的话，那么刚刚获得权力的投资者们会投资更多的早期股权，在投资中对投资机会的需求也会大增，这不仅会导致民间资本市场的发展，也会带来暂时还无法预期的创新。这些创新可能不仅包括一些网络技术，它们能较好地联结发行人和投资者并促进交易；还包括简易交易条款和新企业实体（如 CF 型公司或众筹企业），它们专门为股权众筹交易而结构化了。

我们相信，许多人拥有伟大的发明，却被束之高阁，因为这些人无法筹集到他们所需的资金，用以提交专利申请，或生产和销售有利于消费者和行业的产品。Title Ⅲ可以帮助这些人，吸引大量新投资者关注他们的创新。

供给方悲观主义者

悲观主义者也参与进来。从供给方面来看，专家们担心每年 100 万美元的募资限额会将众筹发行人限制在最小、最早期，因而也可能是最具风险的公司上。“尚没有经营历史，甚至没有财务报表的早期发行人很可能使用这项豁免。”哥伦比亚法学教授约翰 ·C. 小科菲（John C. Coffee, Jr.）在对参议院银行、住房和城市事务委员会的证词中如是提醒。[①] “这些发行人实际上处于非常困难的境地，只能靠祈祷来渡过难关，出售的希望多过物质”（有趣的是，当众议院于 2011 年通过《众筹法案》时，募资限额是 200 万美元，参议院坚持降低至 100 万美元）。

那些想要筹集到 50 万至 100 万美元的发行人可能认为审计财

---

① “通过资本形成刺激就业增长，同时保护投资者”，哥伦比亚大学法学院约翰 ·C. 小科菲教授的声明，2011 年 12 月 1 日。这在参议院修改众议院版本的《JOBS 法案》之前。

务报表的成本过于沉重，甚至“残忍”[①]，进而转向 D 条例发行，或者因为这个原因，而转向没有募资限额、不需要审计财务数据的回报式众筹活动。CircleUp 的首席执行官莱恩·卡尔德贝克指出，“收入低于 5 000 万美元的私企几乎都没有年度审计”。[②]

即使募资金额低于 50 万美元，股权众筹也不便宜。SEC 估计，那些想要筹集 10 万美元的发行人需花费 13 000～18 000 美元来准备和实施证券发行（这还不包括支付给门户的费用）；筹集 10 万～50 万美元的发行人需花费 25 000～55 000 美元。[③]房地产众筹平台 Early Shares 的首席执行官乔安娜·施瓦茨（Joanna Schwartz）是 D 条例平台的先驱之一，她预计成本在某些范围内会更高。[④]然而，发行人及其顾问再一次致力于以创造性方式来尽量使总成本低于 1 万美元，比如，提交临时专利（以避免完全专利申请的高昂成本）；成立新的实体，而不是使用既有实体（以简化审计要求），等等。在新的监管环境中，目前尚不清楚这些策略能如何有效减轻发行人预先支付的财务负担，但是许许多多的专业团体正在努力寻求这一

① “残忍”一词是由吉姆·威尔士用以形容募资超过 50 万美元的要求。威尔士是 Wales Capital 的首席执行官，也是《众筹中介规范倡议》的执行委员会成员。Indiegogo 的首席执行官斯拉瓦·鲁宾将审计要求称为“严重的交易破坏者”。

② CrowdFundBeat.com 上对卡尔德贝克的采访，2014 年 2 月 13 日，https://www. youtube.com/watch?v=RUd1JPG_zSQ。

③ “众筹：建议规则”，美国证券交易委员会，2013 年 10 月 23 日，第 358—359 页，http://www.sec.gov/rules/proposed/2013/33-9470.pdf。

④ 乔安娜·施瓦茨，Early Shares.com 的首席执行官，“关于建议规则的评论：众筹”，2014 年 2 月 3 日，http://www.sec.gov/comments/s7-09-13/s70913-214.pdf。

结果。

从几千名散户处募资会使得发行人的资本表（列举了投资者及其持股的详细电子表格）更加复杂。出于此恐慌，某些类型的发行人，比如今后可能需要几轮天使投资和风险投资的高科技初创企业，可能会避免股权众筹。复杂的限额表格可能吓得风投资本家们不敢再进行后续的募资。

实际上，大家可能不知道 Title Ⅲ的要求和成本是如何影响为期一到两年的交易流的。我们知道，如果成本对发行人而言居高不下的话，这对服务水平低下的社区里的某些低收入企业家最为不利，他们亟须经济发展和新的就业机会。出于这个原因，SEC 表示，其可能会考虑增加一个低于 5 万美元的募资类别，要求更简单，成本也更低。这听起来不会是很多资金，它可能仅仅是某位发明家需要申请一项专利、制作一张 CAD 图纸、建立一个原型、将发明授权给一家大公司，等等。

需求方悲观主义者

需求方悲观主义也在不断蔓延。如果机构性私募股权和风险资本投资者代表着“聪明钱”的话，那么一群新的非合格投资者则被一些怀疑论者无礼地称为“傻钱”，或者恭敬地称为“新钱”。换句话说，这些怀疑论者担心不成熟的投资者不会明白自己将进入什么样的境地中，会被虚有其表的营销策略诱惑，将资本错误地配置到管理不善而注定失败的初创企业中，这样不仅失去了自己的积蓄，还剥夺了更为值得投资的公司的发展资金。此外，一些金融界专家认为，“新钱”往往过于急切，因而会高价购入股权，这可能导致泡沫，“大量新钱流入初创企业和其他交易，只会在损失或丑闻引发反弹之后出现紧张……”[①]可以肯定，发出这些警告的人，有些在投资经纪公司和并购咨询公司工作。于这些公司而言，股权众筹代表着新的竞争。因此，他们的批评是以自我为中心的，即便它们可能是有效的（鉴于他们的怀疑，我们想指出，增加潜在的几千万投资者可以扩大资金池，这已超出原先寡头垄断的资金渠道。用庞大的新资金粉碎寡头垄断，可以使许多值得但被忽视的初创企业和发明家受益）。

需求方的另一担心就是“新”投资者们可能会对由自己招致的不可避免的损失反应过激。尽管股权众筹门户负责教育投资者，但仍然有许多新手天使投资人难以转变他们的传统思维模式：他们世代投资的上市公司的股价可能会略有上升或下跌，它们可能会也可能不会跑赢通胀，但它们极少一落千丈。股权众筹是一种截然不同的思维方式：当这些新手投资初创企业时，他们中某些人肯定会一无所有。许多专家都有这种担忧，即太多股权众筹投资者对私募资本市场不熟悉，当他们由于经营不善而遭受百分百损失或成为明目张胆的欺诈行为的受害者时，他们会做出不合理的反应。这些欺诈行为会导致“火车事故”。纽约市 Manatt, Phelps & Phillips 律师事务所的证券律师布瑞恩·科恩（Brian Korn）如是说道：“一项（不当）交易会成为股权众筹风险太大的原因的典范。如果这种事情发生够多的话，SEC 或立法者们便会经常听到抱怨，这可能会促使他们停止或修改众筹，以降低风险。”

证券业的一些人担心，股权众筹会成为某些公司“不得已而为之的集资手段”，它们被传统天使投资者、风险资本公司或 D 条例

① 加里·菲利普斯，圣地亚哥天使投资机构 Tech Coast Angels 的总裁，援引丹·麦克斯韦恩：“放松管制去聚焦小投资者”，《圣地亚哥联合论坛报》，2013 年 9 月 21 日。

发行平台拒绝。需要赶紧指出的是，在天使团体、风险资本和 D 条例平台审核过的申请者中，它们只会资助微乎其微的比例，每年成千上万的有资格的申请者通过资本渠道积极融资，却未被资助。许多这种“被拒绝者”现在已然非常成功，包括 Amazon.com 在内。佐治亚州州内股权众筹平台 Spark Market 的首席运营官杰夫·贝克瑞斯（Jeff Bekiares）指出：

我们提到的绝大多数潜在活动（发行人）都被传统资金源拒绝过。话虽如此，这并不能说明它们是不好的公司（或公正地说，是好的公司）；这只意味着它们不在这些传统来源的服务范围之内。对于传统贷款而言，它们太年轻，没有足够多的抵押物；对于风险资本而言，它们太小；对于天使人而言，它们过于无趣。

经证明，也许街道级别的“群体”成员在对企业潜力的集体判断方面是明智的，他们会资助那些风投公司在其红木会议室里错过的宝石。

严重怀疑论者指出，《JOBS 法案》实际上并没有对就业产生直接影响，只对资本形成有影响，这可能会也可能不会增加新的就业机会。“在一项立法中放置引人注目的首字母缩略词，如《JOBS 法案》，会使得政治家们难以反对。”史蒂芬·拉特纳（Steven Rattner）在《纽约时报》中写道。[①]“在众多寻求资金的年轻公司中挑选赢

① 史蒂芬·拉特纳：“悄悄放松管制的方法”，《纽约时报》，Opinionator 页，2013 年 3 月 3 日，http://opinionator.blogs.nytimes.com/2013/03/03/a-sneaky-way-to-deregulate/。此后不久，证券律师塞缪尔·古兹克在其博客中指出拉特纳于 2010 年被美国证券交易委员会指控参与“付费阴谋”，他涉嫌凭此收取回扣，从纽约最大的养老基金获取投资。拉特纳支付 620 万美元解决了美国证券交易委员会的指控。见美国证券交易委员会诉讼版本号 21748，2010 年 11 月 18 日，http://www.sec.gov/litigation/litreleases/2010/lr21748.htm。

家，即使对最老到的投资者而言，也是一项艰难的任务。事实上，大多数专业经营的风险基金也会赔钱。对于个人而言，这纯粹是一件蠢事。还不如买一张彩票，说不定赢的概率更高呢。”（拉特纳的强项在于经济政策、金融和商业，他接着说到第二篇对一般性劝诱加以合法化，这“虽不那么令人恐惧，但仍然是有问题的”。他在文篇结尾处预测：“《JOBS 法案》将会为律师创造最多数量的就业机会，因为需要由律师们来清理法案带来的烂摊子。”）

现在有人认为《JOBS 法案》在解除对民间证券法的管制方面走得太远（或使经验不足的投资者容易遭受过高风险）；另一些人则认为，法案将资本限额设定得过低，合规成本过高，“通过严厉监管行为可能使事情变得更糟”。[①]同法律的任何新领域一样，《JOBS 法案》也需要一些调整。

然而，同 Title Ⅲ有关联的最常见的担心就是欺诈行为。SEC 于 2013 年 10 月发布 Title Ⅲ建议规则时，执法官阿吉拉尔告诫道：Title Ⅲ众筹“增加了经验相对不足的投资者遭受欺诈、流动性不足和自我交易的风险”，尤其是某些“弱势”群体。

利用众筹以接触社会潜在弱势阶层是一件特别值得关注的事情。SEC 的许多执法案件便起源于“杀熟欺诈”，即利用存在于种族、宗教或其他社区成员之间的信任和友谊进行欺诈。[②]

众筹的支持者们承认会出现一些欺诈行为，因为它无处不在，

---

① 斯图亚特·R. 科恩，“新众筹注册豁免：主意虽好，却执行不力”，《佛罗里达州法律评论》，第 64 卷，第 5 期，第 1434 页。

② 路易斯·A. 阿吉拉尔，美国证券交易委员会执法官：“利用互联网促进小企业获得资本，同时保护投资者利益”，2013 年 10 月 23 日。也见“投资者公告：杀熟欺诈”，美国证券交易委员会投资者教育和宣传办公室，2012 年 9 月，www.sec.gov/investor/alerts/affinityfraud.pdf。

包括在公共证券市场。但他们指出，美国的回报型众筹，尤其是澳大利亚（自 2006 年以来）和英国（自 2012 年以来）的股权众筹，经验不足的投资者可能同样会参与，欺诈案例发生率却很低。需要注意的是，澳大利亚和英国有着与美国不同的证券条例，每个国家对欺诈的定义也稍有不同，所以这并不是同类比较。但是一般而言，到目前为止，股权众筹在这些国家进展得相当顺利。

当然，你可以采取措施来保护自己在股权众筹中免受欺诈。第 12 章会更深入讨论诈骗预防和侦测。

不甚乐观的前景

理查德·斯沃特（Richard Swart）博士在加州大学伯克利分校的冯氏研究院领导着一个全球性众筹研究小组，他预计由于所有这些担心和不确定性，在 Title Ⅲ众筹门户推出之后，这一新行业在一年左右的时间里都会“很不景气”。“律师建议发行人要非常谨慎，因为这一行业还非常之新，但是一年后它会快速扩大。”

一些股权众筹的专业人士及其顾问认为，众筹活动在缓慢开始之后需要花费很长一段时间发展壮大，这也许会需要国会的另一项法案。纽约市 Wales Capital 的首席执行官和《众筹中介规范倡议》的执行委员会成员吉姆·威尔士（Kim Wales）说：“我 99%肯定会有《JOBS 法案》2.0 版本。”威尔士预计国会可能会将众筹募资的最大额度从 100 万美元增至 500 万美元，这会吸引更多成熟公司（因而，发行的风险也最小）和更多的“聪明钱”。如果出现这种情况，威尔士说：“五年内市场会出现一个轴心点，私募股权融资体系会发生重大变化。风险资本和私募股权会随着众筹业的成熟而不断演变。”不过，她补充道，“现在每个人都是很谨慎的。”

这就是我们的前景。自《独立宣言》以来，所有关于美国政府和商业的大而新的想法都遭遇了批评、悲观和担心，当然也伴随着乐观和希望。美国革命是一项辉煌的成就，《联邦条例》却是惨败，宪法拯救了新共和国，使其免受灾难，因而它已经存在了 238 年。我们身处一个开拓者的国度，不断尝试着，偶尔也会有失败，总是在恢复，也经常会取得惊人的成功。股权众筹是一个大而新的想法，是一个拓荒领域。即使再多的法律法规也不能保证它会成功，或者保证没有欺诈，或者保证那些经验不足的（以及成熟的）投资者不会失败。

许多众筹投资者专注于一种发行，同你想买带有某个队标的夹克衫一样，主要是因为该产品或名牌或创始人团队对他们有着情感上的吸引力或亲和力，所以他们想支持这些东西。这些亲和投资者甚至可能不会瞟一眼公司的财务报表。他们与一起投资、一起在社交网络上讨论的群体一道，可能成为公司最充满激情的品牌拥护者。如果他们从投资中获得丰厚的回报，这会是一个令人愉快的惊喜。如果投资失败，也许他们投资的另一个初创企业会是一个撒手锏。至少他们是“新”天使投资人的先锋成员，参与了民主实验。这比在赌场投资更为有趣和值得。

尽管双方都有一些失望和损失，但是捐赠、回报和借贷众筹已经成为我国金融体系的组成部分。收入和净资产中等的捐助者、贡献者、资助者和借贷人已经意识到众筹平台上的有形收益和无形收益，至于借贷众筹，还会有重大财务收益。我们认为，股权众筹同其前任一样，从 2016 年成为我国金融体系不可或缺的部分。

作为私募投资的“新”投资者，你可以小心谨慎，慢慢来，了解私募资本市场，使自己的股权众筹组合多样化，将自己的可能性损失限制在投资资产的 5%或 10%，从而将损失的可能性降至最低。

第 4 章

州内股权众筹
——非合格投资者可投资所在州的初创企业

在《JOBS 法案》签署成为法律之后的 3 年多里，美国企业家、中介和投资者都在等待 SEC 发布 Title Ⅲ篇股权众筹的最终规则。在规则生效之前，不得推出众筹门户。

与此同时，一些州开始着手自己的推动法案。以堪萨斯州和佐治亚州为首的至少 12 个州依托于向 SEC 注册的州内豁免，已制定立法或颁布条例，允许任意数量的非合格投资者参与小型私募证券的发行（表 4.1）。其他几个州和哥伦比亚特区已经推出了类似立法或开始法规提案流程。

表 4.1　州内豁免（截至 2014 年 11 月 30 日）

州	颁布年份	年募资限额/美元	是否有投资限额	是否要求股权众筹门户
亚拉巴马州	2014	100 万	是	允许
科罗拉多州	2014	500 万	否	允许
佐治亚州	2011	100 万	是	允许
爱达荷州	2012*	200 万	是	暂不确定
印第安纳州	2014	200 万	是	要求
堪萨斯州	2011	100 万	是	允许
缅因州**	2014	200 万	是	允许
马里兰州	2014	10 万	是	禁止
马萨诸塞州	2015	200 万	是	允许

续表

州	颁布年份	年募资限额/美元	是否有投资限额	是否要求股权众筹门户
密歇根州	2013	200 万	是	允许
内布拉斯加州	2013	25 万/2 年	否	禁止
田纳西州	2015	100 万	是	允许
得克萨斯州	2014	100 万	是	要求
华盛顿州	2014	100 万	是	允许
威斯康星州	2013	200 万	是	要求

注：* 第一行政命令年份；

** 根据 D 条例规则 504，而非《证券法》第 3(a)(11)节。

资料来源：CrowdCheck；安东尼 · J. 泽奥理（金斯伯格 · 雅各布律师事务所）；尼琳 · 埃文斯（美富律师事务所）和乔治娅 · P. 奎因（赛法思 · 肖律师事务所）。查看本书网站（wiley.com/equitycf），可获取更多有关州内豁免法律法规的最新消息。

2013 年 10 月，佐治亚州一个叫 Spark Market 的州内众筹门户成为美国第一家股权众筹门户，非合格投资者参与进来，促成了一家私企（波西米亚吉他公司）的股权融资。本章会探讨州立平台的出现以及它们对投资者股权众筹的整体意义。

州内豁免

第 2 章和第 3 章讨论了私企所采用的种种豁免，以规避向 SEC 注册证券发行的高成本过程。D 条例规则 506 是最热门的豁免。《JOBS 法案》Title Ⅲ制定了新的豁免，即众筹豁免，成为《1933 年证券法》的第 4（a）（6）节。

根据《证券法》第 3（a）（11）节，SEC 表示州内发行豁免的目的，是为了“促进当地企业运营的融资”。对于有豁免资格的发行，该发行公司必须：①在证券发行所在州创办；②在该州有大量的业务；③只能向该州的居民特定发行或出售证券。[①]公司有责任确保根据州内豁免发行的证券不会出售给任何州外居民。如果出现这种情况，该公司可能违反了联邦证券法。只要州内发行人和中介遵守第 3（a）（11）节，他们可以为了（通常）更宽松的州立条例框架，而避免（通常）更复杂的联邦证券法。

第 3（a）（11）节规定，通过州内豁免出售的证券，在一定时期内，通常是 9 个月，不得转售给其他州的居民。该法律旨在使州内发行的证券在本州“稳定下来”。

除此基本框架之外，联邦政府实质上违背了州内发行条例，除了保护投资者免受欺诈，即便是州内发行也得服从联邦证券法反欺诈规定以及各自州的反欺诈法律。因此，发行人必须确保投资者没有被任何有关于公司运营或投资条款及风险的口头或书面交流所误导。一些州，比如加利福尼亚州，在允许发行登记前会考虑它是否公平，从而为投资者提供了额外的保护。[②]

在第 3（a）（11）节的保护下，每个州都有自己的“蓝天”证券法律法规，来管理本州的州内证券发行和出售。州与州之间的这些法律有所不同。

每个州都会要求发行人向所在州的证券交易委员会注册其州内证券发行，要不然就是具有免州内注册的资格。换言之，有两个

---

① 由于这些标准是不明确的，《证券法》规则 147 规定了更具体的“安全港”指导方针，帮助发行人确定他们是否符合第 3（a）（11）节的要求。比如，“州内成立”到底意味着什么？“州内居民”究竟是什么意思？规则 147 列举了公司可能符合这些要求的众多方式。

② 州法和联邦法之间有冲突时，以联邦法为准。根据美国宪法最高条款，州法不得与联邦法的宗旨相抵触。

层面的注册：联邦和州。所有州内发行在向 SEC 注册时都有联邦豁免的资格，但是必须再经历一遍州内豁免的所有流程：向所在州注册或有州内豁免的资格。每个州都制定了自己的州内发行豁免。注册州一级的证券发行不像全国性地向 SEC 注册那般超级昂贵，但是也不便宜。如果可以的话，州内发行的小私企通常会寻求州立豁免资格。

乍看之下，制定各自的州内证券法律法规，只是在已经很复杂的联邦证券条例框架之上又增加了一层复杂性。然而，每个州想要制定自己体系的主要原因在于为州内的初创企业募资提供一个监管更松，且通常更便宜的选择，以刺激当地和州内的经济发展（由于各自的证券条例，这些州可以以各种方式获取收益，这个事实不容忽视）。

州内豁免急剧上升

2011 年以前，州内发行通常对大量的（或任意数量的）合格投资者开放，外加有限数量的（通常是 35～75 个，视州而定）非合格投资者，他们是发行人的创始人、家人或朋友（我们没有将这些“有关系的”非合格投资者称为“大众”，因为他们的级别极其有限）。在这一方面，这些传统的州内发行同 D 条例发行是相似的。编写新的州级豁免 2011 年肇始于堪萨斯州，并成为一个趋势，允许不限数量的非合格投资者参与小型州内发行。“小型”通常意味着资本能达到 100 万或 200 万美元。2013 年以威斯康星州和密歇根州为首，一些州已经开始借鉴 Title Ⅲ众筹豁免，制定自己州的豁免。州内豁免可分为以下三类：

- 在一些州，州内证券豁免允许但不强求州内发行在股权众筹门户登记。这些州包括亚拉巴马州、科罗拉多州、佐治亚州、缅因州、马萨诸塞州、密歇根州、田纳西州和华盛顿州。

- 一些州制定州内证券豁免，要求在众筹门户上进行发行，就如全国性的 Title Ⅲ所要求的那样。这些州包括威斯康星州、印第安纳州和得克萨斯州。我们可以正确地称其为州内众筹豁免。
- 至少有一个州，如爱达荷州，目前尚不清楚根据现行州内证券豁免是否允许（非合格投资者）股权众筹。

表 4.1 总结了迄今为止的州内证券豁免（若想获取更多州的最新消息，请参阅本书网站 www.wiley.com/equitycf）。没有两个州的州内豁免是完全相同的。例如，大多数州将最大募资额度设为 100 万或 200 万美元，但是科罗拉多州却设为 500 万美元。

此外，非合格投资者能够进行的最大投资额度在各州也有所不同（请参阅网站，获取完整信息）。这些投资限额大部分为每年或每次发行的固定金额。例如，亚拉巴马州和印第安纳州限制非合格投资者每年仅能投资 5 000 美元，而至少有四个州（佐治亚州、密歇根州、田纳西州和威斯康星州）则限制为每次发行能投资 1 万美元（对每年的发行次数没有限制）。在这一点上，华盛顿州是唯一一个按照非合格投资者的收入或净资产来设定限额的州，具体说来，就是最高能投资 2 000 美元或收入或净资产的 5%，以两者中的较大值为准（同全国性的 Title Ⅲ类似）。

众筹门户能获得补偿吗

有两种州：①允许非经纪商运营州内股权众筹门户并从中获取佣金（或其他报酬）的州；②要求门户由经纪商运营，从而从中获取补偿的州，这两种州之间有着进一步的区别。这很令人费解，因为一些州立豁免对于这一问题并不明确，证券律师对这些不明确豁免也有不同的解释方法。毋庸置疑，在接下来的 1～2 年，我们会获得有关这些法律法规更为明确的指导，网站会进行相应的更新。

为什么门户补偿问题对投资者很重要呢？如果只有经纪商门户能获得补偿，那么非经纪商就不可能开办门户了。那又怎样呢？这样一来，只剩下经纪商能够运营门户并盈利了，但是在大多数州，他们鲜有动机这么做，因为州内发行往往非常小（通常是几万到几十万美元），经纪商无法从这些小交易中挣到足够多的钱。所以，尤其是在大部分乡下的州，小型股权发行（以及发行数量之少）可能就摒弃了州内股权众筹。

例如，堪萨斯州是第一个在 2011 年 8 月就制定州内证券豁免的州，称为《堪萨斯州投资豁免》。该豁免允许堪萨斯州的营利性企业每年出售总额高达 100 万美元的股权和债权证券，而不用向堪萨斯州证券专员注册这些发行。发行人只需向证券专员办公室提交一页纸的表格，没有申请费，也没有后续报告。无论是在州内发行前还是州内发行时，发行人都不得是投资公司，如共同基金。

投资者必须是堪萨斯州居民。如果他们是合格投资者，他们可投资任意数额；如果他们是非合格投资者，他们在每年的任意一次发行中只能投资 5 000 美元。相比之下，Title Ⅲ规定低收入投资者每年仅能投资 2 000 美元。

一些州并不明确非经纪商众筹门户是否能在股权众筹发行中获取佣金，堪萨斯州便是其中之一。法令规定：“如果某人没有根据法案注册成为经纪商或代理人，那么即便他参与发行人发行或出售证券，他也不得或直接或间接地被支付佣金或给予其他报酬。”[①]

事实上，堪萨斯州证券交易委员会财务行政总监林恩·哈姆斯（Lynn Hammes），并不将《堪萨斯州投资豁免》视为众筹框架。哈

① 81-5-21《堪萨斯州投资豁免》第（a）（5）节。

姆斯在 2014 年 2 月说道："我们将《堪萨斯州投资豁免》看作社区发行。目前为止，我们已经有 8 个发行人，已经使用或正在使用该豁免进行募资。它们大多数是乡下杂货店、餐厅和咖啡馆、啤酒厂、乳品店……一个发行人说他需要 25 万美元来开一家餐厅。我不知道他实际上筹得多少钱，因为他们不需要向我们汇报。但是他的确从社区成员处筹集到足够多的钱来开餐厅。"哈姆斯预计经纪商不会愿意卷入《堪萨斯州投资豁免》发行中来，因为资金数额往往很小。

波西米亚吉他公司的发家史

堪萨斯州采取法定方式进行州内豁免（比如立法机关通过了一项法律），而佐治亚州却采取了条例方式。2011 年 12 月 8 日，佐治亚州证券司颁布了一项叫作《佐治亚州投资豁免》的新条例。同堪萨斯州法律一样，佐治亚州的州内豁免允许不限数量的非合格投资者参与到高达 100 万美元的股权发行中，并且允许发行人使用一般性劝诱。发行人并不被强求通过注册过的中介进行《佐治亚州投资豁免》发行，但他们可以这样做。

佐治亚州豁免允许非合格投资者每次交易能够投资 1 万美元。

与《堪萨斯州投资豁免》不同的是，《佐治亚州投资豁免》在中介佣金或报酬这一问题上是缄默的。所以根据佐治亚州证券条例，无论众筹门户是否注册成为经纪商，只要它在本州内，都能收取促进《佐治亚州投资豁免》股权交易的费用。

虽然《佐治亚州投资豁免》并没有特意被称为众筹条例（它并没有提及众筹、筹资平台或门户），但它确实为州内股权众筹门户在佐治亚州运营制定了一个框架。在此框架下至少成立了两个门户：Sterling Funder 和 Spark Market。

Sterling Funder：创建于 2013 年年初，理所当然地号称自己是“美国第一家既是合格投资者也是非合格投资者的股权众筹门户”。该网站举办回报型活动，也举办股权和债权证券发行。回报型活动对佐治亚州之外的支持者开放，但是《佐治亚州投资豁免》证券发行只对州内居民开放。2014 年，Sterling Funder 也进行了 D 条例发行登记（只针对合格投资者），涉及总部在康涅狄格州的发行人。在 2014 年 2 月登记的 11 种发行中，科技、医疗、消费品、娱乐、休闲等等 7 种是不同领域的州内股权交易。这 7 种发行中，只有一个发行人在 2014 年 2 月底真正收到投资者的投资承诺。

Spark Market：创建于 2013 年 10 月初，是一个真正的利基者。它只为佐治亚州的公司举办回报型和股权众筹活动。该平台的股权众筹只对州内投资者开放；而回报型众筹则对全国的支持者开放。

Spark Market 网站对投资者有着不可抗拒的吸引力。在“关于”页面的上方有这样一句话：“我们相信，您的投资除了给您带来回报，也应该让您的家乡变得更好。”这非常巧妙地抓住了州内众筹的社群精神。

Spark Market 在 2013 年 10 月中旬创造了历史，波西米亚吉他公司作为它第一个登记发行的公司成功募集到 10 万多美元，这在美国由非合格投资者参与的股权众筹门户上是头一遭。

波西米亚吉他公司由亚当和尚恩 · 李（Adam 和 Shaun Lee）两兄弟于 2012 年夏天在佐治亚州的玛丽埃塔创办。一年前，他们探访了南非的家人，然后返回到佐治亚州的家中，并带回从约翰内斯堡外的一个镇上买到的一把油桶吉他。这把吉他由用过的发动机油桶为琴身，雕木为琴颈、弦轴、钢弦和电拾音器组成。它有着独特的、令人愉悦的鼻音。尚恩开始制作自己的油桶吉他，发现可以将这些时髦的乐器卖到 250 美元甚至更高。亚当则将工商管理技巧引入公司（尚恩不允许他在工作室这么做），于是，兄弟俩创建了波西米亚吉他公司。为筹集到用以生产和营销的钱，他们于 2013 年 1 月 15 日在 Kickstarter 平台上展开了众筹，希望募集到 32 000 美元。该活动于 2 月 22 日结束，从 297 个支持者处共筹集到 54 233 美元。他们开始生产一些不同的型号，定价为 299 美元，并在自己的网站上，也在音乐节上售卖。

一定程度上得益于他们在 Kickstarter 上的曝光，全国性零售商 Urban Outfitters 下了一笔大订单，李氏兄弟需筹集更多的钱来进行更大的流水线生产。尽管他们在 Kickstarter 上众筹的成功证明了他们想法的可行性，但他们在向社区银行、国家银行、天使投资人和风险资本公司申请时，却没有成功。首席执行官亚当说："银行告诉我们，我们需要至少 100 万美元的收入，才可以帮助我们。"最后，他们遇到了 Spark Market 的创始人梅根 · 约翰逊（Megan Johnson）和杰夫 · 贝克瑞斯（Jeff Bekiares），彼时他们正准备推出 Spark Market。在 2013 年 10 月 Spark Market 推出之际，波西米亚吉他公司成为其第一个发行人，既采用了回报型众筹，也使用了股权众筹。他们希望募集到 10 万美元，在一周多里就实现了这一目标（亚当说自己在这一周多里都不曾合过眼）。到 11 月 5 日，波西米亚吉他公司已筹集到 12.6 万美元股权，获得 4 000 美元的回报。李认为回报"对于那些想支持我们，却买不起股权的人而言，更像是一个小费罐"。

在募资的早期，李氏兄弟与数十位潜在投资者有过当面或电话交谈。据亚当所言，这次募资要归结为 6 个参与股权发行的投资者，其中 3 个是合格投资者。非合格投资者投资额从 1 000 到 8 000 美元不等。贝克瑞斯在谈到感兴趣的投资者集聚一笔交易中，以及合格投资者和非合格投资者的相对投资额时说道："这正是该过程运作的方式。”

李氏兄弟迅速指出，准备在 Spark Market 上展开众筹活动需要付出努力和金钱。这包括制定发行文件和条款、与公关公司一起宣传、对社区进行股权众筹教育、制作活动视频等。（亚当对企业家提出忠告：“如果你不想制作精彩的视频，那么投资者会认为你已经募集到钱了。”）

现在波西米亚吉他公司拥有更多选择余地的吉他型号，起价为 299 美元（使用油桶和他们的定制品牌波西米亚酒桶），最高为 500 美元（使用上等的油、气和蜂糖浆罐）。公司接收国际订单，也售卖名牌吉他拨片，当然也卖 T 恤。公司在 Spark Market 平台上募资结束之后，收到了凯文 · 哈灵顿（Kevin Harrington）的天使投资，他是电视购物的先驱者和真人秀《鲨鱼坦克》里的“鲨鱼”。2014 年 1 月，公司开始了“社会行动计划”，向学校和社区青年组织捐赠吉他。

Spark Market 从波西米亚吉他公司募资中赚取费用。该平台最初收取 50 美元的申请费，但现在不再收取了。现在它向那些没有马上被拒绝的申请者收取 500 美元的尽职调查费，且不予退还，这是视活动持续时间而定的发布费用，也是对回报和股权发行收取 5%到 8%的成交费（如果发行人实现既定目标的话）。

交易滴，而非交易流

自波西米亚吉他公司募资以后，Spark Market 的发展一直很缓慢。2014 年 2 月底，还没有企业在该平台登记过，但到了 10 月，有两个总部在亚特兰大的公司在该平台上进行融资。尽管贝克瑞斯称 Spark Market 已经对 100 多个潜在发行人做出评估，但是目前为止，它只准许前面提到的 3 个予以登记。

在这一点上，筛选出平台上（策划中）那些成功概率很小的交易是一个主要限制因素。贝克瑞斯之前是一名执业于公司、证券和银行法领域的律师，对他认为今后一个时期交易流仍继续“受到限制”的原因做出如下解释：

《佐治亚州投资豁免》概念仍然很新，几乎没有潜在的发行人了解它，或大体上听说过众筹。在佐治亚州，只有亚特兰大环城公路区域的人知道这个东西。尽管我们认为佐治亚州二级或三级市场在利用这些（股权众筹）工具方面占据更有利地位，但在这些市场上，却鲜少有人问津。

制约交易流的另一个因素是，即使是了解众筹的发行人也需要时间来为众筹做规划。贝克瑞斯根据他与数百位潜在发行人及其顾问们的谈话，告诉我们：

我们发现，“想众筹”的公司和“准备众筹”的公司之间的差距是非常大的。那些能经济高效地（并且彻底有效地）帮助公司弥合这一差距的咨询顾问的生态体系尚未成熟。而此生态体系成熟，尚需几年时间。

贝克瑞斯的观点在许多方面与州际（Title Ⅲ）的股权众筹以及州内众筹不谋而合：

在今后几年里，我们希望积极地（但负责任地）增加交易量。我希望大多数《佐治亚州投资豁免》交易来自小而创收的公司，现在它们绝大多数在大都市区，但是两三年内会从那里向小社区扩张。我们列举的大多数《佐治亚州投资豁免》交易是企业对消费者，它们有有形的、面向消费者的产品。

他预计佐治亚州近期大多数州内募资都在 25 000～125 000 美元这个范围。

大多数与我们合作的公司都将交易定价在每股 250～1 000 美

元，并且限制新股东的数量。我预计大多数众筹交易会产生 20～75 位新股东。这是非常易于管理的规模，尤其是当公司明智地制定无表决权和可兑换证券条款时。

可兑换证券是这样一种证券，它授权发行人以一定价格（对投资者有利的价格，因为须对他们的初始投资提供良好回报），或在某种情况下，比如达到收入基准或增长基准，“召回”或买回这些证券。它们通常是受限的，这意味着投资者不得在二级市场随意出售。

贝克瑞斯并不对投资者会出于投资的可观回报而被州内股权众筹所吸引抱有期望。快速成长的科技类初创企业不会是有代表性的《佐治亚州投资豁免》发行人。

对于每一个期望募集到 100 万美元且想成为下一个“脸谱”的企业而言，在 50 个州有 100 来个家庭式公司，希望募集到 5 万美元来替代小企业管理局贷款。我们确实认为，《佐治亚州投资豁免》会更加成功地运用在较小的城市和社区。因为这些地方已经建立起社区支持的、这个概念可以依赖的网络。然而，若社区未能“理解”这一概念，那么这种情况就不会发生。“理解”是一个教育问题，由市区向外传播。

虽然波西米亚吉他公司募资只花费了一个多月，但贝克瑞斯期望大部分《佐治亚州投资豁免》活动能更长久地开放。他说：“回报型活动一般是 30～45 天，我希望《佐治亚州投资豁免》活动能开放 3～5 个月。潜在投资者要进行咨询、参加活动、给负责人打电话以及进行常规调查。他们无法在 30 天内做出决定。这需要花费更长的时间，这是没问题的。”

更多州内众筹豁免

好消息是，尽管速度缓慢，州内股权众筹仍在其他州获得成功（表 4.1）。

例如，密歇根州内豁免于 2013 年 12 月颁布，也被称为《密歇根州本地投资豁免》。该法案使用*网站平台*这一术语，而非“众筹”。从密歇根州投资者角度而言，此项豁免最重要的元素如下：

- 密歇根州的发行人每年可以通过州内股权众筹最高募集到 200 万美元，依据通胀率进行调整。
- 联邦法下合格投资者（拥有 100 万美元净资产或 20 万美元收入）根据密歇根州豁免可以进行不限数额的投资。同佐治亚州豁免一样，住在密歇根的非合格投资者（不要与“非认证投资者”混淆），在每一次州内发行中最高可投资 1 万美元。

2014 年 5 月，密歇根州的蒂卡姆西酿酒公司在股权众筹平台 Localstake 上从 21 个合格投资者和非合格投资者那里募集到 17.5 万美元。这不是一次单纯的股权发行，而是一笔收益共享的交易，每个投资者每月会获得 7%的销售收入，直到挣回投资额的 150%。个人投资从 250 美元至 12.2 万美元不等。公司理所应当地为潜在投资者举办了品酒活动。

州内股权众筹对于那些对社区发展和支持当地企业感兴趣的投资者而言是一项颇具吸引力的选择。截至 2014 年，州内股权众筹实际上比 Title Ⅲ（州际）股权众筹对非合格投资者投资限额更宽松。

另外，想接触区域性投资者或全国性投资者的那些发行人会充分利用 Title Ⅲ股权众筹。尽管在必要时我们会与州内股权众筹进行对比，但本书的其余部分主要还是关注 Title Ⅲ众筹。

第5章

交 易 流

一旦 SEC 发布《JOBS 法案》Title Ⅲ的最终规则，所有投资者，包括非合格投资者在内，都可以在众多股权众筹门户以及经纪商平台上查看 Title Ⅲ发行。简而言之，几千万普通人也能够在线购买初创企业和早期企业的股票。

这显然背离了自 1933 年以来美国投资者和企业家赖以生存的限制性（或保护性，视你的立场而定）规则。在这种放松管制的私募证券环境中，什么类型的公司会通过股权众筹募资呢？随着股权众筹业的发展及成熟，交易流会是什么样子呢？

在某些方面，通过众筹进行股权发行的公司，与几十年来通过更传统融资渠道向天使投资人发行股权的是同一类公司。例如，许多公司已竭尽所能向创始人、家人和朋友筹钱，但仍需资金发展壮大。这些公司太小了，无法令商业银行和风险资本公司产生兴趣。天使投资人历来占据这个令人尴尬的中间融资阶段。直至几年前，初创企业和早期企业不得不努力寻找天使投资人，反之亦然。如今 D 条例发行平台和 Title Ⅲ众筹门户[①]将股权发行人和投资人汇聚在一个更加便利的市场，提高了小私企融资的效率。

---

① 除非另有说明，当我们提及股权众筹门户或仅仅是众筹门户时，这是包括促进股权众筹的经纪商平台在内的，虽然第 3 章有讨论过它们之间的重大区别。

一些公司几十年来一直在寻求天使投资，股权众筹代表着这类公司新的融资基础结构（金融学究更喜欢称之为“生态系统”）。在线众筹，完全是 21 世纪的产物，首次将广大非合格投资者纳入需求方，会吸引更具非凡特质的公司。本章会探讨交易流，并做出预测，即何种类型的公司会选择通过股权众筹进行募资。

企业发展阶段

不同的投资书籍和教材会以不同的方式定义初创阶段和早期阶段。并不一定只有一种正确的定义方式，这是没有问题的，因为企业发展阶段之间的界限会发生重叠，也会随着时间而改变。本书定义并不明确，见表 5.1。

表 5.1　私企发展阶段

发展阶段	公 司 简 介	传统资金来源*	新在线资金来源*
种子阶段（也称概念验证阶段或试生产阶段）	概念或产品开发	创始人、家人、朋友；天使投资人开始感兴趣	回报众筹，最高 10 万美元的股权众筹
初创阶段（也称启动阶段）	运营之中，但仍在开发产品或服务。很少或几乎没有进账。通常不到 18 个月	创始人、家人、朋友；天使投资人；贸易信贷（供应商&客户）	回报众筹，最高 100 万美元的股权众筹
早期阶段（也称起步阶段）	产品或服务处于市场测试阶段或试生产阶段，通常是软上线或测试版。可能会有一些收入，但通常是亏本运营的。不满 3 年	更加依赖天使投资人；风险资本；商业银行开始表现出兴趣	股权众筹，通常与规则 506（c）发行一同实施（“混合发行”）

续表

发展阶段	公 司 简 介	传统资金来源*	新在线资金来源*
扩张阶段（也称发展阶段）	收入大幅增长，可能会盈利。真正发挥了市场潜力。3 年多	更依赖于留存收益；风险资本团体开始表现出极大的兴趣；商业银行**	D 条例发行：规则 506（b）和 506（c）。
成熟阶段（也称后期阶段）	盈利，正向现金流。通常 10 年以上	私募股权，商业银行，IPO	A+条例（《JOBS 法案》第四篇）

注：*除了留存收益。

**一些研究表明，在扩张阶段的后期，天使投资人会进行大规模投资（如维尔特班克和伯克尔，2007）。我们预期，五年内扩张阶段会开始进行证券众筹，尤其是 P2P 借贷。

主要资料来源：罗伯特 · T. 丝利. 私募资本市场[M]. 2 版. 纽约：约翰 · 威利父子公司，2011：366-367. 二手资料：范 · 奥斯纳布鲁奇，鲁滨逊. 天使投资[M]. 波士顿：哈佛大学出版社，2000；本杰明，马古利斯. 天使投资人手册. 彭博社，2001；唐 · 霍夫斯坦德. 初创企业融资阶段. 爱荷华州立大学推广和宣传办，2013 年 4 月；斯科特 · A. 沙恩. 傻瓜的金子：美国天使投资背后的真相[M]. 牛津：牛津大学出版社，2009：114-115.

表 5.1 的定义旨在作为一般准则，使用了模糊定义和多孔边界。行业之间每一发展阶段的资金源都大不相同。比如，风险资本公司有时会对初创阶段的创新型科技公司感兴趣；天使投资人投资种子阶段，有时是扩张阶段的公司已为大家所熟知。①快速发展的高科技公司比消费品公司更快地历经这些发展阶段。但是一般情况下，众筹平台以外，初创企业和早期企业股权资本的主要来源都是天使投资人。

投资金额会随着发展阶段而增长。罗伯特 · T. 丝利（Robert T.

① 至少有一项研究报告表明天使投资人高达 34%的投资用于种子阶段（罗伯特 · 维尔特班克博士和沃伦 · 伯克尔博士："团体天使投资人的收益"，考夫曼基金会和天使资本教育基金会，2007 年，第 12 页）。

Slee）在其《私募资本市场》一书中指出，每一阶段的典型投资范围如下：

- *在种子阶段和初创阶段*，尽管投资数额会时高时低，但个体股权投资者一向是每笔交易投资 5 万～10 万美元。股权众筹交易中，最低投资额明显更低，大约 1 000 美元，甚至可能更低。
- *在早期阶段*，天使投资人历来是每笔交易投资 10 万～200 万美元，既购买普通股、优先股，也买可转换债券。股权众筹投资水平再一次明显更低。
- *在扩张阶段*，风险资本公司通常每笔交易投资 100 万～1 000 万美元，更青睐于优先股和可转换债券。
- *在成熟阶段*，私募股权公司通常投资 300 多万美元，最高几亿美元，用来购买普通股，一般持有 50%的股份，有时高达 100%。

发展潜力

从投资者角度而言，将小企业按照其长期发展潜力以及发展阶段归类是很重要的。对发展潜力的评估是很主观的，依赖于创始人的远见和目标多过收入和经营年数等量化措施，但它同做出良好的投资决策一样重要。我们建议将公司分成三大类：生活方式类、中级市场类、极具潜力类。

- *生活方式类公司*为其创始人提供良好收入，但不会积极追求发展。这些公司的创始人并不倾向于冒大风险，否则可能会危及自身（和家人）的长期安全。他们甚至不愿将少数股控制权让给家人以外的人，宁愿将公司紧紧攥在手里（很少寻求社区银行贷款之外的融资）。生活方式类公司注定不是收购对象（至少直到创始人退休）或 IPO 理想对象，所以它们不会被视为首选投资机会。不幸的是，对投资者而言绝大多数初创企业，大概95%以上，属于生活方式类。①

- *中级市场类公司*在其年收入达到5 000万～20亿美元之前，会积极追求经济增长②，趋于平稳之后会继续寻求适度增长。这些公司应该为股权投资者提供收入（以红利形式），并在成熟之后慢慢提高股票价值。它们也可能是战略投资者的主要机会。它们最终可能成为收购对象，但对于想短期内撤资的股权投资者而言还不够快。你可以指望它们不上市（不提请 IPO）。德勤一项调查表明，2013年只有8%的中级市场类公司期望在将来某一时刻公开上市。③
- *极具潜力类公司*积极追求快速发展。创始人希望公司规模变大，可能非常非常大，不仅是因为这样一来，他们可以挣一大笔钱，还因为有时在竞争非常激烈的环境中，为了实现规模经济、保持市场份额，扩大公司规模是非常必要的。极具潜力类公司的创始人通常靠的是冒险、创新、发展的兴奋之情。退市策略是至关重要的：他们希望成为收购对象或

① W. E. 韦策尔，J. 弗雷阿. 促进美国非正式风险投资：对风险资本网络历史的反思[M]//R. 哈里森，C. M. 梅森. 非正式风险资本. 赫默尔亨普斯特德，1994；范·奥斯纳布鲁奇，鲁滨逊. 天使投资[M]. 波士顿：哈佛大学出版社，2000：20；沙恩. 傻瓜的金子：美国天使投资背后的真相[M]. 牛津：牛津大学出版社，2009：31. 援引美国人口调查局企业主调查。实际上，企业主调查发现不满6年的企业中只有1.3%获得过来自朋友或商业天使人的外部股权投资。

② “中级市场”的定义各不相同。这一定义来自《中级市场前景：2013年度美国经济引擎报告》（德勤开发有限责任公司）第3页。

③ 同上，第9页。

IPO 候选者，这对早期投资者而言代表着中奖级退出事件。

回过头来看，现在很容易将 1976 年时的苹果电脑公司归为极具潜力类公司。苹果公司诞生于仓库，1976 年迈克·马克库拉前来拜访邋遢的创始人史蒂夫·乔布斯和斯蒂夫·沃兹尼亚克，并认为这是一家值得投资的高潜力初创企业，这完全是另外一回事了。马克库拉拥有电气工程硕士学位，在遇到乔布斯和沃兹尼亚克之前，曾在飞兆半导体公司和英特尔做过销售经理，他在这两家公司获得数百万股票期权，这对苹果公司是有所帮助的。也就是说，马克库拉既有学历也有经验，更别提他那敏锐的个性判断能力了，这使他认识到苹果公司的潜力。

在初创企业运营领域的学历及经验，正是天使投资人（或其顾问）在判断初创企业的潜力时所需要的。研究表明，天使投资人的投资回报率与他们投资行业的经验年限呈正相关。[①]（第 6 章会说明投资回报率对许多股权众筹投资者而言，可能不是唯一刺激因素，甚至不是主要因素）。

你可能听说过彼得·林奇（Peter Lynch）的“投资你所了解的”这一格言，他是一位非常成功的投资者。投资你了解且有经验的行业，获得良好收益的机会更大，无论你投资公共证券还是私募投资，

① 维尔特班克和伯克尔：“中级市场前景：2013 年度美国经济引擎报告”，第 6 页。需注意，产生这一关联的数据和分析也适用于属于天使团体的合格投资者。作者写道：“团体和非团体投资者之间的区别……从经验上讲还未可知。”

这一般说来都是适用的。①

传统上，如果天使投资人没有特定领域的专业知识，他们可以加入天使团体，团体里的其他成员有这一方面的专业知识，因此，团体成员在评估投资机会，或进一步的尽职调查方面可以相互合作。但天使团体只接纳合格投资者。

股权众筹使得非合格天使投资人之间的合作成为可能。在众筹门户上注册后，在决定是否投资之前，你有机会向其他投资者，即群体，提问并交流看法（事实上，社交网络和协作都纳入 SEC 规则中，在规则中 SEC 反复提及"群体智慧"）。在加入众筹门户上的讨论之前，你应该做的一件重要事情，就是查看一下你会考虑其观点的那些投资者的学历和行业经验。②

作为投资者，你无须拘泥于熟悉行业的另一原因仍然是来自林奇的建议：股权众筹世界中，新的研究和审核工具及服务不断涌现，这有助于投资者仔细检查和评估众筹门户上的发行。这一领域的先驱，如 Finagraph 和 Zacks CF Research 为股权众筹市场开发了这样的工具和服务，因为有些投资者之前从未考虑过购买私募投资，它

---

① 林奇从 1977—1990 年管理富达投资麦哲伦基金。在此期间，麦哲伦是美国数一数二的一般股权共同基金，达到惊人的年均 29.2%的收益。林奇之所以出名，还因为他坚持认为"一些散户没时间学习复杂的定量股票措施或阅读冗长的财务报表，但他们也能研究股票，采用'投资你所了解的'这一原则发现被低估的股票，甚至比大多数投资专家做得更好"。林奇还有一句名言："找任何一个傻瓜都能管理的公司，因为迟早，某个傻瓜就有可能去管理公司。"沃顿商学院校友杂志，宾夕法尼亚大学沃顿商学院，2007 年春。

② 来自反对派的告诫："最简单的赔钱方法就是追随你一无所知的群体。"拉米多 · 萨努西，尼日利亚中央银行行长（彭博商业周刊 Elexis Okeowo 报道，2013 年 9 月 12 日）。

们预计这些投资者会对这样的工具和服务有巨大的需求。

历史天使交易流

如果你认为，由于只有很小比例的新企业具有中级市场潜力，而具备高速发展潜力的企业就更是少之又少了，因此每年不会出现很多优质投资机会。那你就大错特错了。每年会兴办大量的新企业。

这些数字照例因统计者的不同而有所不同。比如一些接受小企业游说团体投资的研究人员的动机就是为进行假定，并选择那些产生大量初创企业的数据。以下统计数据有相对公正的来源：美国劳工统计局[①]和考夫曼基金会创业活动指数。[②]

- 一年中新企业的数量往往随着经济状况而起伏。劳工统计局报告称“新商业机构”的数量在 2006 年达到顶峰，当年多达 66 万家。2008—2009 年大萧条造成四年的衰减，新商业机构数量于 2012 年触底，只有 50.5 万家。自 2012 年以来，这些数字在慢慢上升。然而，这些数字是有限的，因为它们只包含除个体经营创始人之外至少有一名员工的公司（有资格享有失业保险的员工）。
- 考夫曼指数（2014 年 4 月发布）显示的新企业数目明显高于劳工统计局数字。考夫曼指数也追踪成年人（20～64 岁）案例，他们将开办企业作为“其主要工作活动”，也就是说，

① 创业和美国经济. http://www.bls.gov/bdm/ entrepreneurship/ entrepreneurship.htm.

② 罗伯特 · W. 菲尔利. 反映创业活动活跃程度的指数报告. 2014-04. http://www.kauffman.org/~/media/kauffman_org/research_reports_and_covers/2014/04/kiea_ 2014_report.pdf.

他们在企业每周工作超过 15 小时。2013 年，每月约有 47.6 万家新企业成立（当年大概产生了 570 万家新企业）。

考夫曼指数追踪的新企业是劳工统计局追踪企业的数倍，因为前者包括个体从业人员，而后者只包括雇主企业。由于雇主比个体从业人员更可能增长，因此劳工统计局数字对投资者而言更为重要。

2011 年和 2013 年考夫曼创业活动指数的观点还包括：

- 2011 年和 2013 年创业活动率最高的行业是建筑业，而制造业初创率最低。
- 2013 年初创活动最强劲的州有阿拉斯加州、加利福尼亚州、科罗拉多州、佛罗里达州、蒙大拿州和得克萨斯州；初创活动最弱的州是宾夕法尼亚州、华盛顿州和中西部各州。需要注意的是地理数据在地图上转移得相当快，所以在几年内，其他州可能会有最高初创率。
- 2013 年因“机会创业”与失业驱动（“必然性”）创业的新企业比重比 2011 年要高得多。失业驱动型创业企业是由于后经济衰退时期企业家难以找到工作而创立的企业。考夫曼研究人员推测机会型初创企业比必然型初创企业快速发展的可能性更大。

这些事实和数据表明，许多公司都能够从股权众筹中获利。由于压抑已久的创业动力和对资金的需求，实际需求可能大于这些数字所表明的。2005 年盖洛普民意测验表明，57%的美国人称希望拥有自己的企业，但实际上只有 4%是个体经营。这一差距的主要原因是那些想成为企业家的普通人难以筹集到资金。这正是《JOBS 法案》希望予以解决的。因此，多亏了《JOBS 法案》，随着放松对融资渠道的管制，我们有望看到初创企业呈爆炸式增长。

越多的企业就意味着越多的成功案例，但同时也意味着越多的失败。你可能听说过商业初创企业存活率很低。投资初创企业是有风险的，因为它们中的大部分会在最初几年失败，甚至在能为投资者提供收益前就失败了。

当然，许多企业在最初几年倒闭，有些是因为无法获得足够的收入，有些出于许多其他原因，比如，创始人发现其他更有利可图的机会。即使大半新企业无法撑过扩张阶段，但仍有许多企业确实幸存下来，并为天使投资人提供收益，在少数情况下甚至是特别可观的收益。据小企业管理局和劳工统计局，大约一半新商业机构会存活 5 年，甚至更久；大约三分之一会存活十年以上。近几十年来，存活率变化不大。[①]

存活率视行业不同而有所不同。医疗保健和社会救助一直是存活率最高的行业。自经济危机以来，建筑业有着高初创率，但目前存活率却最低。

能够存续固然好，但为投资者提供收益比单纯的生存更重要。新企业存活 10 年以上，并不能保证其股权投资者能够获得他们预期的收益。哈佛商学院高级讲师施克哈尔 · 高希（Shikhar Ghosh）认为：

> 如果失败意味着清算所有资产，且投资者失去其投入公司的大部分或所有资金，那么初创企业的失败率在 30%～40%。如果失败是指无法看到计划投资回报率，那么失败率为 70%～80%。[②]

因此，即使 75%的初创企业注定要令投资者失望，那么每年还剩下约 15 万家新企业（60 万的 25%，劳工统计局估计值）可以使投资者满意，相当数量的初创企业会令投资者激动（考夫曼指数预

① 关于小企业常见问题解答，小企业管理局宣传办，2012 年 9 月，第 3 页。

② 卡门 · 霍贝尔：企业为何会失败，其创始人如何卷土重来。

计每年会有 500 万的 25%或 100 多万初创企业可以令投资者满意）。这还没有考虑到众筹无可避免地带给市场的额外新企业，这会比过去提供更大范围的投资选择。

这就是为什么每年散户们会共同投资上百亿美元到初创企业和早期企业。[①]可以肯定的是，这些年投资额的一小半是以股权融资形式进行的。大致会有 56%采取债券形式，其中一部分是可转换债券（当公司满足一定基准时，可转换为股权）。直接债券是独资公司和合资公司的唯一选择，而不是可转换债券。[②]

这些个体股权投资者中有多大比例是天使投资人？有多大比例是公司创始人的家人和朋友？有关天使投资市场的两个最权威数据来自新罕布什尔大学创业研究中心和斯科特·A. 沙恩（Scott A. Shane）。沙恩博士是位于克利夫兰的凯斯西储大学魏德海管理学院经济学和创业学教授。他根据 2004 年度数据估计，每年散户对小私企进行的大约 800 亿美元股权投资中，83%来自家人和朋友；剩余 17%，每年达 138 亿美元，来自天使投资人，即与公司所有者或经理先前没有任何关系的个体。

由于《JOBS 法案》第二篇和 Title Ⅲ，在资本形成早期阶段来自家人和朋友的资金，在新一类天使投资人的资金面前，可能显得微不足道，颠覆了 83%/17%这一比例。第二篇现在允许在 D 条例

---

① 本杰明，马古利斯. 天使投资人手册. 彭博社，2001：2；斯科特 · A. 沙恩. 傻瓜的金子：美国天使投资背后的真相[M]. 牛津：牛津大学出版社，2009：30.

② 沙恩：同上书，第 33 页。沙恩教授关于投资者的调查只为研究对象提供了这一特定问题的两个选项：债券或股权；他没有提供可转换债券这一不同选项。2013 年 4 月沙恩教授的信件促使我们假设研究对象会将可转换债券视为债券而非股权。他还认为“可转换债券是总数的很小一部分”，同样适用于初创企业。

规则 506（c）发行中对一般民众进行劝诱，远远超出家人、朋友和其他既定关系的亲密圈。Title Ⅲ允许所有投资者的参与，打破了规则 506（c）只允许合格投资者参与的限制。

新罕布什尔大学创业研究中心预计，2012 年，美国全部天使投资额是 229 亿美元，涉及 67 000 名发行人和 268 160 位投资者。此外：

- 2012 年天使投资活动最多的行业依次是软件（23%）、医疗卫生（14%）和零售业（12%）。
- 平均交易规模为 341 800 美元，单笔交易中投资者获得的平均股权为 12.7%。
- 平均交易估价在 270 万美元。①

为了便于比较，沙恩指出，在 2004 年，"年轻"公司募集的 240 亿美元股权投资来自风险资本公司（专业投资者）。仅仅为了规模感，沙恩将小私企的这些年度股权投资数字与纽约证券交易所日均 250 亿美元交易额进行对比（大型上市公司的投资）。②

沙恩观察到天使投资和风险资本投资之间的不同之处在于：资金需求超过 10 万美元时，企业家过去往往寻求向商业天使人进行股权或债券融资；而"企业需要 200 多万美元时，它们一般寻求风险投资"。③

沙恩还发现，大约 36%的天使投资用于市值 100 多万美元的公司。出人意料的是，大约 42%的天使投资（债券和股权）用在估值不足 5 万美元的企业。中间区域（估值在 5 万到 100 万美元之间）

---

①②③ 沙恩，杰弗里·索尔. 2012 年天使市场分析. 新罕布什尔大学彼得·T. 保罗商业经济学院创业研究中心，2013.

占到天使投资的 22%。[①]

Title Ⅲ交易流。前面所提到的有关天使投资的统计数据都是在股权众筹之前。我们预计，从 2015 年起，对发行人和投资者而言，随着初创企业和早期企业能在线向更多投资者发行股票，天使投资的本质会发生转变。事实上，世世代代的几千万非合格投资者首次能够投资初创企业和早期企业，他们与这些企业不曾有关联关系。

什么类型的公司会通过股权众筹门户和经纪商平台募资呢？简短的回答是，最终所有类型的公司都可以。尽管短期内，至少在最初一到两年，只有很小范围的公司会有动力尝试使用众筹豁免进行募资。一旦这些先驱者试水，也许国会会修改 Title Ⅲ，使得对发行人而言的要求和成本不再那么繁重，那么更广泛的企业就会利用股权众筹进行募资了。

我们可以告诉你，我们及行业内其他活跃人士认为什么样的公司会是众筹这一新行业的早期采用者。我们不保证我们都是正确的。萨拉 · 汉克斯（Sara Hanks）是一名证券律师，也是 Crowd Check（这是一家位于弗吉尼亚州的尽职调查和合规服务公司，与经纪商、股权发行平台、众筹门户以及寻求资金的公司一起合作）的首席执行官。她表示："关于股权众筹我们唯一可以确定的是，现在我们自认为我们已经了解的有关股权众筹的一切都是错误的。"

早期最有可能从股权众筹中受益的发行人包括（但不限于）:

- 欢迎大量亲和力投资者的消费品类企业。这些投资者是企业产品的热心客户或用户，会出于保护自身投资或因为他们是忠实粉丝，而对产品口耳相传，并在整个市场推广该品牌。事实上，一些投资者被"思想欲望"所驱使，他们只是希望

---

① 沙恩，杰弗里 · 索尔. 2012 年天使市场分析. 新罕布什尔大学彼得 · T. 保罗商业经济学院创业研究中心，2013：96-97.

产品能够销售，以便能够购买；他们会出于相同原因支持回报式众筹项目。

- 推广或支持一项事业或社会效益的营利性企业，诸如“绿色”（环保）产品和服务、可持续能源开发、保障性住房、照顾老年人、救助宠物，等等。这些企业的投资者具备的社会动机往往胜过财务动机。
- 受益于亲和力投资者的社区零售业企业。这些投资者与企业有着直接关系，因为他们与企业主住在同一社区或认识企业主。这些企业是人群会聚的地方，如餐馆、咖啡厅、熟食店、酒庄、杂货店、保龄球馆、健身中心、美发美甲店以及小型房地产开发和并购项目。
- 创意、好玩、迷人的项目，如音乐、电影和游戏。就活动和集资成功数量而言，游戏已成为回报式众筹最活跃的类别。洛杉矶证券律师塞缪尔·S. 古兹克（Samuel S. Guzik）表示商业电影项目会是 Title Ⅲ股权众筹“最佳人选”，因为投资者根据故事情节和电影团队判断该项目是否值得投资会相对很容易。这并不是说群体能准确预测项目是否会盈利，而是说群体一定能决定该项目是否有趣和有意义。如果是这样的话，“让我们去凑凑热闹吧！”
- 某些高科技初创企业。它们收入太低，没有资格获得商业银行的债券融资；也不具有人们所认为的 10 倍发展潜力（有能力快速发展，5～7 年内提供 10 倍于投资额的收益），不足以吸引风险资本公司的投资。投资者被这些发行人所吸引，可能是出于其可观收益的愿望，或仅仅是因为他们喜欢这些物件和应用程序。
- 小型服务类企业，如建筑业、旧屋翻新承包商、办公室清洁服务、探险（如钓鱼），等等。巴里 • 舒勒（Barry Schuler）是一名后期风险资本家，还是 America Online 的前首席执行官，他表示股权众筹“也许对小（服务）企业较为理想……能使自身在一轮 100 万美元或甚至更少的融资过后盈利”。[①]从此之后，这样的公司可以实现有机增长，也即利用利润资助发展。

我们想强调的是，股权众筹并没有将那些想要募集 100 多万美元的企业排除在外。一些企业会同时通过规则 506（c）发行和 Title Ⅲ众筹发行进行募资，前者数额通常超过 100 万美元，这也叫平行募资或混合发行。这一策略允许企业向合格战略投资者寻求较高的最低投资额（通常几万美元），这些人带来了行业专业知识和合同；也同时允许企业向朋友、家人和完全陌生的人寻求较低的最低投资额（少至几百美元）。

有些股权众筹怀疑论者告诫成长型高科技初创企业不要通过 Title Ⅲ众筹进行募资，因为由于某种原因，它们在种子融资阶段需要 500 万美元来快速启动和发展。然而，创办高科技企业的成本，尤其是软件业、流媒体和游戏行业，自 2005 年以来已经急剧下降，这部分得益于：

- 强大的开源开发软件，如 Linux（操作系统）、PHP（内容管理）、MySQL（数据库）和 Apache（服务器控件），可免费获得。
- 高速互联网接入和云服务无处不在，使得虚拟办公室成为可能；初创企业创始人和职员能够在全球不同地点的家中工作。这是史蒂夫 · 乔布斯父母车库的 21 世纪版本。
- 网络基础设施和托管服务，如 Word Press，Rackspace 以及

① 谢丽尔 · 康纳. 你真的想要傻钱吗. Forbes.com. 2013-11-3.

亚马逊服务等，不再昂贵。

- AppStore 之类的分销服务，Facebook 和 Twitter 之流的营销和客户服务工具，以及 Google AdWords 和 AdSense 等销售工具免费或成本很低。

如果 10 年前创办高科技企业需 500 万美元，那么如今只需要 50 万美元就可以了；在某些情况下，甚至只需要 5 万美元[①]，这没有超出股权众筹募资限额。沃顿商学院管理学教授拉菲·阿米特（Raffi Amit）称准入资金的急剧下降已经导致新企业家“浪潮”。[②]

请记住，公司并没有被限制只能进行一轮股权众筹。许多初创企业可能将年 100 万美元的募资分阶段进行，这是规则所允许的；或者将众筹与其他股权或债券融资方法混合使用。例如，一些传统借贷人寻找新项目，它们的信用额度与企业通过 Title Ⅲ的募资额相等。

高科技初创企业可能避开股权众筹的另一个原因就是，大量散户会使得企业的股东表复杂化，这会吓走后几轮风险资本投资。如果发行人按照众筹门户的要求，准予这些投资者以反稀释权且无拖延规定，风险资本可能会犹豫不决（第 11 章会讨论这些权利和规定）。

杂乱无章的股东表所带来的问题可以通过许多创造性方式加以解决，包括交易条款，在估价达到一定阈值时，允许发行人从早期众筹投资者手里买回股票。这一阈值足够高，可以为这些早期投资者带来满意收益。

---

① 纳瓦尔·拉威康特，Angel List 首席执行官，在 Bay Watched 中被 N. 海勒援引，纽约客，2013 年 10 月 14 日，第 75 页。

② “投资者——初创企业生态系统的下一代模式”，《沃顿知识在线》，宾夕法尼亚大学，2014 年 4 月 8 日。

在我们看来，强大交易流的最大障碍不是缺乏需要资金的初创企业；而是小企业整体缺乏对众筹优点和好处的认识。根据 2013 年 9 月技术标准（techno metrica）调查，只有 11%小企业主称他们对作为筹集资金或获得资金方式的众筹很“熟悉”。[①]

这发生在推出 Title Ⅲ股权众筹之前。一旦发行人和投资者在众筹门户上进行交易，小企业就一定会越来越熟悉众筹。股权众筹进入私募资本市场主流时，人们会越来越清楚它的优点和好处，以及缺点和成本。

我们相信，股权众筹对于几十万家成长型企业和几千万投资者而言是一个强大的新工具。这些庞大的数字，有能力影响私募资本市场的巨变和创新。也许股权众筹起步缓慢，交易流会来自我们列举的类别，并以意想不到的方式传播开来。或许股权众筹会超出所有人的期待，立马呈爆炸式增长；交易流呈现井喷，吸引个体及机构投资者，促进经济增长，创造新的繁荣。如果将新技术、审慎地放松管制，以及奖励创业精神的文化结合起来，就会发生不可思议的事情。

第 6 章着重交易的另一面：在股权众筹新世界当中，几千万新投资者，也就是你们，会指望什么样的回报、收益、风险和成本。

---

① 技术标准市场情报总裁拉加万 · 梅尔，新泽西州；在 2014 年 4 月 4 日给作者的一封邮件中如是确认。没有重复进行调查。

第 6 章

天使投资人

企业家是美国自由企业体制的主角之一。他们勇于冒险，拒绝循规蹈矩，推动创新，创造新的就业机会，有时候也会一夜暴富。天使投资人虽然不像企业家那么出名，但他们会提供资金，共担风险，从而加速创业企业的发展。

我们的文化并不总是颂扬企业家。20 世纪 50 年代，父母劝说自己的孩子上大学，选择一份安稳的职业，购置房屋（以及上北或下南的小屋），积累财富，打打高尔夫球或钓鱼，然后为后代留下大份遗产，以此来规避风险。世事在变，自 20 世纪 90 年代末，初创企业总会发生最炫酷的事情，或破产，或孵化规模空前的财富。风险一时成为时髦。一些最出名、最富有的企业家，包括比尔·盖茨（Bill Gates）和马克·扎克伯格在内，都从大学辍学。

如果企业家是促进经济增长的独特引擎，那么天使投资人则好比这些引擎所需的第一箱喷气燃料（风险资本是后期阶段所需的火箭燃料）。微处理器改变一切（20 世纪 50 年代始于数字设备公司），自此之后所出现的那些极其成功的企业，在最初阶段如果没有天使投资人的资助，不可能发展得如此之快，而快速发展是想要在竞争激烈的高科技行业获得成功的要求之一。

直到最近，几乎没人能说出一个天使投资人或风险资本投资家的名字。很少有人熟悉乔治斯·多里奥特（Georges Doriot）这个名字，其风险资本公司美国研究与发展公司于 1957 年对数字设备公司投资了 7 万美元。而在 1968 年数字设备公司公开上市之时，该股票市值 3.55 亿美元。如今，在投资者和财经媒体当中，最活跃的“超级天使”（一些人已经跃升为更像微风险投资家）都是社会名流，如罗恩·康韦（Ron Conway）、马克·安德森（Marc Andreessen）、埃丝特·戴森（Esther Dyson）、保罗·格雷厄姆（Paul Graham）、纳瓦尔·拉威康特（Naval Ravikant），等等。这些人是一夜暴富的企业家，然后组建了数十家甚至数百家初创企业的投资组合，主要是高科技领域。

大多数天使投资人并不是充满活力的名人，甚至在高科技领域都不活跃。事实上，绝大多数天使投资人都不是成功的企业家，也不是真正富有。许多天使投资人，尤其是那些天使投资组合多元化的投资人，会获得非常可观的收益；同样重要的是，众多天使人从推动企业家和初创企业成长中获得极大的满足。相较于金钱，一些天使人更喜欢这项行为以及它所带来的刺激或名望。

也许现如今美国最著名的天使投资人就是罗恩·康韦，他从 1998 年起就开始投资初创企业。他投资了由拉里·佩奇（Larry Page）和谢尔盖·布林（Sergey Brin）创办的谷歌公司，那时谷歌公司还叫作 Backrub。他进行的其他天使投资还包括 PayPal, Digg, Twitter, Square, BuzzFeed 和 Pinterest。请记住，康韦在旧金山，他在研究和尽职调查领域比普通天使投资人拥有更多的资源；因为他开了很多支票，他的交易量很大。康韦不会公开分享他的累计投资回报率，他说：“我投资是因为我喜欢帮助企业家，看着他们学习并取得成功。”[①]

早年间，康韦预计他的天使投资中三分之一收支相抵，三分之一全部亏损，另外三分之一则会获得可观的收益。他的投资团队“审计”了截至 2010 年左右他所做的 500 多份投资，这还不包括到 2002 年高科技泡沫时期的投资。他发现，自 2002 年以来，他的投资组合公司中近 40%都破产了，这失败率比他预计的要高。但是谷歌和 PayPal 弥补了大部分损失。

康韦还发现，国家的经济形势并不会显著地影响企业家的成功机会。换句话说，如果理念和管理团队很优秀的话，即便经济发展缓慢，企业家也能够成功。[②]尽管如此，基于别人的经验，在宏观经济增长缓慢的形势下，投资者还是要谨慎，尤其是在房地产、奢侈品领域以及其他与整个市场相关的行业。

罗恩·康韦的许多成功案例对大多数天使投资人而言并不具有代表意义，所以人们不应该基于他的成果而为自己制定太多期待。本章将探讨典型的天使投资人，他们以往的收益和回报，以及这些在新股权众筹环境中的相似和不同之处。我们也会明确地解释这样一个问题，即对许多投资人而言股权众筹最不可抗拒的优势，怎样成为面向社会和社区的优势。

---

① 杰伊·亚罗，罗恩·康韦：硅谷最可怕的人. 商业内幕，2011-5-12. www.businessinsider.com/ron-conway-2011-5#ixzz2zGN5WUEl.

② 迈克尔·阿灵顿为 CrunchBase 采访超级天使罗恩·康韦和保罗·格雷厄姆，发布于 2012 年 7 月 30 日，http://techcrunch.com/2010/07/30/ron-conway-paul-graham/。

众筹之前的天使投资人

天使投资人过去的特征和活动，在未来对于谁应该或不应该投资股权众筹而言意义重大吗？是，也不是。

Title Ⅲ股权众筹的出现创造了一类新的天使投资人，他们与传统天使人之间可能没有共同特征，这有两个主要原因。

第一个原因就是在股权众筹之前，个体天使投资人往往不得不投入大笔资金参与天使交易，经常达到数万（有时数十万）美元，作为对直接股权或在特定条件下可以转换成股权的债权的回报。相比之下，通过大多数 Title Ⅲ众筹门户和经纪商平台，投资人能够买进 1 000 美元，甚至更少的小额股权。[①]

这类新群体天使人与众不同的第二个原因就是机会。在股权众筹之前，普通投资者不会轻易接触到私募投资发行。天使交易主要对以下对象发行：①天使团体，其成员都是合格投资者；②专业天使投资人，以对企业家开支票而出名；③战略投资人，与发行人在同一行业工作，因此是发行人或其经纪商的同事或与他们有关系。如今，多亏了股权众筹，许多天使交易都聚集在门户和平台上，每个人都能看到，无论你是否认识他们。

如今非合格天使投资人的竞争市场与过去大不相同。我们无法预测股权众筹的投资回报率比传统投资更好还是更差。虽然如此，了解天使人长年累月是如何投资的，以及在财务和非财务收益方面的投资结果是有好处的，以便对自己是否想加入这类新天使投资人行列有一些了解。

---

① 在 D 条例平台上进行更小型的投资似乎是一种趋势，506（c）法则，也称 Title Ⅲ，发行在该平台起重要作用。

传统天使投资人

每年天使投资人投资数十亿美元到成千上万的初创企业和早期企业。在这一领域很难获得确切的数字，因为天使交易涉及私募证券，它不像公共证券交易有报告要求。有关天使投资人及其天使投资的大部分数据，都是根据学术调查、专业组织开展的研究、SEC和普查数据所进行的估算。本章数据都有我们认为最权威的来源。

天使投资人从自己的资金中为私企提供资本，该私企既不是由自己朋友也不是由自己家人拥有和运营。天使投资形式多样，可以是直接债权、可转换债权或股权。

天使人是初创企业或早期企业外部资本的可能性来源之一。其他来源包括创始人的家人和朋友、风险资本家、银行和其他贷款机构、贸易债权人和信用卡等。

本书第 5 章指出，天使人主要在公司初创阶段、发展的早期阶段和扩张阶段进行投资，尽管也有人在更早（种子阶段）或更晚阶段投资。

风险资本家不同于天使投资人：风投公司吸收个体和机构投资者（所有人都是合格投资者）的资金。基金经理使用这些共享基金投资组合公司，一般是早期和成长期，有时也会是初创期的公司。投资风投基金的投资者无权选择组合公司，他们只有在基金经理提取一定比例的资本收益（也称附带权益）外加管理费用之后，才能获取收益。私募股权公司和对冲基金同风投基金有着相似的管理和费用结构，同样只对合格投资者开放，但是它们有着不同的投资组合策略：私募股权公司致力于收购完全成熟的公司（或购买其控制股权），而对冲基金则使用广泛的投资策略，通常包括多头头寸和空头头寸。

天使投资人（可能是合格投资者，也可能是非合格投资者）做出自己的选择，直接投资组合公司，主要关注初创和早期的公司，有时也会挖掘种子阶段的公司。所以天使人挣取投资 100%的收入或收益。天使人比风险资本投资行业范围更广，往往更关注经济高速发展的领域，如科技和（最近的）医疗服务。

据各种消息来源，美国活跃的天使投资人（在研究期间进行天使投资的人）数量已经从 2002 年的约 20 万上升到 2012 年的 30 万左右。请记住，根据我们的定义，这个数字还不包括创始人的家人和朋友。

投资金额方面，在初创和早期阶段，天使人一般比风险资本家总共投资得要多，但是在扩张和后期阶段，比风险资本家投资得要少。[①]

美国 2012 年关于创业的一项研究表明，5.3%的美国成人向企业家投资过，这是 2000—2003 年 G7 国家中的最高比例。一半美国天使投资人资助过直系亲属或其他亲戚。只有 13.5%的天使投资人对亲属、朋友、邻居或同事之外的人提供资金。[②]请注意，股权众筹将创造一个完全不同的环境，身处其中的绝大多数发行人和投资者可能从未听说过彼此，发行人和投资者之间不太可能有个人关系。

---

① 新罕布什尔大学创业研究中心；普华永道 MoneyTree；天使基金协会报告，2012 年 9 月。

② 巴布森学院和巴鲁克学院. 全球创业观察 2012 美国报告[R]. 2012：24.

超过四分之三的天使交易投资者是非合格的[①][第 2 章指出根据 D 条例，法则 506（c）除外，每次发行至多允许 35 位非合格投资者]。如果更多发行人使用 SEC 由于《JOBS 法案》而制定的新法则 506（c）豁免，这一比例可能会改变，因为只要不包括非合格投资者，该规则允许一般性劝诱。

虽然非合格天使人数量超过合格天使人，但合格投资者在天使交易中的投资金额更多，因为他们的投资往往更大。这是有道理的，因为他们有更多的启动资金。合格投资者每年贡献约 54%的天使投资额。[②]

天使投资人的收入和净资产变化很大，均值（非合格投资者 9 万美元，合格投资者 75 万美元）是相当无意义的。值得注意的是，只有 23%的天使投资人年家庭收入超过 20 万美元。事实上，近 32%的天使投资人年家庭收入不足 4 万美元。大约一半天使投资人拥有大学文凭，不到四分之一的天使投资人已经退休。天使投资人在其一生中通常（平均）会投资 4 家私企。[③]三分之二到五分之四的天使投资人是男性。[④]

---

① 斯科特 · A. 沙恩. 傻瓜的金子：美国天使投资背后的真相[M]. 牛津：牛津大学出版社，2009：11，36。这个大概值主要基于美国创业评估（佛罗里达国际大学，保罗 · D. 雷诺兹（生产商），2004 年），以及“全球创业观察进行的成年人口代表性样本的调查数据”（巴布森学院和伦敦商学院），沙恩 2014 年如是告诉笔者。

② 同上书，第 37 页。

③ 同上书，第 44—51 页。

④ 玛丽亚 · 明尼蒂，威廉 · D. 拜格瑞. 2003 年度美国创业评估执行报告[R]. 巴布森学院和考夫曼基金会：34；萨拉 · E. 尼德曼. 成为天使投资人你所需要知道的[N]. 华尔街日报. 2013-12-2；引用新罕布什尔大学创业研究中心和道琼斯风险资源消息。

越来越多的美国天使投资人成为天使团体的成员，团体本身数量也在不断增加。2012 年，美国全国 15 000 名投资者分属于 300 多个不同团体。[①]天使团体成员必须是合格投资者，可为其成员提供如下主要优势：

- 成员可以在寻求交易、选择和尽职调查方面进行合作；
- 由于他们数量和财富众多，成员往往比与非成员在交易量上更胜一筹；
- 大多数团体会邀请企业家在团体会议上亲自展示他们的商业计划和发行方案，之后成员可以私下讨论每个发行方案的优点，这是本土的《鲨鱼坦克》；
- 作为团体一起投资的成员可能会提供更多的资本，因此会比单独投资者达成更好的交易条款。

一些最活跃的天使团体在不止一个州有分部，比如 Golden Seeds 在加利福尼亚州、马萨诸塞州和纽约州都有分部。

隶属于团体的主要缺点在于：①成员之间会了解彼此的投资能力和偏好，有些人宁愿将这些东西保密；②合作以外偶尔也会有分歧和矛盾。

财务动机和社会动机

投资有风险的初创企业和早期企业的动机之一，就在于投资者可能获得比投资公共股票、债券和共同基金更大的财务收益。朋友和家人比陌生人更可能考虑投资的情感动机和社会动机，包括简单的忠诚度。天使投资人一般更专注于财务收益和风险。但是，投资回报率不是天使人投资决策的唯一依据。

---

① 天使基金协会，考夫曼基金会，新罕布什尔大学创业研究中心。

三分之二的天使投资人宣称赚钱不是他们投资私企的主要动机。一些天使人更看重投资私企的非财务收益，因此最好将他们的行为视为消费，而非投资，就像我们看待购买艺术品或昂贵的房屋一样。[①]

非财务回报包括分享成立新型创新企业，而无须长时间工作的兴奋之情。

战略投资人往往买入成长型公司的股票，因为它允许投资者在其职业生涯中利用他们在特定行业或技术中所发展出的专长。其他动机包括在新技术进入市场前学会它们，以及获得机会进入他们想应聘成为高管的公司。最后，许多本土投资者希望支持他们所居住和工作的社区，促进经济的发展。[②]

统计数字

2011 年，天使投资人为 6 万多家企业融资 200 多亿美元。“如今，一轮典型的天使融资可能是从 5 个人那里募集 15 万美元。”保罗・格雷厄姆说。他是一名高调的硅谷天使投资人，也在 2009 年成为科技孵化器 Y Combinator 的创始人。[③]当投资者是天使团体成员时，典型的天使融资又变得不同了，如果那样的话，2013 年融

---

① 斯科特・A. 沙恩. 傻瓜的金子：美国天使投资背后的真相[M]. 牛津：牛津大学出版社，2009：23.

② 这个词是由《投资本土化：本土投资的革命以及如何从中获利》一书的作者艾米・科特斯所创造的，约翰・威利父子公司，2011 年。

③ 保罗・格雷厄姆. 如何成为一名天使投资人[EB/OL]. 2009-03，www.paulgraham.com/angelinvesting.html.

资中间值是 60 万美元。[①]

斯科特·A. 沙恩（Scott A. Shane）博士的一项研究表明，2009 年之前，在单笔交易中，天使投资人通常的或中间值投资额为 1 万美元。[②]而最新数据表明，个人所进行的普通天使投资额是 37 000 美元。需注意，平均值明显比中间值高，这是因为大额投资数量很少（用统计术语讲就是极端值）。请记住 Title Ⅲ股权众筹有助于更多投资者进行小额投资。

在一个典型年份内，股权融资占据从天使投资人那里募资数额的近一半，债权融资数额占据另外一半。然而，一些交易既有债权，也有股权，大约 30%涉及股权的交易也牵涉到债权。[③]

最引人注目的天使投资一直是在科技类初创企业，超级巨星天使人往往也在高科技社区。事实上，许多关于天使投资的最新研究都表明，互联网和软件行业拥有最多的天使投资。但是一些其他行业也得到大笔天使投资，比如：

- 一项研究表明，2012 年第三季度，就交易量和交易金额而言，互联网相关公司得到最多的天使投资，其次是医疗保健公司、移动/电信、消费品和服务以及其他。[④]
- 另一项研究则表明，2012 年得到天使资金最多的三个行业

---

① “2013 美国天使投资年度报告”，天使资源研究院、硅谷银行和美国国家科学基金旗下的数据研究公司 CB Insights 联合发布，2014 年 3 月 27 日。

② 斯科特·A. 沙恩. 傻瓜的金子：美国天使投资背后的真相[M]. 牛津：牛津大学出版社，2009：20.

③ 同上书，第 81 页。

④ 天使投资人的崛起，InvestorPitches.com，Pitch 博客，2013 年 2 月 26 日。包括 smallbusiness.com，天使资源研究院（考夫曼基金会）和新罕布什尔大学保罗学院。

分别为软件、医疗保健和零售业。①

- 2013 年，就交易量和交易金额而言，天使团体成员（只有合格投资者）投资最多的行业分别是互联网、医疗保健、移动/电信、工业企业、软件、计算机硬件和服务，以及能源和公用事业。②

天使资本市场往往是本土的。沙恩 2009 年写道："天使人 70%～85%的投资都是在家乡 50 英里范围内进行。"在线发行平台的发展可能会使得该市场更加全国化，更少本土化。天使人过往在家乡附近投资的原因如下：③

- 传统意义上，天使人投资那些通过朋友、同事和顾问圈了解的交易，而这些交易往往地理位置很集中。
- 尽职调查内容应包括参观目标公司的厂房、采访管理团队、"看到他们汗流浃背"等，如果公司离家更近的话，开展尽职调查会更容易些。
- 有些投资者希望在组合公司中活跃一些，这有时需要现场走访。积极参与可能包括担任董事会成员；提供财务、法律或技术建议；协助企业家吸引客户、供应商或其他投资者。
- 许多天使人都出于社区忠诚度和经济发展而投资。

---

① 萨拉 · E. 尼德曼. 成为天使投资人你所需要知道的[N]. 华尔街日报，2013-12-02。引用新罕布什尔大学创业研究中心和道琼斯风险资源消息。

② 2013 美国天使投资年度报告。天使团体与风险资本公司等其他类型投资者共同投资时，平均一轮规模达 170 万美元。

③ 斯科特 · A. 沙恩. 傻瓜的金子：美国天使投资背后的真相[M]. 牛津：牛津大学出版社，2009：202-203.

投资回报率在哪里

投资回报率不是投资私募投资的唯一动机，但它是一个我们试图衡量的动机。现在的问题是：投资回报率在天使资本市场中是一个难以捉摸的统计数据，因为发行人和投资者并不被要求报告此类数据。学术研究得到的统计数据有时会被媒体断章取义和歪曲；专业组织得到的调查结果有时会有失偏颇，因为毕竟它们要促进其成员的利益。

在股权众筹合法化之前大多数有关天使投资人及其收益的调查中，投资预期回报率往往被夸大了，因为它们没有考虑到投资者的时间成本。在交易前，投资者可能会花费大量的时间来寻求交易、开展尽职调查、就交易条款进行谈判；而在交易后还要花费时间给予创始人以建议或帮助。沙恩写道："天使投资不比把钱投入共同基金、风险资本有限合伙企业或对冲基金，它不是被动的。"[①]有些投资需要天使人比其他人更积极地参与，但这些都不是被动投资。然而，股权众筹是一个全新的事实。股权众筹投资者有义务或受邀参与公司的运营或管理，是不太可能的，本书会进一步解释。

我们小心翼翼，尽量不在本书中制造不切实际的期望，所以我们会给出关于天使投资人投资回报率的各种观点。

一方面，沙恩写道："成功的天使投资是相当罕见的。"而另一方面，罗伯特·维尔特班克则写道："天使投资人整体收益的最佳估值……是投资额的 2.5 倍……在（平均）四年左右时间里，这会产生非常可观的 26%的年收益。"他们两人的说法都是正确的吗？

---

① 斯科特·A. 沙恩. 傻瓜的金子：美国天使投资背后的真相[M]. 牛津：牛津大学出版社，2009：160.

斯科特·沙恩对天使投资进行了有可能是最为全面的研究，既包括合格投资者，也包括非合格投资者。沙恩是凯斯西储大学魏德海管理学院经济学和创业学教授，也是《傻瓜的金子：美国天使投资背后的真相》一书的作者。①他还是位于克利夫兰的北海岸天使基金的成员。

沙恩没有试图估算整体或典型天使投资收益，而是从不同数据源中提取出一般性情况。这些情况如下：

- 天使投资人所资助的大约 0.2％的公司最终公开上市，在这种情况下，早期投资者可以获得丰厚的收益；
- 0.8％～1.3％的天使投资以收购而告终，早期投资者可以从中获得相当不错的或非常好的收益；
- 相比之下，2009 年之前，风险资本公司的组合公司中大约 2%要经历 IPO，大约 14%要被收购。

成立于 1994 年的天使团队是美国最成功的天使团体之一。135 名成员（只有合格投资者）中的绝大部分位于硅谷。据 2014 年报告，该团队 20 年来约 4%的投资最终在纳斯达克上市，19%以收购而告终。20 年来所有投资（总计 2.28 亿美元）的累积内部收益率②，包括互联网泡沫破灭所遭受的损失在内，达到每年 54%（这意味着如果你现在投资 1 000 美元，一年后将价值 1 540 美元，两年后价

① 至于天使投资回报率，沙恩的研究是基于美联储的消费者财务状况调查(www.federalreserve.gov/econresdata/scf/scfindex.htm)，换言之，不仅仅基于自我选择的天使投资人调查对象。沙恩告诉笔者，2009 年以来的研究证实了他书中的结论。本节资料来自《傻瓜的金子：美国天使投资背后的真相》一书第 146—198 页。

② 内部收益率用以衡量投资回报率，而无须按利率或通胀率等外部变量调整。从技术上讲，内部收益率是一种折现率，将来会为投资净现值带来一连串现金流。

值 2 372 美元，三年后价值 3 652 美元，以此类推）。

虽然有着 54％的惊人收益率，天使团队的创始人兼总经理伊恩·索博斯基（Ian Sobieski）却提出如下警告："我们有 200 多起投资（实际上是 270 起）。如果除掉前九项表现良好的交易，那么内部收益率降为零。所以只有二十分之一的交易是真正有影响的。由于普通投资者只投资十来项交易，任何一项天使投资成功的概率仅为 50%。"

沙恩指出，正如大多数类型的投资一样，天使投资财务目标的实现是"高度倾斜的"，这意味着"少数人赚取几乎所有的钱"。从天使投资中获利的少数人往往是这样的人：①有足够多的钱，可以投资不同的初创企业，而不是只投资一两家企业；②花费大量时间寻求交易（寻找最具前途的初创企业）和展开尽职调查。沙恩总结认为，良好的财务收益"往往会随着投资者投资数量而增加"。换言之，越有经验的投资者做得越好。

沙恩引用了路易斯·维拉罗伯斯（Luis Villalobos）的例子，他是一名杰出的天使投资人（投资了 50 多家初创企业），也是科技海岸天使的创始人，这是一个覆盖南加州的区域性团体。维拉罗伯斯称其 6%的投资组合占他财务业绩的 84％。沙恩总结道："要使得财富同投资私企的风险相称，投资者必须多元化。"

维尔特班克采取了与沙恩不同的研究方法。罗伯特·维尔特班克博士是威拉姆特大学战略管理的副教授、天使资源研究院的副主席、后期成长型资本基金 Montlake Capital 的合伙人。维尔特班克关于天使投资人的研究得到了考夫曼基金会天使收益研究所、NESTA 天使投资研究会、华盛顿大学和威拉姆特大学的支持。

2012 年，维尔特班克描述了其关于个体天使投资人的调查结果，所有调查对象都是合格投资者，且是天使团体的成员。在调查中，他要求投资者披露他们 15 年来天使投资的财务业绩。①我们必须考虑到调查对象是自我选择的，换句话说就是，我们可以假设那些收益很糟糕的投资者不太可能回应该调查。

2012 年 10 月，维尔特班克根据自己的调查数据，考察了美国和英国 1 200 多项天使投资，这些投资导致了我们所说的终止事件。在事件中，投资者出售、赎回或被没收股票，最终或增益或亏损。这些事件从公司倒闭（投资者可能完全亏损）到收购（可能会亏损，但更可能是增益）再到 IPO（可能获得大大的收益）都有涉及。根据这些投资者告知他的内容，维尔特班克报告如下：

- 在任何一个单独的投资案例当中，天使投资人“更可能亏损，比如收益小于 1 倍。尽管如此，一旦投资人的投资组合里面投资项目超过了 6 个，那么其平均收益就会超过 1 倍”。
- 总体地整合所有数据就会发现，美国和英国的天使投资人在大约四年的平均期限内，总收益是其投资的 2.5 倍。换言之，如今一项 1 000 美元的天使投资在 4 年之后就价值 2 500 美元，这代表着 26%的年收益率。务必记住维尔特班克只调查了天使团体中的合格投资者（他们愿意讨论自己的投资），他们代表着全美国不到 25%的天使投资人。而且，这些收益并没有考虑投资者花费在研究和管理投资上的时间。
- 一般来说，“天使投资人可能应该进行 10 多起投资”，使自己的投资组合在行业、地理位置、特色或发展阶段等方面多样化。
- 维尔特班克写道：“在进行每起投资时，应该表现得就像它

① 罗伯特·维尔特班克. 天使投资人确实赚钱——数据表明会获得 2.5 倍整体收益[EB/OL]. TechCrunch，2012-10，http://techcrunch.com/2012/10/13/angel-investors-make-2-5x-returns-overall/.

是你的唯一投资一样，这是至关重要的。”在任何时候，都不要因为你正在组建多元化投资组合,且想当然认为多元化本身能保证良好收益，而降低自己的标准。

- “90%的现金收益是由10%的投资退出而产生的。”这一比例也适用于风险资本和天使资本。实际上，这一比例在任何地方都是基本恒定的，不仅仅是在硅谷或波士顿的高科技中心，在所有行业都是如此。

请记住，这些调查结果往往代表着富豪投资者的投资，他们瞄准快速增长且极具潜力的公司，而不会瞄向追求长期稳定发展和可靠（而非不稳定）盈利能力，且投资者退出时间较长的公司。关于后一类公司，维尔特班克的数据可能不具代表性，因为它们很可能被天使团体所拒绝（因为退出期限较长），因此，这样的公司很可能寻求股权众筹，作为融资途径。被天使团体拒绝并不一定使它们成为糟糕的投资选择，事实上，一些公司可能比合格投资者所追逐的快速发展的初创企业风险更小。虽然它们的收益可能不太引人注目，但是从长远来说，它们能够（从利润中）带来收入以及可观的资本收益。

天使团体和天使群体

鉴于这些证据，你会合乎逻辑地得出结论，隶属于天使团体的投资人比不是团体成员的投资人更有优势。由于非合格投资者被排除在这些团体之外，因此非合格天使投资人处于不利地位。

股权众筹创造了一种新的天使团体——群体，所有投资者都属于群体。SEC于2013年10月发布Title Ⅲ建议规则（第376页）时宣称：“众筹的前提是投资者会依赖于，至少部分依赖于群体的集体智慧，来做出更明智的投资决定”，这就是为什么“我们建议中介提供发行人和投资者沟通渠道，以便就发行人及其发行进行信息交流”。

当你注册股权众筹门户（或由经纪商运营的股权众筹平台），并成为其中一员时，你便能够通过以下三种方法与其他成员进行合作：

- 在 Q&A 论坛中，你可以向发行人提问。你的问题和他们的回答都会发布出来，所有成员都能看见，或者至少对该发行人的发行有兴趣的成员可以看到。
- 门户也允许群体成员参与到他们之间的讨论，共享研究，并邀请专业顾问加入讨论之列。
- 群体成员能够且经常在平台之外彼此联系，参加私下讨论。几乎可以肯定，股权众筹投资者聚会团体在全国主要城市产生，如同天使团体一样。

群体智慧和狂热

非合格投资者（美国政府假定这些投资者在私募投资市场不够有经验）之间的在线合作如何与天使团体之间的合作相比较呢？全国性股权众筹在美国太过新颖，以致不能为实证研究提供资料，甚至无法提供坊间证据。但是我们掌握来自澳大利亚的逸闻证据。在澳大利亚，股权众筹已经成功运营多年，“阅历浅的”投资者也有参与其中。

澳大利亚小规模融资板块（ASSOB）是一个股权众筹平台，允许所有投资者参与非公开发行，遑论其收入或净资产。自 2004 年推出至 2014 年 4 月，大约 300 名发行人在该平台筹集到超过 1.38

亿澳元（约合 1.28 亿美元）。ASSOB 报告称，在第一个 5 年间（2008—2012），接受其资助的 50%～60%的公司，到 2014 年仍然在“运营”。[①]没有关于发生欺诈的报道（像澳大利亚证券监管机构所定义的那样）。[②]值得注意的是 ASSOB 会计会对发行人财务信息进行审核，平台在接纳之前会对潜在发行进行实质性尽职调查。

我们确实掌握一些新的坊间证据，证明美国州内股权众筹中的群体智慧。波西米亚吉他公司，位于亚特兰大州，是美国历史上在股权众筹平台上既向合格投资者，又向非合格投资者募资的第一家公司，亚当是其首席执行官。该平台就是 Spark Market，采用新《佐治亚州投资豁免》（见第 4 章了解详细信息）。亚当说，在 2013 年波西米亚吉他公司成功募集到 5 万美元活动期间，平台上非合格投资者的提问，在有些情况下，比合格投资者的提问更具针对性和挑战性。

纵然所有群体成员都是非合格投资者，由于他们在私募证券市场缺乏经验，股权众筹群体真正能够提供与天使团体相媲美的优势吗？我们认为在一定条件下，答案是肯定的，确切地说是在三种情况下。

詹姆斯·索罗维基（James Surowiecki）的《群体的智慧》一书

---

① 保罗·尼德雷尔（澳大利亚小规模融资板块首席执行官）在 2014 年 6 月 15 日给笔者的一封邮件中如是写道。

② 理查德·斯沃特. 群体选择和众筹成功的真相[EB/OL]. CrowdfundInsider.com，2014-04-21。据澳大利亚小规模融资板块首席执行官保罗·尼德雷尔，发行人在每次发行中最多能募集到 500 万美元。每次发行至多允许 20 位“经验不足”投资者参加；澳大利亚对“经验不足”的定义同美国对“非合格”的定义类似。普通募资少于 20 位投资者。截至 2014 年 4 月，除澳大利亚之外，只有 5 个国家允许“散户”购买众筹平台上的股权。这 5 个国家分别是法国、爱尔兰、荷兰、瑞士和英国。

有如下假设：

在正常情况下，团体是非常聪明的，而且往往比其中最聪明的人还要聪明。为了更聪明，团体无须由异常聪明的人主导。即使团体的大多数人并不见多识广或理性，该团体仍能做出总体明智的决定。[①]

索罗维基着眼于投资者，他表示即使“作为个体的投资者是非理性的，当整合他们所有的选择时，集体结果仍将是理性且精明的，这是有可能的”。

但是这必须是在正确的情况之下。在错误的情况下，群体可能是非理性的、具有破坏性的乌合之众。苏格兰作家查尔斯·麦凯（Charles Mackay）写了一本关于大众躁狂症和集体愚蠢行为的书，即经典的《大癫狂：群体性狂热与泡沫经济》，该书发表于 1841 年。麦凯将股市泡沫和骚乱形容为“个人决定汇总起来，就产生了一个完全非理性的集体决策”。美国金融家和总统顾问伯纳德·巴鲁克（Bernard Baruch，1870—1965）有一句名言：“任何一个人，作为个体来看，都是足够理智和通情达理的，但是如果他作为群体中的一员，立刻就成为白痴一个。”

那么究竟在什么情况下，群体，尤其是 Title Ⅲ众筹门户上的普通投资者群体，是明智而非疯狂的呢？索罗维基确立了三个条件：多样性、独立性和分权性。

- *多样性*是指群体成员拥有各种各样的观点、知识、经验和信息来源。众筹门户通常会允许成员查看参与讨论的其他成员的资料，因此，你可以对合作对象的背景和专业知识的多

① 詹姆斯·索罗维基. 群体的智慧. 2004：xiii-xiv 页. 以下段落引自第 230 页。

样性做出评估。小群体往往缺少多样性。[1]如果门户接纳没有提供真实姓名和联系信息的成员，或者如果发行人不要求验证成员的身份，在投资时就需小心谨慎了。

- *独立性*是指群体成员可自由表达自己的观点，而不会受到压制或威胁。在基本礼仪和合法表达（比如不应允许成员诽谤或中伤）之外，众筹门户不应限制成员之间交流的类型。
- *分权性*意味着没有占主导地位的领导者或调停人，以免过分影响群体。例如，如果你发现众筹门户的运营商倾向缓和讨论论坛，或试图设置讨论事项，这会削弱群体智慧的有效性。

从理论上讲，在众筹门户具备这三个条件时，至少它们可以成为群体智慧的理想环境。此外，在投资者参与平台讨论论坛时，门户应该要求他们使用自己的真实姓名，还应验证他们的身份。请记住，在某些情况下，如果群体成员怀疑是骗局时，他们会倾向于放弃此次发行，而不是表达其担忧，所以应该鼓励成员表达他们的关切。

1986 年 1 月 28 日，“挑战者号”航天飞机悲剧发生之后，公共股票市场出现了群体智慧的经典一幕。东部时间 11 点 39 分，“挑战者号”在卡纳维拉尔角发射升空 74 秒之后旋即爆炸，无一生还。事故消息迅速传播开来。几分钟里，投资者开始抛售参与“挑战者号”发射的 4 家最主要承包商的股票：罗克韦尔国际公司（Rockwell International，负责轨道飞行器以及主发动机的制造）、洛克希德公司（Lockheed，提供地勤支持）、马丁·马瑞塔公司（Martin Marietta，

① 2013 年一项研究发现，群体评估可以通过增加群体中个体的数量而更加有效。克里斯多夫，弗雷德里克. 群体智慧 vs 专家评估. 奥托贝森管理研究院创新和创业团体，德国，2013 年。

负责外储箱的制造）以及莫顿聚硫橡胶公司（Morton Thiokol，负责固体助推器的制造）。当天收盘时，莫顿聚硫橡胶公司的股票下跌了 11.9%，其他 3 家只缩水了 3%左右。尽管美国国家航空航天局并没有公开评论指出事故原因或哪一家承包商应该为此事负责任，但投资者集体推断莫顿聚硫橡胶公司有极大可能要为事故负责（翌日，《纽约时报》宣称关于事故起因现在“尚无线索”）。事故发生半年之后，总统委员会披露，由莫顿聚硫橡胶公司制造的助推火箭上的 O 形密封圈对此次事故负责。

没有证据表明莫顿聚硫橡胶公司内部人员（或这一事件中的竞争者）当天抛售了公司股票或向投资者散布了内幕消息。少数局外人获知的唯一线索就是灾难发生前 3 个月，莫顿聚硫橡胶公司向美国汽车工程学会“寻求广泛帮助”，以解决 O 形密封圈问题。这一寻求帮助的举动是否被考虑进 1 月 28 日投资者的购买决定，尚不清楚。但是，如果是这样的话，这一证据很快散播开来了，市场也准确地加以处理了。[①]

因此，不同投资者会聚起来，每个投资者在分散市场独立操作，在事故发生后数小时内，他们就把对事故负责的美国国家航空航天局承包商挑选出来，这领先于火箭科学家和物理学家正式确定事故原因好几个月。

我们无法保证股权众筹群体会以完全相同的方式明智起来，因为这是一个很新的体系。另外，众筹门户所采用的技术会创造出群体智慧动向的新效率。比如，门户允许投资发行的并列比较。经纪商股权众筹平台可能允许投资者将投资标准分类和排序，他们可以

---

① 迈克尔 · T. 马洛尼，哈罗德 · 马尔赫林. 股票价格对挑战者号灾难的反应[EB/OL]. 社会科学研究网，1998-12-07，http://papers.ssrn.com/sol3/papers.cfm?abstract_id=141971.

与其他人进行共享和讨论。一些网站允许投资者彼此间评估、评价（以 Amazon.com 允许用户评价产品评论相同的方式），这有助于你决定谁的观点更值得信赖。

新天使投资人

现在你已经有所了解股权众筹（第 3 章），能够通过股权众筹进行投资的各种初创企业和早期企业（第 5 章），过往促使天使投资人购买这些公司股票的非财务动机，以及潜在的经济回报和收益，当然还有风险。你已经知道将天使投资组合多元化，并与群体合作是股权众筹投资者纵享财务亨通的关键。你认为自己适合成为其中一员吗？

为了帮助你回答这个问题，我们确定了 10 种天使投资人，他们可能具有股权众筹方面令人满意的经验。这些天使投资人按照投资的主要社会动机到主要财务动机列举如下：

- *社会影响型投资者*。具有社会动机的投资者非常热衷于支持以因果或意识形态为导向的公司，包括“绿色”（环保）产品、开发可再生能源、保障性住房、照顾老年人、营利性戒毒诊所和护理有机草坪等。这一类投资者可能不太关心估值、退市策略，甚至是投资回报率，而更关注社会效益和对所见略同群体的归属感。之前在捐赠或回报众筹平台上捐钱的投资者会追随同样的发行人到新股权平台。
- *本土投资者*。他们是邻里、本土或区域性社区成员，与他们赖以生存的企业有着共同联系，并想“分一杯羹”。这些人也叫作关联投资者，他们可能认识企业主。这些企业往往是人群会聚的地方，如餐馆、咖啡厅、熟食店、酒庄、杂货店、小啤酒厂、保龄球馆、健身中心和美容院；或者是这样的企业，企业主是悲剧的受害者或感受到不公正。[①]投资人可能被广泛的社区发展目标所激励。同具有社会动机的投资一样，这一类投资会从之前的回报众筹活动转化而来。

- *人口驱动型投资者*。在国家层面上，这一类投资者希望支持那些由退役军人、大学校友、女性、侨民成员、信奉同一宗教的人，或者（在地方一级）市区少数族裔所拥有的企业。事实上，一些众筹门户会围绕着这样的利基者发展。
- *创意型投资者*。这类投资者想要加入创意、时髦或刺激的项目，如音乐、电影和出版。这些投资者关注娱乐和声望稍胜于关注利润。在股权众筹背景下，他们可能有机会向项目进行创意投入，尤其是在推广阶段。
- *粉丝型投资者*。他们是某一消费品或品牌的热心用户、忠实拥趸，他们希望帮助确保该产品或品牌的未来可获性，这不亚于他们想获得利润或资本收益。在产品发展的早期阶段，这类投资者会经历“思想欲望”，希望帮忙将新产品推向市场，以便他们能够先于其他人消费该产品。这些产品包括小工具、游戏、兴趣爱好、3D 打印机、苹果电子产品、健身、烹饪、娱乐用品及设备、运动队、服装和时尚配饰等。这些投资者非常精于电子商务，在 Kickstarter 等回报平台上有支持项目，会毫不犹豫地共享个人资料，参与讨论群体，并在平台上进行大宗交易。
- *前沿型投资者*。他们是科技导向的天使人，希望投资高科

① 在《投资本土化》一书中，艾米·科特斯写道：“在外包、裁员、薪资停滞的日子里，对通用汽车有益即对国家也有益这一箴言，可能不再适用了。但是对本土家庭农场、商人或初创企业有益的确实有利于社区。”

技初创企业，帮助它们驱动创新（因为“引领潮流”着实令人兴奋），帮助杰出企业家获得成功，可能也会持有下一个大事件的股份（因为它的投资回报率是最可观的）。除了中等收入或净资产的投资者,我们可能也会发现一些风险资本家围着众筹门户转，希望提前获得高潜质初创企业。①

- *寻求将投资组合多元化的中等收入投资者*。数以千万计的这类投资者现在可以对私募投资进行小额投资（几百美元，而非几千美元）。数十年来,《JOBS 法案》第一次使之成为可能。中等收入的投资者，承受风险的能力也低，应该考虑朝对等借贷平台发展，其中风险是固定的，但是收益可能高于债券和货币市场。
- *耐心等待型投资者*。他们是价值型投资者，寻求长期发展，不会短期内退出。他们投资金额较高(每笔交易达几千美元，多年来会进行一连串交易)，喜欢有稳健发展战略的成熟企业,会花费很多时间进行全面尽职调查并找到切合实际的退出策略。他们并不会投资很多钱在快速发展的高科技初创企业上（这通常需要好几轮风险资本融资，才能募集到几千万美元，无疑稀释了早期投资者的股票价值），但是他们会投资那些在一两轮股权众筹之后能够自食其力（利用留存收益，而非外部资金来源）的公司。这些公司可能包括商业和农业地产，以及建筑承包商、医疗保健、清洁服务、汽车修理或特许经销商等服务商。
- *投机型投资者*。这一般发生在石油和天然气勘探（比如单

---

① 一些 D 条例发行平台（如 CircleUp，据其首席执行官莱恩·卡尔德贝克）报告称风险资本投资者，甚至私募股权投资者有在它们的平台上投资早期公司。

油泵）、贵金属小型开采、潜伏期发明（如电池、太阳能板）等或繁荣或萧条的行业。在这些运作当中，一次命中（或一项专利）即为投资者带来巨额收益，一个闪失就会血本无归，通常没有中间地带。这些投机者必须具有较高的风险承受能力。

- 知名或享有赞誉的领导型投资者的*追随者*，也称“聪慧型投资者”。如果你发现马克·库班（Mark Cuban）投资 25 万美元到生产企业软件的初创企业，你可能经不住诱惑而追随他的脚步，并且不会进行太多尽职调查，你会想当然认为亿万富翁必定会开展尽职调查的。许多投资者都会追随他们认为聪明的人，或者出于情谊而跟随朋友行事。我们不能说这是最谨慎的投资方式，只要你了解让自己信任的人开展尽职调查的风险，我们也不会阻止你这样做。

除了以上 10 类股权众筹投资者，一些大型公司和机构投资者也可能会通过股权众筹投资早期企业。一些公司已经加入 D 条例发行平台，将钱投入初创企业，这些企业有朝一日可能成为供应商、战略合作伙伴，甚至是收购对象。思科系统公司（Cisco Systems）就是一个例子，该公司是一家位于加利福尼亚州圣何塞的网络设备制造商。通过“常驻企业家”计划，思科对 Early Shares 平台上登记过的一些发行人进行投资，该平台是位于迈阿密的 D 条例发行平台，很快可能成为 Title Ⅲ平台。思科公司青睐于云服务、网站分析、“大数据”及相关领域的初创企业。

机构投资者（如养老基金、大学捐赠基金和银行）在探索意义上，会购买早期公司的股票，尤其是科技、消费品和房地产行业的股票，寻求投资多元化。他们拥有庞大的资源来展开尽职调查。如果你知道有机构投资者在众筹门户上参与 Q&A 论坛或讨论，请密切关注他们的问题和意见。

天使投资成功的两个关键

无论你是否符合之前描述的任何一类投资者，你仍需具备两个特质，才有可能成为股权众筹方面的成功投资者：个性判断和耐心。

如果你要投资一家收入甚至产品分销追踪记录都很有限的公司，你需要判断创始人（或创业团队）是否有制胜之道。有经验的天使投资人通常“将赌注压在骑师身上，而非赛马身上”。例如，不管初创企业成功与否，过去有初创企业经验的创始人，将来比没有初创企业经验的创始人更可能获得成功。

即使他们不顾一切，但市场渗透和盈利还有很长一段路要走，创始人的才能和承诺是所有其他成功变量的基础。你必须能够判断创始人和高管是否诚实、有才、可靠、坚持且致力于取悦客户和投资者（在某些情况下，还包括监管机构）。幸运的是，股权众筹条例要求企业主和重要员工充分披露自己的背景资料。

Y Combinator 创始人保罗·格雷厄姆写道：即使你之前从来没有进行天使投资，“你已经是一名比自认为要好的天使投资人。有人对风险投资机制一窍不通，但知道成功的初创企业创始人是什么样子，这样的人实际上远远超过那些彻底了解投资条款清单（详细说明交易条款的文件）的人。”①

格雷厄姆认为优秀创始人是“敏思而笃行”的。他们“促使事情发生……但不总是以预定义的方式”。他们“合理地尊重现实”，适应环境，有时会转换方向。他们“不会气馁和放弃”。

---

① 保罗·格雷厄姆. 如何成为一名天使投资人[EB/OL]. 2009-03，www.paulgraham.com/angelinvesting.html.

格雷厄姆的观点引起罗恩·康韦的共鸣，后者是一名具有传奇色彩的天使投资人，他认为经营理念可能会变，确实会改变，但“人才是公司的基石”。第 12 章会提供更多关于研究和评估创始人的指导。

要想成为成功的天使投资人，除了很好地判断个性，还必须有耐心。根据 Title Ⅲ，在股权众筹中，投资者购买一家公司的股票时，在出售前其必须持有股票至少一年，但有一些例外。即使一年之后，这些股票可能难以卖出，谁会买它们呢？可能没有现成的市场或交易所。换句话说，这些股票不能立即兑现。

在过去，天使投资人通常不得不等待七八年，才得以退出或变现或出售股票[①]，如果 8 年之后公司依然存在的话。在股权众筹市场上，这一时间表可能会缩短，但有待观察。现在假设一下，你和你的家人在好几年内都不得使用你投资到股权众筹交易中的钱。

如果你没有耐心，不善于判断，那么你最好投资股票、债券和共同基金等公共证券，它们流动性相对较强。最好把这本书交给别人。如果你想成为一名聪明、耐心的天使投资人，拥有初创企业和早期企业的多元化投资组合（为期数年的流动性期限），准备迎接激动人心的机会吧。

---

① 多种来源，包括：本杰明，马戈利斯. 天使投资人手册[M]. 纽约：彭博社，2001。但是，丝利指出初创企业的投资者通常期望 5 年内就能退出，而扩张阶段公司的投资者希望 4 年内能退出（罗伯特·T. 丝利. 私募资本市场[M]. 纽约：约翰·威利父子公司，2011）。

第 7 章

股权众筹门户
——如何浏览众筹网站

在股权众筹的过程中，被称作众筹门户（funding portals）和经纪自营商平台（broker-dealer platform）的中介（intermediaries）起着至关重要的作用，在这里发行人和投资者可以找到彼此。这些中介平台提供多种工具、论坛和服务，以使得证券发行、信息披露合乎标准，发行人和投资人之间的洽谈和购买更加顺利。

事实上，2012 年颁布的《JOBS 法案》Title Ⅲ（《众筹法案》，*Title Ⅲ of the JOBS Act*）规定，发行人不得通过其自己的网站或者直接向投资人发行股票，而必须借助于中介门户或者第三方平台。

按照《众筹法案》的定义，众筹门户是指在美国证券交易委员会和美国金融业监管局登记注册的网站，这些网站的目的是举办股权众筹活动，包括众筹发行、信息披露、投资者登记、洽谈交流和购买交易，等等。[①]

众筹门户和发行众筹项目的经纪自营商平台之间有着重要区别。众筹门户是在《众筹法案》中定义的全新中介类型，而做市商制度下的经纪自营商则已经存在了几十年。经纪自营商可以是个人或者公司。

---

① 在美国证券交易委员会注册时，众筹门户网站属于“限制性经纪商”，即不持有或管理“客户资金或证券”的证券公司。美国证券交易委员会《众筹法案》细则，2013 年 11 月，第 209 页。

经纪自营商平台可授权开展如下活动，而对众筹门户（这里指的是不由经纪自营商所有或运营的众筹门户）来说这些活动则是被禁止的。活动包括：为投资者提供投资意见或建议；劝诱购买、销售或要约购买其网站或门户上发行或陈列的证券；为实施此类劝诱行为的雇员、代理商及其他个人提供报酬，或依据其网站或门户上所陈列或推介的证券销售额提供报酬；持有、管理、拥有或以其他方式买卖投资者的基金或证券。①

适当性和尽职调查

在第 2 章我们曾经提到过，经纪商或自营商（简称券商，B-Ds）必须遵循了解客户原则（FINRA 2090）和适当性原则（FINRA 2111）。两个原则融合起来要求券商尽勤勉义务收集每位投资者的相关信息，以确定该投资者的风险承担能力以及某项投资对该投资者的适当性。为了实现此目标，运营股权众筹平台的券商应审查申请公司的商业计划，并筛选出他们认为不适合其在册投资人的众筹项目。

在如何选择发行人以及在他们的平台上发行的股权众筹项目方面，经纪自营商都必须遵从严格的尽职调查标准。但这并不一定意味着，你在众筹门户上不会找到高品质的发行人和良好的投资机会；他们也许会也许不会按照同样的高标准进行尽职调查。然而，当你访问经纪自营商平台的时候，你可以清楚地知道尽职调查标准的含义，因为它们已经由美国证券交易委员会和美国金融业监管局公布出来了（如我们在第 2 章解释过的那样）。经纪自营商必须遵从这些标准，否则他们将面临纪律处分。

---

① 美国证券交易委员会交易和市场部，《JOBS 法案》常见问题，2012 年 5 月 7 日，这一术语已被加入《证券交易法》。

不论是众筹门户还是经纪自营商平台都可以设立一系列客观标准，以判断是接受还是拒绝向他们提出申请的发行人（例如，他们可能通过如行业、地理位置、量化性能指标、产品测试结果、授权专利和市场数据来筛选申请人的发行需求）。经纪自营商平台还可以使用主观标准（如创始人的管理风格、声言具备相关竞争优势的可信度、经营策略的合理性、相对于一个或多个董事会成员的独立性，等等）。美国证券交易委员会还没有明确表示，众筹门户是否或者在什么程度上，可以使用任何主观标准作为接受还是拒绝的判断依据。

应该如何区分众筹门户和经纪自营商平台呢？它们可能在外观上非常类似，因为它们使用的是相同的网站架构、设计和导航结构。如果不是读了“关于我们”页面和/或主页上的页脚小字，你可能很难将它们分开。如果你无法确定一个网站是否是经纪自营商平台，你可以：①联系该平台的工作人员并询问他们的经纪自营商资质状态；②访问美国金融业监管局的券商资质验证页面（http://www.finra.org/Investors/ToolsCalculators/BrokerCheck/）并进行搜索，看看该平台是已经注册成为经纪自营商，还是只是一个门户网站。

如果你考虑在一个非经纪自营商运营的众筹门户注册成为投资者，请询问委托人——在他们核准发行人申请、同意众筹项目上市之前，究竟是什么指导他们进行筛选和选择。有些门户使用如 Crowd Check 之类的第三方服务公司，这是一家位于弗吉尼亚州的尽职调查服务供应商，他们进行尽职调查和/或对发行人的所有人和管理人员展开背景调查。如果平台声称自行进行内部尽职调查，应确保委托人有相关证券或投资银行从业经验，这样他们的尽职调查方才有效。有一点要铭记在心，即使网站是一个经纪自营商平台，随大流的你在投资之前，还是需要自己进行尽职调查。不要假设为你的个人投资目标、风险偏好提供支持的中介进行了尽职调查。我们将在第 12 章提供尽职调查的指引。

所有的中介机构（诸如众筹门户和经纪自营商平台）必须对每一个发行人的管理人员、董事和 20%股权的持有人进行背景调查，以降低欺诈风险。如果发行人的管理人员、董事或“参与者”（如市场推广人员）中，有任何一人是发行中的“坏蛋”，中介必须取消其发行人的申请资格（按照美国证券交易委员会的定义，“坏蛋”包括被定罪的重罪犯、被禁止或限制进入金融相关领域的人、受到美国证券交易委员会纪律处分的人，等等）。同样，所有众筹门户和经纪自营商平台必须遵守美国联邦证券法律和法规的反诈骗、反操纵条款。

《众筹法案》吓坏众筹门户

责任问题

截止到 2015 年 2 月，一些众筹行业的主要成员，如 Indiegogo 和 Early Shares，仍然没有完全决定开展众筹业务[虽然他们曾经公开表示，愿意在他们现有的回报融资（reward-based）和私募融资（Regulation D）平台上支持此项改革]，主要是因为美国证券交易委员会还没有澄清两个关键性问题：①中介机构的法定责任；②接受或拒绝发行的主观判别标准。

中介机构的法定责任。《众筹法案》[与其对应的《1933 年证券法》第 4（a）条第 6 段]暗示（而非明确声明），众筹门户网站需要和发行人承担一样的责任，这些责任包括发行人公布在网站上的招股材料中的欺诈行为，以及有意或者无意的内容不准确和重大遗漏。

预计美国证券交易委员会在其最后的细则中澄清，门户网站实际上是否（或在多大程度上）将承担由于发行人的欺诈或失误产生的责任问题。

在 2014 年美国证券交易委员会《众筹法案》细则提案的征询期，Early Shares 首席执行官乔安娜·施瓦茨告诉美国证券交易委员会，中介机构当然应该为保护投资者做出强有力的承诺，通过投资教育、尽职调查、合规程序和预防欺诈等多种手段实现这一目的。不过，要求中介机构同样分担由于发行人的欺诈或失误产生的责任，则使所有的众筹门户都背上了“难以逾越的潜在负担”。施瓦茨还表示，即使是高标准的尽职调查，众筹门户也“不可能合理地验证材料中的每个语句（或者重大遗漏），因为这些内容涉及他们平台上的发行人。遵守规则的成本、购买保险和/或避免该责任的花费都是显著的，这与众筹门户的定位是不一致的……”*

基于主观标准的发行审批。正如我们在本章之前部分指出的，经纪自营商可以基于客观标准和主观标准核准发行人的申请并批准发行人项目在他们的平台上市发行。非经纪自营商运营的众筹门户可以使用客观标准，也可以使用主观标准（如果有的话，但目前尚不清楚到什么程度）。

由于评估的主观标准可能会被理解为给投资者关于产品适当性的意见，而《众筹法案》似乎禁止非经纪自营商运营的门户网站使用主观标准。**回忆第 2 章提到的，只有券商可以给投资者适当性建议。预计美国证券交易委员会在其最后的细则中澄清，门户网站在何种程度上可以使用主观标准。

施瓦茨建议美国证券交易委员会，门户应该能“综合主观和客观的因素取消某些发行人的资格”。否则，门户可能必须接受所有申请者（发行人）的申请——因为即使门户认为该发行人的商业计划书荒谬可笑，根本不能称得上是一个好的投资项目，但只要他们符合门户在网站上声明的狭义客观标准就能获得资格。

这些关于门户网站责任和对发行人的主观审批标准的不确定性（但可能还有其他原因），使得Early Shares、Indiegogo和其他主要众筹业内公司，在美国证券交易委员会澄清这些规则之前，都不会开始从事股权众筹业务。如果美国证券交易委员会认为，众筹门户网站需要和发行人承担一样的责任，这些责任包括发行人公布在网站上的招股材料中的欺诈行为，以及内容不准确和重大遗漏（即使是无意为之也不能例外），那么到时候最坏的情况就是，股权众筹可能会停滞，直到国会对《众筹法案》做出修订。

*乔安娜·施瓦茨2014年2月3日给美国证券交易委员会的建议信。全文链接如下：www.sec.gov/rules/proposal/2013/33-9470.pdf。

**美国证券交易委员会《众筹法案》建议细则227号第402（b）（1）条，2013年9月23日。

平台收入

股权众筹门户和经纪自营商平台可以是独立的企业（如 Early Shares和Indiegogo）也可以是更大型企业的筹资部门。后者所指的门户网站可以隶属于市政府、商会、“主要街道联合体”、希望在各自领域注资的民间组织和希望资助校内创业者的院校。

无论它们是否以营利为目的，股权众筹门户和经纪自营商平台都可以通过以下几个方面获得收入。

- 众筹门户通常可以按月向发行人收取固定费用，作为回报平台为其发行众筹证券。或者，门户网站也可以按在平台上筹集资金的百分比向发行人收取“成功费”。门户网站应该向投资者披露他们向发行人收取费用的方式（按月收取固定费用或按筹集资金的百分比），但不必向他们公开费用的具体数额。通常情况下，“成功费”在 5%～10%（若募集资金额较大，比例也会更高），当然，不同的初创企业类型费率也会有差异（例如，房地产公司和拥有高价值固定资产的初创企业支付费率都会低一些）。

- 经纪自营商平台也可以和门户网站收取同种费用并采用相同的费率，但因为它们一般还为发行人提供咨询服务，所以通常费率可能会略高。此外，券商还会按照发行人募集到的资金额为其雇员和代理商提供报酬。
- 这两种平台通过向发行人提供背景检查和尽职调查报告收取固定费用。

投资者在大多数筹资网站都不需要支付注册费。除了他们实际的投资之外，他们可能只需要向类似于贝宝（PayPal）这样的第三方支付服务商支付交易费，费率 1%～3% 不等。

《众筹法案》以及美国证券交易委员会为实施该法案制定了细则，还制定了针对股权众筹中介的补充要求，如下：

- 中介不得将所有投资者的资金集中投资到一个实体。换言之，每一个个人投资者会将资金直接投资到发行众筹股票的分散的公司。①
- 非经纪自营商众筹门户不得占有其平台上发行人的经济利

① 美国众议院 2014 年 5 月推出的该规则建议修订稿中，将允许中介机构设立基金，即投资者们可以将资金集中起来，使中介机构可以作为单一实体进行投资。站在投资者的立场，这样的安排可能会给中介带来更多的谈判筹码，并获得更好的交易条件，但同时伴随的后果是投资者将只能间接地访问他（或她）投资的公司。

益，不得向提供潜在投资者信息的任何第三方支付报酬（第三方包括促销员、介绍人和市场推广人员）。

- 股权众筹门户不得接收、管理或持有投资者的资金（但经纪自营商平台可以）。因此所有的门户网站必须使用独立的第三方托管服务，只有发行人募集成功才能将资金释放给发行人。如果募集活动没有成功，这笔钱将被退回给投资人。
- 中介机构必须尽适当的努力，以确保发行人符合众筹股票发行的限制（例如，年投资额不超过 100 万美元），为获得的个人投资者信息保密并提供安全保障，并努力保证（尚不清楚他们将如何做到这一点）投资者的投资额按照其收入和/或资产净值不超过其年度限额。

单一型平台和混合型平台

有些众筹网站只专注于股权众筹。有些则在一个网站上同时提供回报众筹和股权众筹项目，还有的结合了私募融资和股权众筹——以上这些平台都被称为混合型平台。[①] Early Shares 公司的平台是一个私募和众筹结合的例子，它是在 2012 年推出的符合 D 条例的私募融资平台，专注于成长型企业和房地产项目。有些网站还将无条件债券、可转换债券和股票结合起来。发行人可以在一个平台上同时发行私募投资和股权众筹证券两种产品，这种方式被称为平行发行。发行人还可以将具体的回报作为股票发行的一部分送给

① 正如我们在第 2 章中提到的，符合 D 条例的私募平台可提供第 506（B）型、第 506（C）型证券发行，或两者兼而有之。后者也被称为“创业企业的资本筹集”，这种发行方式允许通过一般性劝诱销售其证券。

投资者①，Early Shares 的有些发行人就是这么做的。当你在私募融资和股权众筹的混合型平台注册成功后，你将可以直接访问所有股权众筹项目信息。所有合格投资者和非合格投资者都可以在混合型平台上投资众筹证券。但是你必须注册成功才能获得私募融资项目的披露信息，而且你必须证明你的合格投资者身份才可以投资于这些股票。

在单一型股权众筹门户网站，你不必为了获取发行信息而申报投资者身份。因此，在投资之前，你没有义务提供自己的收入信息和资产净值。中介机构将根据投资者的收入和资产净值，为确保投资者投资金额不超过其年度投资限额承担合理的责任。

所有的这些术语——平台、门户网站、混合型平台，可能会比较混乱。因此，为了让事情变得简单，从现在开始，除非我们需要指出它们之间的区别，我们将所有提供股权众筹证券的平台和门户统称为“股权众筹网站”。

股权众筹生态系统

以下所列的很多服务供应商为股权众筹网站提供支持，它们通常在网站上被称为“战略合作伙伴”。

- 股权转让代理商。这些公司在美国证券交易委员会注册，当网站上交易完成时，负责管理由发行人向投资者的证券登记和转让。例如 VStock Transfer 和 eShares。你不需要寻找或聘请这类公司，或该名单上的任何其他公司，因为它们已经事先约定，通过门户网站为中介机构和/或发行人提供此项服务。

① 股权投资获得的具体回报可能会受到个人所得税的影响。

- 托管代理商。《众筹法案》规定，股权众筹网站须使用第三方托管服务保管投资者的资金（直到交易结束）或将钱返还给投资者（如果募集金额不足）。有些公司专门从事众筹托管账户业务，例如 Banc Box Crowd。发行人（而非投资者或中介）支付托管代理费（中介机构不再在其中赚取使用费或佣金）。
- 尽职调查服务供应商。并非所有的股权众筹网站都有专业的雇员可以对发行人进行全面的尽职调查。大部分平台甚至一些证券公司，在接收发行上市申请材料之前，都会聘请外部证券律师、会计师事务所、研究人员和投资专家审查准发行人的招股文件、财务披露、商业计划、发行条款、高管概况以及其他信息。平台通常会向发行人收取此项服务的费用，而发行人有时也向潜在投资者提供其出具的尽职调查报告。Crowd Check 就是其中的典型代表，该公司专门从事对众筹发行人和筹资项目的尽职调查。
- 对投资者的风险管理服务，又称投资保险。在某些网站上，当你决定投资一个公司时你还可以选择购买一份保险，当你的投资对象破产或者解散导致你遭受金钱损失时可以获得赔偿。你需要的所有信息（包括保险公司、保险范围、保险费和相应的好处）都已经被整合到股权众筹网站上（在网站上会有一个到保险公司网站的链接，这样你就可以一探究竟了）。你可以选择你想要的或者不想要的保险范围。更多相关内容请参阅本书第 11 章。
- 教育内容供应商。《众筹法案》要求中介机构向投资者提供投资私募证券的风险教育内容，并调查它们的注册投资者，以确定他们已经了解这些风险之后，才可以在网站上进行投资。这是历史上出台的第一个这样的命令，美国证券交易委员会尚未澄清这一教育系统将如何工作。

大多数股权众筹网站都有标准的外观。就像回报融资平台和私募融资平台一样，它们的主页通常会显示几个最受欢迎的和/或最新的融资项目。从那里开始，你要“向下深入”直到找到项目的完整清单。如果一个网站的清单总量超过几十个，根据它们所在的行业或部门、距离发行结束的剩余时间或者地域分布进行搜索会比较容易。另外，混合型平台还可以让你按众筹项目的类型——回报众筹、债券众筹、私募股权众筹（只针对合格投资者）、股权众筹（面向所有投资）进行搜索。特别当你是非合格投资者时，你就可以直接搜索股权众筹项目而不用沿途浏览一大堆私募股权项目。有些网站还允许你按最低投资额进行搜索，这样与上面的搜索条件相结合，你就可以按照如下的步骤搜索了——中西部地区的众筹项目，专注于医疗保健行业，具有较低的最小投资额。

在成为股权众筹网站的注册投资者之前，你需要填写个人信息，这时候非常重要的一点是，你应该验证该网站是否已在美国金融业监管局按照如下方式进行注册：

- 如前面提到的，经纪自营商应该在美国金融业监管局的券商资质验证页面显示为“已注册”（http://www.finra.org/Investors/ToolsCalculators/ BrokerCheck/）。
- 众筹门户网站应在美国证券交易委员会和美国金融业监管局登记注册。
- 该网站不应该出现在美国证券交易委员会的“非注册招揽实体”名单上，因为那些公司一直是投资者的投诉对象（http:// www.sec.gov/investor/oiepauselist.htm）。

在你注册成为一个投资者之前，查看一下网站在页脚（就是主页最下面的部分）、“关于我们”页面、联系方式页面，并记下运营该网站的公司全称和它的负责人。如果你找不到这些信息，这可能是一个危险信号。当你找到了这些信息，再在互联网搜索一下该网站的相关信息，找找媒体中的独立评价或赞许。另一种可以说明网站信誉度的方式是，你看到网站上至少有两个众筹项目已经拥有了巨大的“吸引力”（因为这意味着它们已达成其筹资目标或获得了大量投资者的承诺）。如果一个网站刚成立不久，则不能获得太多投资者的投资承诺，那就调查一下该网站主要负责人的背景，确保他们中至少有一人具有在证券或投资银行业工作的经验，同样也要在互联网上搜索一下，以确保他们的名声没有受到质疑。

全面型网站、专业型网站和集成型网站

在股权众筹的初期，我们预计会看到两种类型的网站：全面型网站，会列出全国各地、各行业的众筹项目；小众型的网站，仅仅专注于某一特定行业、特定地区或特定人群。

正如我们在第 8 章中将解释的，如果你是第一次投资于私募投资并希望最大限度地提高投资回报率，你可以通过以下方式管理（或尽量降低）你的风险：

- 投资一个以上的公司（若干年内可以增加到 10～15 个）以达到分散风险的目的。
- 投资你有相关工作知识的行业，这样你可以更好地判断发行人的商业计划、竞争优势并衡量其面临的风险。

从风险管理的角度来看，将研究范围缩小到几个适合你的专业型股权众筹网站和一两个列有你青睐的发行人的全面型网站，你可能会更舒服，投资回报也更高。还是从风险管理的角度来看，在以高科技项目为导向的门户网站上寻找投资机会似乎是很冒险的，因

为你如果不精通技术，在这方面的投资就是赌博而非聪明的投资。

我们从“在股权众筹的初期……”展开讨论，在之后的日子里，我们会发现一些专业的网站意识到在小众领域的生活是残酷的。在一个较小的市场中专注于一个狭窄的领域，加上客户不足，很难获得足够的收入。因此，第一个两年或三年之后，你可能会看到很多小众型网站会被全面型众筹网站收购或合并，其中一些会按照 Kickstarter 的策划页面那样被聚合成为一个“集成众多网站的网站”。[①]

除了全面型和专业型的股权众筹网站你可以直接投资之外，你还会发现一种目录型网站，这种网站为你提供一张投资门户和平台的全面清单，你可以按照行业或部门、众筹类型（回报众筹、捐赠众筹、私募众筹、股权众筹等）、位置、最低投资额、产品类型（优先股、有限责任公司成员份额、可转换债券）或其他标准进行搜索。有些目录网站还支持给众筹网站点评和分级的功能。它们会帮助你找到适合你投资目标的门户网站，但是别忘记，在你决定遵循它们的建议之前，还是应该调查这些目录网站和其负责人（以及评论者）的声誉。

你还会发现，有种网站会刊登关于在股权众筹网站募集资金的发行人的研究报告及评论文章。这些评论网站，如 Zacks Investment Research，可以根据发行人在网络上的公开信息、商业媒体中的报道或者个人专访内容发表评论。与股票分析师以及对各种产品和服务的评论一样，这些对众筹发行人的评论也非常主观，有时也会失之偏颇。我们将在第 10 章详细讨论关于独立研究资源的内容。

---

① https://www.kickstarter.com/discover/curated-pages.

股权众筹网站入门指导

要想熟悉股权众筹网站，最好的办法就是亲自去看。不用注册成为会员你也可以浏览网站的某些板块。从投资者的角度来看，在大多数的网站不用注册也可以看到如下信息：

- 当前众筹项目的清单。每个众筹项目还包括以下细节：公司名称和地址、行业分类；是股票还是可转换债券；以美元计价的筹资目标，截止时间，最小投资额，已承诺资本额，迄今取得的筹资达成率；公司业务简介、宣传片（通常在 10 分钟以内）和团队介绍（包括创始人、高管、合作伙伴、主要顾问）；公司自主商业计划、财务预测、发行条款和风险披露。[①]
- 众筹网站自身的相关信息。负责人、尽职调查的标准和/或发行人选择的程序、使用的条款和条件、隐私政策、投资过程如何进行以及网站如何获得收入。
- 《JOBS 法案》规定的教育内容。其中应包括股权众筹的基本原理、《众筹法案》的基本知识、私募投资的风险和收益分析以及其他与投资相关的原理知识。

论坛和问答板块只针对网站注册会员开放（通过这两种方式，投资者直接向发行人提问而发行人的答复所有参与者都可见）。类似于很多社交网站的方式，当你注册时系统会提示你填写一个个人资料。起初你可以依照你的意愿填写尽可能少或多的个人信息。最

---

① 以上信息请查阅 EDGAR 发布的公司 C 表（EDGAR，美国证券交易委员会上市公司档案可搜索数据库 https://www.sec.gov/edgar/searchedgar/companysearch.html）。

开始你可以只填基本信息（姓名和联系方式），当你使用该网站感到舒适时再添加更多的个人信息。

要知道，其他的注册投资者（也包括一些发行人）可能会查看你的个人资料，并可能在网上更彻底地搜索你的背景信息，甚至会打电话和你做一个简短的交谈，以判断他们是否可以相信你的观点。所以在个人资料中，你最终要填那些可以帮助别的投资者对你产生信赖感的信息（当然，这些信息必须是准确的），因为将来你们会合作进行尽职调查。在论坛一定要避免对发行人或其他投资者做出不公正的贬低，因为他们都不愿意与任何个人资料不完整、模糊可疑，或者在论坛上大骂、吹捧或不客观地抨击一家公司或其他投资者的人分享信息和观点。

使用条款和使用条件

当你在股权众筹门户或平台上注册时，你必须确认你已经阅读并接受了该网站的使用条款和条件。建议你点击“接受”之前，真的应该仔细阅读这些条款。因为接受这些条款和条件并完成注册，你和网站之间就构成了一项具有法律约束力的协议。下面精选了一些股权众筹网站常见的最重要的条款和条件：

- 你提交的注册信息必须准确、真实。大多数情况下（如果不是全部）《众筹法案》门户只允许用“真实姓名”注册。在任何情况下，你都不得使用令人反感的、低俗的或者淫秽的词语作为你的用户 ID。
- 你有责任为你的用户 ID 和密码保密。
- 投资于网站上的证券，你必须已经成年。
- 你在网站上的行为必须遵守关于税收、证券和合同的相关法律。

- 你在网站上、讨论区和论坛做出的关于重大事实的陈述，不得有误导或虚假。
- 你不得泄露另一名投资者的个人信息。
- 网站上的项目，对于你已获得访问权限的私密披露信息，你不得“进一步透露”或以其他方式进行传播。
- 你认可你的投资可能会或可能不会产生有利的结果。
- 你有责任对陈列在网站上的投资机会展开尽职调查和风险评估。如果你遭受损失，你不得要求发行人或中介机构承担责任（在这两方都不存在欺诈或疏忽的前提下）。
- 网站可以以任何理由在任何时间暂停或删除发行项目，并不对由此引发的损失或损害承担责任（对于这种项目，如果你已经将钱打入托管账户，会收到退款）。

投资者信息中心

一旦你在股权众筹网站上注册成功，你就可以进入你的账户，它有时看起来像一个“信息中心”，在这里你可以创建或修改个人资料、更改账户设置、对网站上你感兴趣的项目和活动进行归档维护。我们将向你展示几个基于 Early Shares 网站所述设计的假设案例。选择 Early Shares 是因为我们认为它表现出了高标准的专业性和规范性。[①] Early Shares 成立于 2012 年 4 月，它是美国第一批股权融资平台之一（虽然当时它还没有发行众筹产品的功能）。这个平台最开始发行的是禁止一般劝诱行为的私募投资［506（B）

---

① 图 7.1 和图 7.2，发行人名称和产品细节均系虚构。作者在私人、专业或经济利益上与 Early Shares 无任何关联；对 Early Shares 公司没有任何承诺。

Offering]，并在 2013 年 12 月将业务扩展到发行允许一般劝诱行为的私募投资［506（C）offering ］。首次发行成功的允许一般劝诱行为的私募是 Boatsetter 的融资项目：Boatsetter 为船主和租赁者提供类似于 Airbnb 的旅行短期租赁服务，它在约 6 个月的时间内从 24 位投资者那里成功募到 110.4 万美元（这笔钱被集中到一家叫 EarlyFund- Boatsetter LLC 的投资机构）。值得注意的是，Boatsetter 还为投资者提供租船折扣的实际回报(Early Shares 目前允许发行人将基于回报的众筹活动和股权众筹结合起来，但不列出单独的回报众筹)。Early Shares 首席执行官乔安娜 · 施瓦茨，之前是 Silver Hill Financial (银山金融，一家拥有 550 名员工、年贷款额在 10 亿美元的商业抵押贷款公司）创始人。

在 Early Shares 的信息中心，你会看到关于众筹项目的如下相关信息 (正如在前文讨论过的，这里假设美国证券交易委员会最终细则有利):

- 你感兴趣的进行中项目。当你发现一个想投资的项目，你可以勾选该项目页面上的一个选项来“关注”该项目的发行进展。在你的个人信息中心，有一个标题为“我关注的项目”(也称“关注列表”) 的板块会显示公司名称、项目描述和每一个你选中项目的最新信息(包括已筹到的承诺资本额和目标筹资金额（图 7.1)。对不同的类别有几十种发行项目的网站来说，这是一个实用的功能。你可以一边跟踪所关注项目发行的进展，一边决定是否要对其进行投资。
- 你已经承诺投资的项目。信息中心的这部分会显示你已经承诺投资的项目信息，以及将资金转到代管账户的操作步骤。当你完成付款后，在成交之前必须等待项目达到其目标筹资额。进度条也直观地显示距离项目成功还有多远

（图 7.2）。如果项目达不到其筹资目标，代管账户中的资金会退还给承诺的投资者。

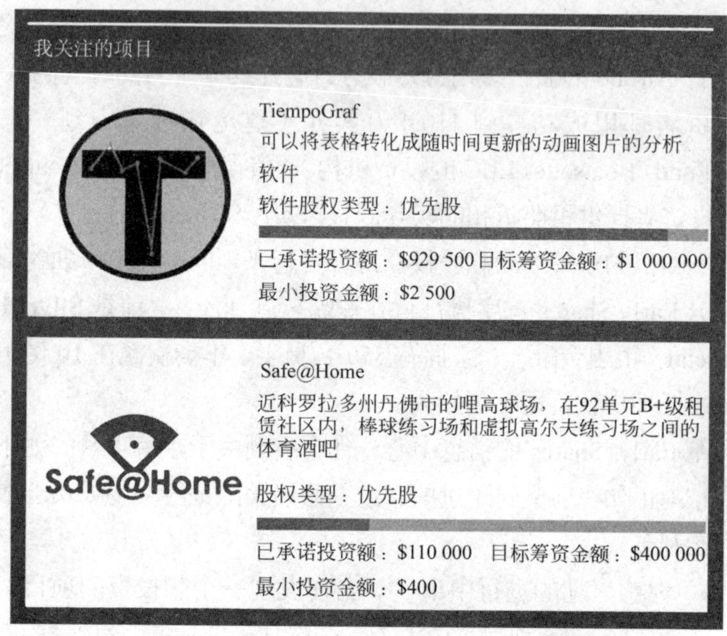

图 7.1　信息中心可以让你"关注"选定的投资项目

资料来源：Early Shares.com 授权使用

- 你所投资的已完成项目。当筹资项目达到其筹资目标，交易完成，托管资金会被释放给发行人，你终于成为一个股票投资者。信息中心保存了你在该网站所有的投资记录，在这里你还可以访问所有的交易单据、获得发行人筹集成功的后续通知并继续在论坛中参与讨论。
- 计算在过去 12 个月中你在该网站的投资金额。这个功能可以帮助你记录你的投入资本，根据你的年收入和资产净值，借助嵌入式计算器以确保你的投资金额（尤其是在这个网站上的投资金额）不会超过年度限制（每位投资者应记录他或她在一个或多个网站众筹证券的总投资金额，确保该金额符合个人投资者的年度限额，并为此承担最终责任）。

图 7.2　信息中心记录你承诺的投资

资料来源：Early Shares.com 授权使用

发行人申请

作为一名投资者，你应该熟悉发行人申请股权筹资网站的流程。对于大多数网站，注册会员都可以看到发行人的申请信息（如果发行人想在该网站发行他们的融资项目，他们必须完成申请的提交）。通过这些申请你可以了解中介机构的筛选过程。请参阅本章所列出的完整申请的示例。

在接受发行人申请之前，股权众筹网站必须对发行人团队进行背景检查（团队包括管理人员、董事、20%股权持有人以及其他的发行“参与者”）。如果其中任何一个团队成员是“坏蛋”此次发行都会被取消资格。发行人可剔除团队中“坏蛋”之后重新申请。

以 Early Shares 为例，背景调查被外包给 Crowd Check（一家尽职调查服务商）。Crowd Check 代表 Early Shares 还审查申请人的会议记录，以确认其董事会授权股份的发行；其公司章程（或有限责任公司的运营协议）已向国家备案；其资本构成表信息准确，没有影响性诉讼，知识产权已注册等关键性合规问题。发行人向 Crowd Check 直接支付此项费用。

在后面的章节中，我们将介绍股权众筹网站的更多功能，包括：①问答板块和论坛，在这里你可以与发行团队进行沟通，并与其他投资者合作开展尽职调查；②交易过程。

发行人申请内容揭示网站项目选择标准

在你投资股权众筹网站之前，看看发行人为了在网站上陈列自己的项目，必须填写的申请内容。该申请将揭示许多网站在筛选和选择项目过程所使用的标准。

有些股权众筹网站对不同行业的发行人有不同的申请表。例如，一位房地产开发商将填写某种表格，而一个技术型公司即使在同一网站也会填写另一份稍微不同的申请表。

以下是 Early Shares 公司私募平台，“成长型公司”类别的发行人必须提交的申请信息摘要。*

- 行业（从列表中选择）。
- 公司名称、地址、网站网址、社交媒体。
- 公司简介。
- 经营年限。
- 发行的法律基础。
- 以美元计的筹资目标（也称“集资”）。

- 股东已经投资的资本金额。
- 先前向朋友、家人、天使投资人和/或风险投资公司的几轮融资已实现的资本金额。
- 当前向种子基金、天使基金、A 级、B 级、C 级或更高级基金正在申请的融资项目。
- 当前正在申请的部分融资的使用承诺。
- 公司或项目的状态（预原型阶段或仅有概念、原型阶段、还没有实现收入、实现收入但未盈利、实现收入并盈利）。
- 团队人数。
- 是否已完成团队成员的背景调查？根据美国证券交易委员会和美国金融业监管局的规定是否有人需要被取消资格？
- 项目名称。
- 联系人信息（包括姓名、电话号码、电子邮件、通信地址）。
- 预计筹资完成日期。
- 经营理念/公司使命。
- 募集资金的计划用途。
- 竞争对手及竞争优势。

除了填写如上信息，申请人还必须上传包含以下信息的文件：

- 商业计划书。
- 历史和预测的财务数据。
- 管理团队的配置。
- 发行条款和披露信息（如果目前处于融资中期）。
- 认购文件。

不能仅仅因为网站的申请需要如此多的信息，就说这个网站的工作人员会最明智地使用申请信息、选择最好的产品。检查工作人员的简历，以确保他们受过相关教育，有经验筛选出潜在的欺诈和不良行为。如果看不到他们的简历，你就不能确定他们的筛选和选择过程是否明智。

注意，一旦发行上市成功，申请内容将仅仅是最终向股权众筹网站投资者公开的一部分信息。

*截至 2014 年 6 月，随时可能更改。Early Shares.com 公司授权总结。

第 8 章

如何投资第一部分：投资组合策略
——构建股权众筹投资组合的短期策略

天使投资人（angel investors）投资高风险的初创企业和处于早期阶段的企业有着各自不同的动机。这些动机可能是基于财务考量（追求投资组合多样性和高回报）、个人偏好（支持某种特定类型的创业者）或社会公共利益（促进社区发展、可再生能源开发等），也可能是为了表达对某品牌的忠诚度、推动创新或其他原因。

本章将主要针对那些在财务方面有很大动力的投资者，以及那些想要了解如何聪明地分散投资、最大限度获取投资回报的人。

着眼于投资回报（ROI）并不意味着完全不理会投资者的个人动机和社会动机。但是成功的天使投资人提醒：在开始投资之前你应该明确你的主要投资动机是什么。如果你的主要动机是基于个人偏好或社会公共利益，那就寻求可以最大化无形回报的项目，而不要指望你的股权众筹投资在财务方面可以获得多大收益（如果真有的话，也不失为一种惊喜）。相反，如果你非常想要实现出色的投资回报，那么你的个人动机和社会动机就需要往后放一放。

成为一个经济上成功的天使投资人需要有扎实的知识基础，相关的基础知识我们将在接下来的章节中进行讨论。因为投资于股权众筹是有风险的、不流动的，如果你的动机主要集中在财务方面，我们建议只有当你学习了这些基础知识并可以灵活运用时，你再开始从事这方面的投资。

私募投资的风险、回报

在本章，我们将首先讨论应该如何使股权众筹投资与你的整体投资组合相匹配。然后我们将指导你如何制定预算：每年你应该分配多少钱给这个新的资产类别？我们还将帮助你对未来几年的收益（在此期间，你的股权价值将可能增高或降低，也许一飞冲天，也许一泻千里）设定合理预期。

所有的证券投资都涉及风险。通常认为美国国债（U.S Treasury bond）是风险最低的投资对象，因为它由美国联邦政府背书，而联邦政府极少（或从不，这取决于你对“违约”如何定义）拖欠债务。这并不是说它永远不会违约，而只是在当今世界，这种风险发生的概率低于几乎任何其他证券。相比之下，投资于上市公共证券（不论是公司债券还是股票，即债权或股权）一般比投资政府证券风险更高。而对私募投资的投资一般被认为是所有投资对象中风险最高的。也就是说，一家非上市公司比上市公司发生拖欠债务或抛弃投资者（那时他们手中的股票已经毫无价值）行为的概率更高。

你获得目标投资公司的信息越多，就越能够更好地评估和监测其证券的风险程度。

另一个风险因素是，相对于大公司来说，小企业更易受到自然灾害、创始人或首席执行官（CEO）的突然死亡或残疾带来的冲击。规模较大的公司几乎与这些微观经济和宏观经济的冲击绝缘，因为它们有更分散的办公地点、更深层次的管理构架以及更广泛的产品和服务内容，当该公司的供给和需求发生中断时，上述因素都可以为公司提供缓冲。

为什么称有些人是以获得财务回报为主要动机的投资者呢？

因为他们本可以投资于那些容易的、流行性更高的低风险证券，却最终选择投资高风险证券。而承担这些额外风险让这些投资者有机会获得相应更高的回报。

当你将钱存放在联邦存款保险公司会员银行（FDIC-member Bank）的储蓄账户时，你只能获得非常低的利息。那你为什么还要这么做呢？因为存在那里你的钱是安全的（投保额高达$250 000）而且流动性极高（你几乎可以在任何时间随意支取这些钱）。你牺牲了部分交易回报，以换取投资的安全性和流动性。随着你的投资工具在风险阶梯上不断上移——政府债券、上市股票、私募投资——你承担了更大的风险，最终目的是获得更高的收益。

当银行贷款给借款人，如果借款人的信用评分较低，相对于高信用评分的借款人，银行设置的贷款利率会更高。如果一个借款人有较大的违约可能性，贷款人应该为冒险支持该借款人得到相应的高回报。同理，当你投入资金给初创企业，作为帮助创业者冒险一试的奖励，你也应该期待有机会获取比投资上市股票高得多的收益。

我们可以归纳说所有投资都涉及风险。小型企业、私营企业发行的证券通常比大型企业、上市公司发行的证券风险更高。在一个小型企业投资 x 美元，你应该期望有机会赚取比在公开股票市场同样投资 x 美元更大的回报。因为小型企业的风险非常大，除非可能的回报也非常大，不然你应该好好犹豫一下到底要不要投钱。私募投资的发行人必须愿意通过以下方式慷慨地回报他们的投资者，以感谢投资者为其所承担的风险：第一，提供充足的股权比例；第二，努力工作使企业成功。

因此，投资者承担风险的首要原则是：高风险高回报。或者更准确的表达应该是：高风险有机会赚取更高回报。

风险和分散风险

关于风险的第二个原则是：不能单独判断私募股权企业的投资风险。评估一项投资或某个特定类别投资（在本书中，指初创企业和处于早期阶段的企业）的风险程度，应该考虑它对你整个投资组合的总风险有什么样的影响。

通过增加投资组合的多样性，如果配置得当，私募股权投资（如果单独评估，它在本书中属于高风险资产）有可能降低整个投资组合的总体风险。

多样化（diversification）就是不要把所有的鸡蛋放在一个篮子里。下面的例子将有助于你理解多样化在投资领域的具体含义。比方说，你有一个401(K)退休基金，你将你的退休积蓄全部购买了你所效力公司的股票。这当然是你对公司忠诚度的一种表现，而且你可以放心，你从早上9:00到下午5:00（或任何其他工作时间）的努力工作都可以帮助你的公司赚取利润，同时也在提高你退休金的价值。这似乎是一个非常增效的投资模式——你为公司努力工作，公司回报给你薪资和投资组合的价值增长。但是这里存在一个风险：你的退休投资组合不是多样化的。如果你的公司遭受了挫折并且股票价格直线下降，你的整个投资组合都会受到影响。在最坏的情况下，如果你的公司倒闭，你的投资组合崩溃，而你此时也失去了工作，这将是彻底的灾难。当安然公司在2001年12月宣布破产时，这种假设切实发生在一些安然员工的身上，受此影响的还有许多其他公司的员工，因为多年来他们都没有多样化他们的养老金计划［401(K) Plan］。

在1999年和2000年，投资安然似乎是一个聪明的选择。但对没有实行多样化的安然投资者来说，把所有的鸡蛋都放在那个篮子最终导致了一场金融灾难。①

正因如此，投资的首要原则就是：投资组合多样化。

多样化是指投资在不同的资产类别（股票、债券、共同基金、货币市场基金、房地产等）、不同的经济行业（能源、公用事业、医疗卫生、制造、零售、自然资源、传媒、服务、科技等），在美国和国际两个市场中实现资产配置。即使是在债券市场，你也可以通过在企业债券、市政债券和各种提供相称收益的额定债券之间进行资金分配来实现多样化。多样化提供一种保障：如果一个经济行业发生了问题，你的整个投资组合不会变成一场灾难。以 1999 年为例，如果你当时大量投资于科技股，那么互联网的泡沫将使你的资产在一夜之间化为乌有；而大量投资房地产项目所引发的 2008 年经济衰退也将使你的财务业绩倒退几十年。

另类投资

除了之前提到的资产类别外，合格投资者（accredited investors）都有投资于另类资产类别的特权和手段，可以进一步分散其风险。另类投资包括：私募股权投资、风险投资、天使投资、对冲基金和有形资产基金（主要投资于农田、机械设备、自然资源等）。

另类资产（alternative assets）为投资者提供一种被称作“不相关”的特殊多样化方式。另类资产的价值通常不会跟随整体市场的波动而上下起伏。当国家总体经济形势不景气，大多数类别的主流

---

① 安然公司破产结果：公司员工退休基金损失 12 亿美元，退休人员养老基金损失 20 亿美元。同年，安然高管却领取了总额为 5 500 万美元的奖金，套现股票价值 1.16 亿美元。

资产都会停止增值或贬值，不相关另类资产的价值变动趋势却不跟随主流，而是保持自己的势头或在宏观压力下独立地变化。

例如，对某些类型对冲基金的定位，就是即使在大多数股票和债券失去价值的时候，也能赚取正向的收益。通过对冲卖空、买空权益头寸，这些对冲基金可以在下跌的市场（和在上涨的市场一样）赚到钱。2013 年，当公开市场股票指数飙升（标普 500 指数上涨约 16%），对冲基金公布的收益却黯然失色（仅上涨约 7%）。但在 2000—2002 年的短暂衰退期，标准普尔指数的年化收益率下跌了 17%，对冲资金依然获得了 7%的正收益。而在 2008 年，金融危机最严重的时候，标准普尔 500 指数下跌高达 38%，而对冲基金只下跌了 19%。[①]因此，对冲基金表现出与一般市场缺乏相关性，可以有效地分散投资组合的风险。

多头和空头

如果你认为 XYZ 公司的股票价格会上涨，你可以购买一些 XYZ 公司的股票来实施你的观点。今天你买了 XYZ 公司的股票，如果未来股票价格上涨，你就可以将这些股票卖出实现资本收益。当然，将来它的股价也有可能下降，而这就是你冒的风险。

当你认为 ABC 公司的股价会跌，你将如何操作呢？如果你手中已经拥有 ABC 公司的股份，那么你就可以将它们卖掉。如果你卖掉了股票，而且这些股票的价格也如你所料的下跌，那么你就成功避免了损失。但是，如果你手中现在没有 ABC 公司的股票，怎么办呢？ 如果你坚信 ABC 公司的股票将下跌，但你不拥有任何 ABC 股份，那么你就可以卖出 ABC 股票的空头。

---

① Preqin（另类资产数据供应商）和全球对冲基金指数（HFRX）。

卖空一只股票，你需要先从股票经纪人那里借出该股票，然后再将这些股票卖掉。比方说，你以每股 12 美元的价格卖出 100 股（你卖掉股票的全部的收入是 1 200 美元）。三个月后，该股票价格跌到每股 5 美元，你认为这是一个好时机，所以买了 100 股（花费你 500 美元）并将这 100 股还给了当初借股票给你的那个经纪人。你的卖空是成功的：因为你赚了 1 200 美元，而只花费了 500 美元，共赚取差价 700 美元（未扣除经纪费）。

当你卖空，或做空头交易，你预测股价会下跌。当你买空，或做多头交易，你预测股价会上涨。

如果你卖空了股票，但是该股票价格不断上涨，会怎么样呢？在某个时点，为了避免更大的损失，你必须以更高的价格买回同样数量的股票，并将它们还给你的经纪人，然后再自己舔舐内心的伤口。

不相称的风险

卖空本身就比买空的风险更高，这就是为什么与专业投资者相比，鲜有个人投资者从事卖空操作。为什么卖空的风险更大呢？

当你购买 XYZ 股票的多头，最坏的情况就是 XYZ 的股价跌至零，你失去全部投资。但股价上行空间是无限的：价格可以是原来的两倍、三倍或无限上升（理论上）（表 8.1）。

表 8.1　买空和卖空对比

	多头交易（买空）	空头交易（卖空）
预测股价运行方向	股价上升	股价下跌
头寸价值上行空间	无限（随股价上升而增加）	有限（股价降至 0 美元时最大）
头寸价值下行空间	有限（股价降至 0 美元时最大）	无限（随股价上升而增加）
成本	经纪费	经纪费+贷款利息

记住，卖空就是预测股价将会下跌。当你卖出 ABC 股票的空头，最好的情况是股价下跌至零（它不可能再往下跌了）。但是头寸价值的下行空间却是无限的，因为股价可以无限上升。在这种情况下，最终你必须花一大笔钱才能向经纪人归还股票。不仅如此，当你借出股票的时候，你通常还要向经纪人支付利息或费用。此外，一旦股价上升显著，你的经纪人很可能开始要求你补充保证金（你的卖价与当前价格之间的差额）；这就是我们通常所说的追加保证金（margin call）。

卖空是一种策略，需要考虑所有的因素，即使是经验老到的投资者也会谨慎使用。例如，一些对冲基金和机构投资者，通过实行多头和空头的反向操作来管理风险，尤其是在经济波动比较大的行业。今天波动性较大的行业包括：信息技术、可再生能源和小盘股（指市值少于 10 亿美元的公司）。*

这里的经验是：使用多种另类资产可以实现投资组合多样化，但对大多数投资者来说卖空并不是必要的。事实上，在股权众筹领域也不可能对众筹证券进行卖空操作。

*波动性最小的行业包括政府管制的公用事业和消费必需品（人们每天都在使用的产品，如食物和衣服）行业。

同样，风险投资也缺乏与上市股票的相关性。晨星公司的研究人员在 2002 年说，“风险投资（VC）和上市股票之间的相关系数估计为 0.04％”，即基本上为零。[①]与对冲基金的不相关基础不同，风险投资基金并不采取多头、空头的反向操作。只是因为与公开发行

---

① 陈鹏，加里 · T. 拜尔，保罗 · D. 卡普兰. 风险投资及其在战略性资产配置中的作用[J]，投资组合管理，2002（4）：83-89.

的股票价值不同，由风险投资支持的初创企业和早期阶段企业的每股价值，并不受宏观经济力量的影响而上下波动。

我们无法找到天使资本和公开证券之间的相关性测量的研究资料。但是因为天使资本和风险投资在投资阶段、交易结构中的相似性，它们的不相关特点也应该是相似的（假设天使投资组合已经实现充分多样化）。换句话说，天使投资人可能有与风险投资基金和对冲基金一样有类似的经验：在衰退时期它们的投资表现比整体市场更好，当全线都处于黑暗之中时，它们也可以获得合理甚至是非常好的收益。

2014 年之前有一个实际问题，那就是只有合格投资者才能投资大多数另类资产类别。多亏了《初创企业推动法案》，现在非合格投资者也可以通过股权众筹的方式，利用一个另类资产类别——天使投资，进行风险分散。因此，现在每个人都可以进行非相关资产类别的多样化投资。

资产配置

制定多样化投资组合的第一步，是确定你有多少资金可以被分配到不同的投资类别。

一些家族理财办公室（非常富裕大家庭的投资机构）和机构投资者（如大学捐赠基金），都会聘请专业的投资团队为其打理资产，并将他们资金的 20%投资于另类资产。这显然并不适合个人投资者。尽管另类资产一般提供了潜在的显著上涨空间（在某些情况下，可以获得壮观的回报），但也存在巨大的下跌风险（在一些情况下，甚至是灾难性损失）。一个家族理财办公室如果失去其资产的 20%，其成员家庭仍然可以过着富裕的生活，只不过会有些不满而已。但如果这成为泡影的20%是你自己的投资组合，特别是如果你的退休金或孩子的大学学费在这过程中遭受损失，那带来的疼痛很可能会更大。

投资顾问几乎普遍地建议中等净资产的客户，在他们的投资组合中（不包括自住房），投资于另类资产的比例不要超过 10%（少数人可以到 15%）。如果你不是百万富翁，“另类投资”对你而言实质上是指股权众筹。

例如，以资产增值为目标、收入稳定并具有一定的风险承受能力的投资者，他或她的资产组合中，65%可以投资于公开发行的股票和股票型基金，25%投资于诸如债券和货币市场基金的固定收益证券，剩下 10%则分配给另类投资产品。但是，关注于财富保值的退休投资者（风险承受能力较弱）可能会分配 55%给固定收益，40%给股票和共同基金，留 5%给另类资产用于资产组合的多样化。每个人的风险承受能力和资产配置策略是不同的；你的风险承受能力和资产配置策略需要综合考虑如下因素：你的家庭收入和支出额、资产净值、年龄、短期流动性需求、长期的房地产规划考量以及其他。在资产配置这个领域，专业的理财规划师、房地产律师和/或熟悉你现状和投资目标的会计师给出的建议，会对你非常有帮助。

除了将可投资金在不同资产类别之间进行战略性分配，你也应该在每种资产类别中实现战略性的多样化布局。如果你的另类投资完全由股权众筹项目组成，那么你应该考虑在项目进行的几年中，继续投资一些此类的项目。某些合格天使投资人把目标定在每年至少做 5 个天使投资，以保证在任何给定的时点他们的资产组合中都保持有 20～25 个项目。因为其中一些投资项目会彻底失败，也许一个或更多的投资项目可以成功退出，那些天使投资人需要每年不断地投资新项目以补充他们的项目库存，除非有一天他们整体投资组合配置策略发生了改变。经验已经表明，这种频率的投资行为可以产生高额的回报，但它确实需要一个长期的承诺，天使投资可能会持续数年之久，在大多数情况下，时间可能会更长。

非合格投资者没有必要也将 20 个投资项目设定为目标。对绝大多数投资者来说，经过 3～5 年的积累，投资了十几个股权众筹项目，就已经构成一个完整的、合理的天使投资组合。

关于如何“全方位”地多样化你的天使投资组合，目前存在两种不同的流派。“全方位”意味着投资于各种行业、不同地域和不同发展阶段的公司（如初创型企业、处于早期阶段的企业和已经实现增长的公司）。有些天使投资人为了实现多样化，愿意尝试各种各样的方法。而另一些投资人认为，应该将你的天使投资资产组合集中于你看得懂的行业，投资于那些进行尽职调查和投资监控而不会产生离谱差旅费的地区。在股权众筹的世界，大多数尽职调查和项目监控都是在网上完成的，所以差旅费可能不是一个问题。但是我们都认可，了解发行人所在的行业，在你选择和投资股权众筹项目时会是一个优势，而你需要所有你能获得的类似优势。通过进行天使投资你已经实现了广泛的资产组合多样化，这样你就不需要为实现资产组合多样化而承担比适度更多的风险。大卫·S. 罗斯在他的著作《天使投资：初创企业投资赚钱、玩乐阵风指南》中很好地阐述了这种方法。

但是，罗斯警告，如果你投资于某个特殊行业的两个或更多的小公司，应该避免投资于直接的竞争对手。你不希望一家公司使用你投资的钱去打击你在另一家公司的利益。此外，你必须“在信息使用方面极其谨慎：不能将两个‘竞争对手’的机密信息泄露给对方，或利用掌握的其中一方的优势信息以任何方式建议或指导另一方”。[①]

每个图书馆都有一排排的书架，放满了为美国普通民众介绍多样化和资产配置概念的书籍。然而 2015 年之前出版的图书，都不会为每一个美国人考虑到这个另类投资新品类——股权众筹的可用性。

准备金

正如我们在第 3 章解释过的，你每年可以投资于股权众筹项目（不论是在一个门户网站还是在多个门户网站）的货币总量是有限的，金额的大小取决于你的年收入和资产净值（详情见下文）。

股权众筹年度投资额限制

在这里我们回顾一下在第 3 章中第一次提到的相关信息——如何计算可以在 12 个月内投资于股权众筹项目的最高资金额。

- 个人年收入和净资产不大于 4 万美元的投资者，每年的股权众筹投资限额是 2 000 美元。
- 个人年收入或净资产大于 4 万美元，小于 10 万美元的投资者，每年可将其个人年收入或净资产（以较高者为准）的 5%投资于股权众筹项目（金额范围为每年 2 000～5 000 美元）。
- 个人年收入或净资产在 10 万美元及以上的投资者，每年可

① 大卫 · S. 罗斯. 天使投资：初创企业投资赚钱、玩乐阵风指南[M]. 纽约：约翰威立国际出版公司，2014：137-138。罗斯的这本书主要是针对合格投资者，但我们认为他的方法适用于所有投资者。

将其个人年收入或净资产（以较高者为准）的 10%投资于股权众筹项目，但每年总金额不得超过 10 万美元。

当在筹资门户展示其众筹产品时，发行人会设定一个最低投资额（门户也可以在整个平台设置一个绝对最低投资额）。你可以按最低投资额投入，也可以比最低投资额投入更多的钱，这取决于你对该公司发展前景的兴奋程度。估值较低的小型发行人，可能会接受低至 100 美元的最低投资额，而一些更成熟公司的最低投资额会设定为 1 000 美元或更高。

根据你的资产配置策略，假设在未来几年你都会进行天使投资，你应该计算今年有多少钱可以投入股权众筹项目中，在接下来的几年中大约每年又可以投资多少钱。这不是博士级别的金融概念，但这个必要的预算编制过程很容易被忽略。如果你已经决定要成为一个训练有素的投资者，那么这一过程必不可少。

推测在最初的一两年（或在最开始的几个项目），你投入的金额会非常小，此时你正在学习如何成为一个聪明的天使投资人。随着你在评估项目和判断投资适当性方面变得更加熟练，你可能会决定增加投入的资金。

请记住，今年你投资的一个或多个公司，在未来的几年里为了扩大公司规模可能需要新一轮的股权融资。快速成长型企业进行多轮股权融资是很常见的，多轮融资通常按顺序依次命名为：种子轮融资、A 轮融资、B 轮融资，等等。如果你看好所投的公司，并希望继续支持它的发展，尤其是如果你想避免股权比例被稀释，你应该为后续轮的融资保留一些现金。这些保留的现金在天使、风投圈中被称作“准备金”（dry powder）。大卫 · 罗斯指出，发行人通常会为投资者参加后续轮融资提供奖励，经验老到的天使投资人通常保留其原始投资的50%作为后续投资储备[①]（我们将在第11章进一步讨论稀释和后续奖励的内容）。

构建股权众筹投资组合的七个步骤

构建股权众筹投资组合从制订3~5年的计划开始。之后你可能会时不时地进行调整和修改，因而你不会觉得在第一次草拟计划时就被卡住了。

（1）确定分配到另类投资的金额。在大多数情况下，将一个家庭总投资组合中的5%～10%分配给另类投资（包括股权众筹）是比较合适的。*

比方说，今天你的投资组合总价值为 P 美元，而你计划分配投资组合的 A%用于股权众筹项目。那么你用于投资股权众筹的金额为\$ $PA \div 100$。

（2）制订一个长期计划。大多数人都会在3～5年内完成他们的众筹投资。在这一过程中，耐心和选择是很重要的——等待最有可能产生高投资回报率和/或社会影响力的项目。

比方说，你打算在 Y 年之内建立起自己的股权众筹投资组合。

（3）制定第一年的预算。为了规划方便，我们推测在你的投资组合建立之前，你每年在股权众筹项目上投入的资金大致相等。实际的年度投资额可以根据申请融资项目流的质量和其他变量进行调整（你还需要确保年度投资额落在《众筹法案》规定的限定范围内。具体内容请参阅前面的“股权众筹年度投资额限制”）。

第一年你的投资额约为\$ $PA \div 100Y$，其中：

---

① 大卫·S. 罗斯. 天使投资：初创企业投资赚钱、玩乐阵风指南[M]. 纽约：约翰威立国际出版公司，2014：45，95.

P =你的投资组合在今天的总价值（以美元计）;

A =你的投资组合中股权众筹项目所占的百分比;

Y =你构建股权众筹投资组合所需要的时间（以年计）。

（4）确定你真正的投资动机。你（和你的家人）可能只希望关注于投资回报率（ROI），或者你可能会对投资产生的社会影响更感兴趣。非常重要的一点是你必须清楚自己投资的动机是什么，不要对任何特定的投资都试图在投资回报率和社会影响两方面实现最大化。你的投资组合可以对投资回报率和社会影响都有要求，但每个单独的投资只能以最高的投资回报率或最大的社会影响为目标。

（5）以投资 10～15 个股权众筹项目为构建投资组合的目标——对于一个纯粹的社会影响力投资者而言，这个数量可能会少些。如果你打算在 3～5 年内完成这项工作，那么平均每年你需要投资 2～5 个项目。别忘记，为了参与第一年之后的后续轮融资，你可能还需要保留一定的现金（“准备金”）。也就是说，对于你在早一轮已经投资过的公司，在随后的几轮融资中继续进行投资。

（6）多样化你的股权众筹投资组合。即使你在股权众筹项目中的投资展示了你整体投资组合的多样性，在股权众筹组合内部进行风险分散依然是个好主意。这听起来有点多余，但是别忘记（在第 6 章，我们提到过）成功的天使投资人通过实施这种双重层面的多样化，实现了良好的投资回报率。多样化意味着投资于各种行业、多个区域和/或不同发展阶段的公司。有些天使投资人认为你应该专注于所了解的和有专业知识的行业，仅在不同区域和公司发展阶段方面进行多样化选择。

（7）实施、检查、计算数字，每 6 个月（理想情况下）或至少每年调整一次计划。在 5～7 年的过程中，你所投资的众筹项目会发生很多可能：有的倒闭、投资彻底失败，有的成功退出（希望这时你获利不菲），还有的仍然不能进行交易。如果你对这种类型的资产投资还比较适应，你可以不断用新的众筹投资代替那些已经失败或成功退出的项目。如果你的众筹投资组合取得了非常丰厚的回报（例如，击败了你整个投资组合的回报率或大盘市场指数），可以考虑增加此类资产的资金分配，但在总投资组合中的占比最高不要超过 15%。如果你对此类投资的收益不满意，可以考虑降低其资金分配或结束投资。

*理财规划师通常建议你在储蓄账户或其他流动性充足的账户预留支持 6 个月消费的资金以备不时之需。如果你没有这么做，那么你应该从投资组合总价值中减去相应金额之后，再计算要分配给另类资产的 5%～10%是多少。

下决定之前

一旦你确定了在未来 12 个月内有多少钱可以分配给股权众筹项目，你就可以访问一个或多个门户网站，寻找合适的投资机会了。在开始之前，有两点需要提醒你注意。

首先，不要觉得在第一年就必须把当年计划投资的钱全花掉。这不是一个不用就作废的命题。要有耐心，等待你认可和放心的投资机会——你会被它们套牢至少 1 年，通常情况下时间会更久，因为它们是相对流动性较差的证券。记住一点，随着这种新兴的股权众筹行业在企业家与券商之间的接受度增加，在未来 5 年左右的时间里，申请融资的项目流量以及项目的质量都会提高。

其次，在你下定决心做出投资承诺之前，还需要确定在接下来的若干年中，你对所投资的项目有切合实际的预期。有四个主要方面值得关注：投资回报、流动性、聘用影响和退出机制。

投资回报

如第 6 章所示，天使投资社团的成员享受每年约 25%的平均收益，有些天使投资人获得的回报高达 50%，这些最高的回报率集中在科技领域。他们之所以能获得如此可观的投资回报率，是因为他们切入的是高品质的融资项目，进行了一丝不苟的尽职调查，并在数年时间内进行了至少十几个投资以分散他们投资组合的风险。

在股权众筹最初的 1～2 年，你不可能指望有如此高品质的投资项目流量。事实上，目前尚不能确定，股权众筹是否曾吸引像天使投资社团那样相同品质的投资项目。随着股权众筹行业在发行人与券商之间的接受度增加，高品质的发行人可能会更多地倾向于转向股权众筹，因为依靠它的高效率，发行人可以吸引大批投资者。我们预测，政府在几年内将修订相关法律（提高对发行和投资两方面的限额，降低发行的合规成本），这将吸引更高评级的股权发行和更多增长阶段的公司加入其中。

通过参与股权众筹，你了解了天使投资的来龙去脉，因而会变得更加成功。同时，你还有机会获得不小的回报，但不要指望最初几年的回报会和那些经验丰富的天使投资人一样多。

别忘记对创业企业和天使投资来说，还有一个残酷的不利因素。哈佛商学院施克哈尔・高希的研究表明（已在第 5 章中提及），30%～40%的初创企业以清算告终，它们给投资者造成全方位的损失。[①]其中破产率最高的行业是信息技术和零售；破产率最低的是

---

① 卡门・诺贝尔. 公司为什么失败？他们的创始人应该如何重来[EB/OL]. 哈佛商学院《实用知识》，2011-3-7. http://hbswk.hbs.edu/pdf/item/6591.pdf.

房地产、医疗保健和农业。[①]

最聪明的天使投资人是不是就可以始终成功预测哪些初创企业将成为赢家呢？当然不。参考柏尚投资（Bessemer Venture Partners，美国最古老的风险投资基金之一）的经验。柏尚曾经在史泰博（Staples）、领英（LinkedIn）和Skype的初创阶段对其进行了投资，但是它也放弃了对苹果（Apple）、易贝（eBay），联邦快递（FedEx）、谷歌（Google）、英特尔（Intel）、财捷（Intuit）、贝宝（PayPal）、康柏（Compaq）和StrataCom（该公司后来被思科收购）进行投资的机会。不要期望你会产生第六感，能预测这个初创企业会成功，那个初创企业会失败！在可能的情况下，按照你自己的创业经验和财务知识进行判断，同时分析他人给你的各种建议（和其他来源的信息和见解），在股权众筹投资领域形成更开阔的视野。

如果你投资初创企业主要是基于社会或意识形态的原因，请记住大卫·罗斯说过，同一投资中“在经济回报和社会影响两方面同时获得最大化收益几乎是不可能的”。[②] 如果你专注于投资的社会影响力，就不要期望投资回报率有多高，反之亦然。你可能纯粹为了社会动机投资一些项目，也可能纯粹为了投资回报率而投资另一些。

流动性

当你购买一个公开发行的股票，你投资的流动性相对较强。当

① 统计大脑研究机构（Statistic Brain），2014年1月1日（援引自《企业家周刊》，布拉德利大学小企业发展中心和田纳西大学的研究），www.statisticbrain. com/startup-failure-by-industry/。

② 大卫·S. 罗斯. 天使投资：初创企业投资赚钱、玩乐阵风指南[M]. 纽约：约翰威立国际出版公司，2014：190.

你急需现金，在购买股票后的一星期你就可以卖出股票，而且你可以很容易地在适当的证券交易所找到买家。除了在最坏的经济环境下，你在许多市场都可以购买房地产，然后再在几个月内倒手卖出，这种操作就不像买卖公开发行的股票那样流动性高。所有的资产种类（具有价值的有形财产或无形财产）在必要的时候都可以被清算，只不过清算并不总是立即发生。然而对股权众筹来说，大多数情况下，你的投资必须持有一年，使它的流动性相对不足。甚至在持有一年之后，股权众筹证券也不像公开发行的股票，很难找到合适的买家，因为私募投资的二级市场还不完善。找到买主是第一个挑战。第二个挑战是如何为你的证券谈一个好的价格。买方和卖方对小型初创企业的估值很难达成一致，而不像对一家上市公司估值那么容易，因为它的股价只需要看看每天的财务报表就行了（我们将在第 14 章讨论更多关于二级市场的内容）。

当你通过股权众筹投资了一个成长型企业，你的长期目标应该是持有这些股票，直到有流动性事件或退出机会（见后文“退出机制”一节）发生为止。除了极少数例外，这些退出机会通常不会在最初几年发生。天使投资协会发现，其成员（仅限于合格投资者）中平均的“正退出”（positive exit）时间是将近 9 年。①有经验的天使投资人和学术研究人员估计，从购买到可以交易的典型持有时间从 3 年到 10 年不等，取决于发行人公司所在的行业和投资时该公司所处的发展阶段。

聘用影响

在传统的天使投资世界，早期投资者（通常在初创企业购买价

---

① 大卫 · S. 罗斯. 天使投资：初创企业投资赚钱、玩乐阵风指南[M]. 纽约：约翰威立国际出版公司，2014：104.

值几万或几十万美元股权的那些人）可能希望通过提供专业知识和介绍行业人脉帮助公司创始人，并在这个过程中保护他们的投资。这些人被称为战略投资者（strategic investors）或“聪明的钱”（smart money）。其中投资额最大的投资人可能会期望获得公司董事会的一个席位，或被聘请为企业顾问，甚至担任初创企业的执行总经理。有些天使投资人实际上就是想买一份工作（这种情况并不少见）。

在新的股权众筹世界里，你只是投资于初创企业的几百个中小投资者（股权价值共计数百或者小几千美元）之一。你不能指望像传统天使投资人经常做的那样，以同样的方式参与公司管理。你可以礼貌地提出你的管理经验和想法，但没人保证发行人会向他们的股权众筹投资人寻求这种帮助。推广方面会是一个例外：筹资公司可能（在某些情况下，而且应该）请求你成为其产品或服务的一个无薪“品牌推广员”，并给你提供材料和操作步骤的说明。通过这种方式参与公司管理，可以保护你的投资。

如果你通过正常渠道向该初创企业申请工作，因为你是他们的投资者，你可能会得到特别的考虑，但不要指望太多。因为创始人现在（或者应该）的关注点是赚钱高于一切，如果雇用你不会有利于他们价值的提升，他们不会倾向给你提供任何便利。

退出机制

根据哈佛商学院施克哈尔·高希的研究，超过一半的创业公司将享受某种程度上的成功。这并不意味着它们会给投资者提供丰厚的回报。它们中有些公司会实现持续盈利，不再需要从风险资本家那里进行后续几轮的股权融资，而且由于许多原因（例如，它们对市场的渗透性不足）它们也不再会成为别人的收购目标。绝大多数公司永远都不会到长到足够大，进而可以上市的程度。因此，虽然你投资组合中的公司可以以股息的形式给你提供收入，但它实现盈利的事实，并不意味着你就可以出售股份或将其兑换成资本收益（以比你购买时更高的每股价格卖出）。如果你需要现金，则必须卖出股票，这个时候你可能不得不接受一个微小的（或不那么微小的）损失。或者，如果你真的喜欢作为一个所有者和/或坚信该公司的长远发展，你也许可以从其他想要套现的早期投资者那里买入股票。

如果你足够幸运，你的投资通常可以通过如下三种之一的退出形式，产生正收益。

- （在后续风险资本的新一轮融资事件时）公司回购股权。这一结果部分取决于你投资该公司时的条款——一些融资合同要求或允许发行人在他们接受未来风险投资之前，以特定的价格（或基于某种特定公式）回购股票，这一条款有利于早期投资者。发行人之所以回购股票，是因为风险投资往往希望自己投资组合公司的资本构成表，在他们投资之前已经被“清理干净”。

如果你的合同条款中没有涉及关于回购的规定，发行人会向你提供一个回购股票的报价，关于这个价格你必须再进行协商。因为在这种情况下，发行人通常会非常渴望风投的钱，因此更愿意给早期投资者一个好的价格。

当处在一个准备接受风险投资的位置，初创企业或处于早期阶段的企业必须表现出具备快速增长的潜力。一些风投可能把股权众筹活动的成功看作市场接受或概念被验证的标志，但大多数风险投资商则不会依赖众筹的尽职调查结果，他们会进行自己的全面尽职调查。

- 被竞争对手或更大的公司收购。正如我们在第 6 章提过的，根据斯科特 · A. 沙恩的研究，约 1%的天使投资最终以收购结束。在天使投资社团（其成员必须是合格投资者）中，该比例更高：The Band of Angels（我们在第 6 章中介绍过）的报告表明，其 19%的天使投资最后被收购。

促使一个业务成熟的公司直接买下一个初创企业（甚至它还没有实现盈利）的原因有很多：实现快速增长（例如，为了扩大其销售区域或生产线）、纵向整合（例如，制造商收购供应商或分销商）、横向一体化（例如，购买竞争对手以获得它的市场份额，又被称为整合，这种现象在今天的银行业和制药行业非常普遍）；获得访问专有研究的权限，取得专利或其他知识产权；引进才华横溢的创始人或一流的管理团队（也称人才并购，an acqui-hire）；抢先吞噬未来的竞争对手；等等。在少数情况下，收购也可能是由虚荣心引发的，在这类收购中，中端市场的高管喜欢吹嘘自己的并购（M&A）战利品。

在国家层面，收购交易有很大的不同，但对一个典型的民营企业收购而言，一般的购买价格在 3 000 万～5 000 万美元。①这表明，为了赚取丰厚的回报，早期投资者的目标应该是投资于估值在小几百万美元的初创企业（假设 10 个投资中只有几个能成功退出）。

然而在地区层面，则是小额美元并购的另一个世界，在这里股权众筹投资的退出更容易发生。但不排除你最看好的公司也存在高知名度、大额美元收购的可能性。

有收购意向的公司对各自行业内的初创企业都保持有敏锐的关注。一些消费品和娱乐行业的公司已经和股权众筹门户建立了战略合作伙伴关系，在那里它们指导那些前景广阔初创企业的创始人，并可以早一步窥探可能的未来供应商和收购目标。例如，思科

① 大卫 · S. 罗斯. 天使投资：初创企业投资赚钱、玩乐阵风指南[M]. 纽约：约翰威立国际出版公司，2014：106.

系统正在与 Early Shares 平台合作，通过其在住宅项目的企业家支持拥有“下一代大思路”的互联网发展创业企业。

在美国的并购活动中，2014 年前三个月最热门的行业（按交易次数）是商业服务，其次是技术服务、金融、消费服务、制造和医疗保健（对比 21 个行业）。①

- 公开上市（IPO）。并非所有的创业者都梦想申请首次公开发行；由于各种原因，有的宁愿保持在中等规模，有的即使企业做大也希望保留私有类型。剩下那些希望上市的企业主要基于以下两种原因：①产生丰厚的回报，奖励创始人和早期投资者并使其富有；②使其在广阔的更高效、流动性更好的公共市场，定期筹集资金更容易。

即使对最经验老到的天使投资人而言，投资对象最后能上市也是罕见的。The Band of Angels 的报告中，在过去 20 年中约有 4% 的投资成功上市。沙恩的研究报告中（见第 6 章）指出，所有由天使投资人投资的公司中约有 0.2% 最终上市成功。

具有高上市成功率（根据 2009 年的数据，每年成立的初创企业最后上市的百分比）的行业包括：医药、通信设备、计算机及办公设备、医疗仪器及耗材、电子元器件及其配件、测量和控制装置。②

2010—2013 年的四年间，上市公司最多的行业分别是：科技（163）、金融（101）、能源（90）、医疗保健（87）和消费品（63）。③然而在 2013 年和 2014 年第一季度，上市公司最多的是医

---

① FactSet 研究系统. 美国并购新闻和趋势[J]. 美国 Flashwire 月报，2014(3).

② 斯科特 · A. 沙恩. 傻瓜的金子：美国天使投资背后的真相[M]. 牛津：牛津大学出版社，2009：192.

③ “IPO 产业的历史”，复兴资本有限公司，2014 年发表于 http://www.renaissancecapital.com/ipohome/press/ipoindustryhistory.aspx。

疗保健行业。[①]

当你通过股权众筹门户开始投资初创企业时，你的期望切合实际是非常重要的。在 3～5 年内，如果你的投资组合中有一个公司实现了正收益退出，你应该感到惊喜；如果你的投资中有一个、两个或三个公司破产没有获得收益，你也不应该太过自责。

正如我们在第 6 章展示的，那些采取严格步骤进行多样化、选择和尽职调查的天使投资人可以赚取高额的收益。你可以认为，如果你没有认真对待这些任务（和我们将在接下来的几章讨论的其他基础知识），那么你就不可能像那些受过训练的天使投资人一样获得高额回报。也许这不是你首要关注的问题；也许你只想帮助推动创新、促进社区发展、改善清洁能源解决方案，或者只是想“拥有一部分”自己最喜欢的公司。不论什么情况，现在你已经有了切合实际的期望和分七个步骤的计划。

---

① 凯尔·安德森. IPO 市场图表[EB/OL]. 金钱早，2014-3-6. http://moneymorning.com/2014/03/06/ipo-market-charts-industries-booming-new-companies-2014/。2013 年，上市公司最多的行业是医疗保健（43）、金融（40）、科技（40）、能源（20）、消费品和服务（18）。

第 9 章

如何投资第二部分：找出合适的投资项目

在第 8 章，我们讨论了投资组合策略，并制订了构建股权众筹投资组合的七步计划。当你决定在股权众筹网站注册，并开始寻找投资项目之前，我们强烈建议你应该认真思考这个计划的前四个步骤来制定你第一年的投资预算，并明确你投资于初创企业和早期阶段企业的动机是什么。

你的主要投资动机可能基于社会因素或财务因素，也就是说，你投资的主要原因可能是投资所产生的社会影响或主要是因为投资所产生的潜在收益。在这里我们想重申一下：期望同一项目在社会和经济利益两方面获得双丰收或取得同等程度的成功是不合理的（如果你的投资项目真的做到了，你应该认为自己非常幸运）。相反，大多数投资机会的回报不是基于这个原因就是那个原因。

我们在第 8 章谈到的构建投资组合，主要讨论的是如何找到各类投资的混合。你的投资组合可以混合侧重于社会影响和财务回报的不同投资项目，但每个投资项目只能以实现这方面或那方面最大化为目标。

缩小投资项目的选择范围

在你确定你会考虑投资的项目种类之前，你可以浏览一些股权众筹网站正在进行的融资项目，感觉一下吸引你的是什么样的公司，以及你为什么被它们吸引。

下面的两个小节（来源于第 6 章“新天使投资人”部分）分别展示了部分常见的社会动机和财务动机。在你选择适合的投资组合时，它们将帮助你缩小投资项目的选择范围。

社会动机及个人动机

- 意识形态。你对支持事业至上或意识形态为本的公司很有激情，并且享受归属于意志坚定所有者团队（在这个团队中，所有者的思想都是一致的）的那种感觉。可投资的项目包括：“绿色”产品、可再生能源开发、低收入者住房、老年人护理、以营利为目的戒毒诊所、有机草坪养护、宗教音乐、电影。在加利福尼亚州、伊利诺伊州、马萨诸塞州、纽约州和其他美国一些州的发行人还可以形成互利公司（B Corps）。尽职调查将着重关注管理层对事业承诺的真实性和可信度。借助于互联网搜索和社交媒体工具，挖掘到相关人员的背景已经相当容易；因此，在大多数情况下，你可以清楚地知道管理团队在一个特定的领域是否已有成熟的工作经验，还是仅仅是个崇拜者而已。
- 品牌忠诚度。你热衷于使用某个品牌的某个产品或某个系列的产品（是该品牌的忠实粉丝），并且想要帮助确保该产品或品牌在未来持续可用性。在产品研发的早期阶段，你希望可以帮助新产品推向市场，这样你就可以成为它的第一批用户。这一类的众筹实例包括小工具、游戏、兴趣爱好、3D 打印机、苹果电子产品、健身、烹饪、休闲用品及装备、体育队、服装和时尚配件。尽职调查将会关注公司的生产能力、可持续降低的成本、有竞争力的价格、进行市场推广的能力。

- 值得关注的企业家或群体。你想支持你个人崇拜的企业家，或支持由退伍军人、大学校友、妇女、侨民成员、教友或者（大多数在地方一级）市内少数族裔运营的企业。尽职调查将集中在创始人和高管团队的背景调查方面：他们的教育背景、工作经验、有哪些证书、诚信度如何以及成功记录怎样。
- 社区发展。你与街坊邻居、当地社区成员或地区宣传团体成员有联系，并且希望能在社区发展所依赖的企业中“拥有部分股权”。这样的企业往往是如餐厅、艺术工作室、咖啡馆、熟食店、酒窖、杂货铺、小型酿酒厂、保龄球馆、健身中心、美发厅、影剧院、体育场馆这样的聚会场所。或者，你想加入社区是为了支持这样的企业，其老板已遭遇不幸或遭受了不公正的待遇。你的动机也可能是因为广大社区发展的目标，例如创造就业和社区翻新。尽职调查将关注商业计划的完善有力程度。本项属于交叉类别，因为某些财务激励型投资者也喜欢接近那些已获得其投资的企业，这样他们能够方便地在企业中积极工作，同时关注企业的发展动向。
- 创造性活动。你想加入一个有创意的、时尚的或迷人的项目，譬如音乐、电影、戏剧或出版。如果你是主要投资者，或至少在项目的推广阶段，你可能有机会为该项目提供创意。在评估投资条款时，你会关心是否有机会进入会场、参与排练、参加电影节和首映。
- 创新。你想投资初创企业，尤其是（但不限于）高科技产业以及任何与新技术有关的商业部门，以帮助促进创新发展。本项也与财务动机类别相交，因为此类投资如果所选项目很幸运，其回报可能非常可观。区别的关键在于对最终产品的深刻理解和预期用途。

财务动机

- 快速的增长潜力。这些项目很可能的结果是，通过收购或IPO 实现短期退出并获得丰厚（可能是壮观的）回报，但也更容易在早期被竞争者击垮，花光所有的种子资金，并需要更多轮融资（这可能导致股份被稀释或需要后续几轮更多的资本投入）。科技和医疗保健就是典型的例子。如果你不明白其技术和/或商业模式，那么这种投资更像是形势对你很不利的赌博。
- 长期的（慢但稳定的）增长潜力。你是“耐心投资”的代表，寻找那些已经建立但仍处于早期阶段的企业（它们已有坚实的经济增长战略）。尽职调查将是全面的，特别关注企业是否有能力实现自立（利用留存收益而不是外部来源的资本实现持续发展）以及有哪些现实的退出战略。这些公司包括商业和农业地产商、服务提供商（如建筑承包商、医疗保健、清洁服务、汽车修理）和特许经营商。
- 投机繁荣或萧条行业。这包括投资石油和天然气勘探（如一个单独的油泵）、小规模贵金属开采或尚未获得专利的发明（如电池、太阳能电池板）。抓住机会（或获得期望的专利）将给投资者带来潜在的巨大收益，而失手往往会导致全面的损失，很少有中间地带。投资于石油和天然气行业中的勘探者（wildcatters）的投机者，他们必须对风险有较高的承受力。在进行尽职调查和寻找高成功率的机会时，具有相关领域的基础知识或行业经验必不可少。
- 战略投资。如果你是一名财务顾问或专业理财师，投资于小企业可能会帮助你在未来获得一个潜在客户。你也可能因为想在那里获得一份工作而投资一家公司。如果你目前拥有或正在管理一家公司,你可能投钱给那些未来可能成为你公司的供应商、战略合作伙伴、研发来源甚至是收购目标的初创企业。在股权众筹项目中，一个项目可能有成百上千个投资者,你可能需要投入显著的金额才能获得所需要的发行者对你的认可。该类投资可能会引发道德问题或法律问题。一般来说，“纵向”投资（投资你产品或服务上下游中企业）都没问题，但“横向”投资则可能是违法的，在此类投资中发行人很可能禁止实质竞争对手（不论是直接或间接）的参与。如果发行人怀疑你的动机是找工作，他们也会拒绝你的申请。

- 跟随精明的投资者。有经验的天使投资者和风险投资者、小型孵化器和加速器、公司创业计划甚至机构投资者都会挑选一些股权众筹网站上最好的项目进行投资。他们参与投资了哪些项目有时很容易找到。虽然我们不能保证这些经验老到的群体会做完整的尽职调查，并且会和你使用一样的变量,但对于那些想要投资却缺乏时间或经验去进行尽职调查的投资人而言，这是一个非常吸引人的投资方式。跟随“精明的投资者”是一种相当稳健的投资方式，尽管这绝不是毫无疑问的事——即使是最成功的天使投资者,大部分时间也会做出错误的投资决定。我们不是要劝阻你跟随精明的投资者,只是希望你明白把投资分析和尽职调查的工作留给他人所隐含的风险。

我们建议你先从有相关经验和知识的行业中寻找合适的投资项目，至少在最开始的几年这样做。当你对自己选择好项目的能力信心增加时，为了使项目组合更加多样化，你可能希望扩大你的投资范围，进一步涉猎那些你觉得可以通过学习进而了解的其他行业。

此外，不要害怕借鉴他人的经验和投资技巧，从朋友、同事以及其他你能在网络上联络到的人、成功的企业高管、企业家、律师和会计师那里获得建议尤其重要。做出投资决策前，可以考虑访问众筹投资者聊天室和线上或线下的讨论群组（包括领英，linkedIn groups）。如果这些群体的某个成员消息灵通、有见地，或者总能提出好的问题，想办法请教他们的意见，不要犹豫与他们进行一对一的交谈。虽然你不能完全依赖于这些人的观点，因为你不完全了解和信任他们，但是你可以在做出最后的选择之前，将他们的观点归类到你所使用的信息篮子中进行综合利用。

选择股权众筹网站

我们建议你在寻找合适投资项目时，从如下两种股权众筹网站入手：①其投资项目专注于你有专业知识的行业（或你想要支持的地方或地区）；②其投资项目的关注点更广泛（包括你所在的行业），但它们在吸引高品质投资项目方面有很好的口碑。

当选择在哪个股权众筹网站进行注册时，还有两个考虑因素也是非常重要的。

第一，这个网站是否是经纪自营商平台，还是与某个经纪自营商平台有合同关系，因此必须执行严格的尽职调查标准，并有能力只发布那些它认为品质高的发行企业。

第二，该网站是否提供可以涵盖破产和解散风险的保险型政策（参见下文“涵盖破产和解散的投资保险”）。并非所有网站都提供这样的保障。如果你对在这种保护下进行投资感到更舒服，在你投资之前，检查该政策在股权众筹网站的可用性是非常重要的。如果你觉得“暴露在这种风险下”也可以，那么这种政策是否可用就不再是一个问题了。

在这个新行业发展的所有可能性中，一定会在该领域产生高调的领先者；你可以研究哪些网站是顶级的，有最高的浏览量，筹集了最多的资金。朋友推荐或使用评级网站会帮你找到它们。最后，一个重要的部分是找到展示有你最感兴趣投资项目的门户网站。尽管那样，不要小看利用知名网站的重要性，因为有些知名网站会对融资项目进行有效的“预筛选”，确保所有展示的项目在法律允许的范围内，你可以借助网站的预筛选至少淘汰处于底层的融资公司。

涵盖破产和解散的投资保险

有两件事情使得投资于初创企业和早期阶段企业比其他证券风险更高。第一，与更加成熟的公司相比，当现金流被挤压时，这些公司可以提取的资本公积金往往相对较低。第二，这些公司缺乏多样性，因为它们通常只有一个主打产品，因此企业的成败往往直接取决于该单个产品的成败。

从天使投资者的角度来看，项目失败的形式有两种：①项目没有产生足够的利润，不能给投资者提供满意的回报（以股息和/或资本收益的形式）；②项目最终失败，破产或解散。现在，至少有一家公司已经开发出一种形式的投资保险，当你通过股权众筹网站投资私人公司时，在投资后的第 6 ~ 18 个月如果所投公司发生破产和解散，该保险可以提供赔付。

破产是由美国破产法典（美国法典第 11 卷，*Title 11 of the United*

States Code）规定的法律程序，适用于个人和公司。公司申请破产十分平常，但并不一定都是资不抵债。符合规定的公司可以提交两种类型的破产申请：美国破产法典第 7 章的破产方式是对公司资产的清算；第 11 章的破产方式可以是资产清算，但与第 7 章不同的是它提供了一种还款计划，在这种计划下企业可以向债权人支付低于其债权全部金额的部分款项。根据芝加哥律师乔纳森·弗里德兰在破产重组领域的做法，这两章都要求公司债权人立即停止收款的活动，而这两章情况下的股权持有人几乎总是遭受全面损失。另外，债权人也可以对公司提出非自愿破产的申请。

解散是指一家公司终止其独立法人实体存在的行为。解散最常见的原因是没有足够的预计收入可以支持公司在偿还债务后的持续运营；在这种情况下，公司将简单地支付其未付款、结清所有债务、停止商业运营。解散另一个可能的原因是收购，法人实体解散，但其员工和资产都将转移到收购公司。投资保险承保由于业务停止导致的公司解散，因收购导致的转让不在承保范围内。

Peach, Inc.（前身为 Asurvest, Inc.）是第一家（截至 2014 年 10 月仍是唯一一家）为股权众筹投资者创造可行投资保险的公司*（在技术层面，该公司称其产品为“风险管理政策”而非“保险”）。该公司预见到股权众筹将为数千万的非合格投资者打开投资于私人证券的大门，然而这些投资者在这个舞台上几乎没有经验，他们往往对高风险感到非常紧张。这种新型保险可以降低一些投资风险，为新的股权众筹机器提供润滑剂，否则由于投资者谨慎态度，新机器的运行可能会开动得非常缓慢。

该政策并没有明确会涵盖欺诈的情况，即如果公司由检察官被控刑事诈骗或由客户或股东起诉民事欺诈时不在保险范围内。对于保险合同来说这是不可行的，因为案件的审理可能需要数月或数年，而且在刑事指控的情况下被告首先被假定是无辜的。尽管如此，如果公司已经倒向破产或解散的方向，欺诈调查的存在可能会推动其朝这个方向更近一步。

如何运行

Asurvest 的产品，品牌名为桃子（peach），其发售方式与你在网站上预订机票时飞行保险的发售方式非常类似。下面是 Asurvest（以及据推测未来竞争对手）产品的结构组成。

（1）投资者选择投保。在股权众筹网站，投资者决定向初创企业投入一定数额的资金。一旦投资者承诺了这笔投资，他或她就可以选择参加或不参加桃子保险政策。

（2）投资者选定期限和保费。投资者选择投保后（此时不要离开众筹网站）从菜单中选择期限条款（保险期起始时间）和相应的保险费金额（估计金额，可以随时更改），详情见表 9.1。

表 9.1　Asurvest（以“桃子”名义经营）保险期限及保费

保险期限（投资成功后月份数）	保费（占投资金额的百分比）
6 个月	最低到 6.5%
9 个月	7.2%
12 个月	8.4%
15 个月	9.0%
18 个月	最高达 12%

（3）投资轮结束、政策生效。当投资者承诺投资并决定参加保险政策时，他或她需要转钱（投资金额加上保费）给众筹网站托管代理商。之后，当初创企业本轮融资结束时，托管代理释放此笔款项，Asurvest 收到保费、策略即刻生效。如果初创企业未达到其筹资目标，所有资金将返回给投资者。

（4）初创企业破产、投资者理赔。如果初创企业在投资者选定期限内破产、解散，投资者可以向 Asurvest 申请理赔。保险公司在一个工作日内核实申请，然后签发保险赔偿支票给投资者。

（5）保险公司向投资者支付赔偿。保险公司向投资者发送一张金额为投资额扣除 10%的赔偿支票。赔偿自动发放，没有索赔过程。

举个例子，假设投资者投资 1 000 美元给初创企业，并选择投保 6 个月期限的桃子保险计划。该保险的费率是 6.5%，也就是 65 美元。那么投资者的总成本为 1 065 美元。该初创企业在 5 个月内破产。投资者向保险公司申请理赔，保险公司核实公司的破产申请后向投资者发出一张金额为 900 美元的支票（投资金额减去 10%）。最终结果：投资者损失了 165 美元（1 065 美元减去 900 美元或总成本的约 17%）。如果没有保险政策，投资者将失去整个 1 000 美元的投资。

该保险不可转让。所以，如果你选择 15 个月期限的保险，却在一年后卖出股票，最后 3 个月的保险将被取消。

并非所有的股权众筹网站都提供这种保险政策。Asurvest 对支持哪些网站十分挑剔。如果你在天使投资领域是新手，并且觉得这样的保险让你感到更舒适，你可能需要考虑只挑选那些提供这种保险政策的门户网站开始你的投资。

*作者与 Asurvest、其高管或雇员没有任何工作或经济关系。

从专业人士那里获得好建议

关于如何规划你的长期投资策略，我们绝不会阻止你向你的专业财务顾问征求意见。但是请记住，那些对股权众筹的风险、回报和经济学内容不十分熟悉的风险顾问，往往会本能地警告你不要投资众筹项目，因为这是种新型的投资方式。他们中的一些人会担心，如果他们没有对你进行高风险投资（有些高风险投资很容易亏损）做出劝阻，你可能会把自己损失的部分责任算到他们头上。基金经理和股票经纪也有劝阻投资众筹项目的动机，因为他们在众筹交易上赚不到任何佣金。

这一章写于 2015 年冬天，那时我们仍然很失望地看到，很多专业人士（包括注册会计师、家庭律师以及他们中间的认证理财师）还不知道众筹的含义，或不明白基于回报的众筹和基于股权的众筹之间有什么区别，更不用说《JOBS 法案》Title Ⅲ的细节了。

如果你不确定每年你应该分配多少钱给像股权众筹这样的另类投资，一定要寻求资金分配的专业建议。为了在未来几年里，你可以保持你对投资策略的控制并构建多样化的投资组合，避免承担不必要的风险或遭受将导致你家庭经济困难的损失，这是你需要做出的第一个决定。

股权众筹门户和平台相继推出后，我们相信理财顾问将能更好地了解股权众筹，虽然有些人对推荐他们的客户投资众筹项目仍然会过于拘谨。但聪明的顾问能够清楚地解释相关的风险和可能的回报，只有当客户不能深刻领会这些概念时才会阻止其投资众筹项目。不过，一些顾问只有被他们的投资客户敦促后（他们中的少数人会又踢又叫），才会接受股权众筹投资的价值。

总结

找到适合自己投资组合策略的良好投资机会需要完成许多任务，一些第一次涉猎股权众筹项目的投资者可能会被众多的任务弄得不知所措。如果你也有同感，可以将整个流程简化分解为三个步骤：第一，确定你进行投资的动机，无论是社会动机、财务动机或是两者兼而有之；第二，花时间浏览门户网站，阅读上面的在线评论，并选择一个或两个非常专业又符合你所寻找类型的众筹项目；第三，参考第 8 章，确保在投资过程中坚持你的投资组合策略，保持你的股权投资在预算范围内。

第 10 章

股权众筹证券

在股权众筹网站上，投资人可以浏览每个发行项目的基本信息，包括：公司名称和位置、产品或服务的描述、团队简介、证券类型以及其他保密交易条款和披露信息。在股权众筹交易中，证券类型主要包括公司股票（通常是优先股）、有限责任公司成员股份和可转换债券（实际上是股票和债券的混合体）。

本章首先解释优先股和有限责任公司成员股份的基本知识，这二者皆属于直接股权，且在天使投资领域中比可转换债券更为常见。根据芝加哥大学布斯商学院 2002 年的一份研究表明，天使投资人参与的投资轮次中，选择可转换债券比率不足 8%。[①]

直接股权：股票和有限责任公司的成员股份

对于私募投资的新手而言，投资组合中主要包含以下几种投资类型：上市公司股票（股权型投资）、公司债和市政债券（债券型投资）以及各种共同基金（公众股票和/或债券的组合）。其中，公众股票很可能是普通股，而不是优先股，因为普通股在公司持续盈

① 安德鲁·Y. 黄，芝加哥大学布斯商学院博士研究生，《天使金融：另一种风险投资》，2002 年 1 月。黄目前是安诺析思国际咨询公司芝加哥办事处的主要负责人。

利的情况下可以赚取更高的投资回报。

上市公司（通常指股份公司）需要筹集资金时，只有两种方式可以选择——借钱或者出售股权，或者两者兼顾（上市公司可以采取其他形式来筹资，比如房地产投资信托，不过大多数都是股份公司）。要想在特定的时期选出最佳筹资方式，需综合衡量公司的财务状况、资本结构（已记录在账面上的股权融资和债权融资的金额）、募资预期用途、资本市场的环境（如利率）以及其他因素。

对于非上市公司——股份公司、有限责任公司（LLC）或其他法律实体，不管是选择借钱还是出售股权的方式来筹集资金，要考虑的因素与上市公司的基本相同。就出售股权而言，如果非上市公司是股份制的公司，则可以发行各种类型的股票，其中包括普通股和优先股。如果是有限责任公司，则可以出售成员股份（membership units），有时也被称为成员股（membership shares）。股份公司和有限责任公司均可以发行可转换债券。

至少目前，在股份有限公司中只有传统的C型公司（C corporation）可以通过股权众筹的方式进行融资。而S型股份公司（subchapter S corporations），虽有诸多小公司会采用这种新型税收穿透实体来组建，但这种实体并不能通过股权众筹来融资。原因有以下两点：①S型公司的股东人数受到限制，最多100人，而C型公司的股东数目则没有上限；②S型公司发行的股票类型只有一种，而C型股份公司可以发行各种类型的股票（以普通股和优先股这两类为主）[①]。我们期望美国国税局（IRS）可以改变对S型股份公司的管理规定，让它们有资格参与股权众筹，或者创造一种新的实体，

① 与股权众筹无关的另一个主要限制是：S型股份公司的所有股东必须是美国个体公民或某些合格信托，而公司、基金或专用投资载体不允许成为这种公司的股东。

专门针对众筹法案的管理。

普通股和优先股

创始人创建股份型公司后，可以向自己发行普通股。普通股是一种“纯粹性股权”（pure equity），其持有者可以在年度股东大会上对管理问题进行投票。

除投票外，普通股是与公司的实际盈利和增长最直接相关的投资类型。当公司盈利时，普通股股东可能会也可能不会收到红利，具体取决于管理层利润分配的决策。但对大多数投资者——至少那些期望从投资组合中获得的资本利得而非固定收益的投资人来说，资本利得的多少完全取决于每股的价格，因此他们更专注于股票价格而非股利。普通股的股价会随着公司业绩自由波动：在公司持续盈利和增长期间，每股的价格通常会上涨（上市公司的股价每天都会公布，而非上市公司的股价只有在股份转让时才能知道，不过这种情况很少会出现）。

优先股是一种更为保守的投资对象，其股价不会像证交所里的普通股那样自由地上下波动（尽管在私募二级市场中，若普通股或优先股是整体出售的，则这二者的股价都会出现疯狂的波动）。因此，通过优先股这种方式来获得资本利得的机会相对较少。但如果投资的是失败风险很高的初创企业或早期企业，那么优先股还能发挥出其他优势，比如清算优先权（这一点将在第 11 章进行详细说明）。此外，大多数交易条款允许天使投资人在公司达到某些里程碑时将手中的优先股转换为普通股。

在公开股票市场中，当公司盈利时，优先股股东一般会收到股息（具体取决于优先股发行的条款）[①]，且份额与普通股股东的相比往往要高。从这一点来说，优先股对于退休人员更具吸引力。这类人群构建投资组合时更加关注投资收益和财富保值，对资本增值并没有过多在意。优先股的年度股息通常是固定的，如每股购买价格的 8.5%。而普通股的红利（如果有的话）则与公司每年的业绩挂钩，且只有等优先股股东分完固定股息后才能接着分派剩余利润。如果公司出现破产或解散（两种清算形式），优先股股东几乎总是在普通股股东之前（但在债券持有人和一些债权人之后）获得资产分派。只要公司剩余资产十分充足，优先股股东就可以拿回全部投资，甚至还可以获得年度总回报，不过最多也只能拿到这些。

另外，在公开股票市场中，优先股股东通常没有直接投票权，所以这种优先股不属于“纯粹性”股权。

上市公司的优先股价格和普通股一样，每天都会公布，但优先股是一种相对保守型的投资，其价格对一般市场波动的反应并没有那么敏感。

当初创企业和早期企业需要筹集股权资本时，其创始人和管理者一般会选择发行优先股而非普通股。一方面，发行优先股可以让他们对公司保持一定程度的控制，因为优先股股东不一定需要有投票权（尽管优先股股东有时会从内部选出一个成员代表他们加入董事会）；另一方面，投资者常常也会执意购买优先股，以便在公司破产时享受优先清算权的保护，或是有机会在某些条件下将优先股转换为普通股。

这样思考一下：优先股可以让创业公司的创始人和投资者获得

---

① 当预算紧张时，公司可以延期发放优先股股息（债券不能延期支付）。但优先股通常会累积股利，所以公司终究还是要将所有递延股利全部分派给优先股股东。这种情况在上市公司比较常见，在创业公司中并不多见。

“双赢”的局面。从创始人的角度来看，只要优先股股东只有很少或没有投票权，那么创始人就可以继续保留控制权。从投资者的角度来看，优先股股东在遇到贬值风险时可以获得清算优先条款的保护；当公司以后获得成功时，他们还可以将优先股转换成普通股，享受收益增值。

因此，如果投资人在股权众筹交易中购买的是优先股，请仔细注意交易条款中是否包含转换权。没有转换权意味着投资人在收购事件（另一种清算形式）中能赚取的金额将会受到限制。如果收购价格低，优先股股东可以拿回投资成本，而普通股股东或许什么都拿不到。但如果收购的价格非常高，优先股股东仍然会得到自己的投资成本，而普通股股东则可以一起分享一块巨大的“蛋糕”。因此，优先股股东应当确认自己在收购事件中是否有权将手中的优先股转换为普通股。

非上市公司可以在连续几轮股权融资中发行不同类别的优先股，每种类别都有一套独特的权利、优先项及其他条款。这些类别通常称为种子系列优先股、A 系列优先股、B 系列优先股，等等。

如果投资人考虑在后一轮（种子轮后）进行投资，最好花时间将自己所属种类或系列的权利与前几轮的进行对比，这有利于投资人了解与自己同类别的投资群体在整个投资架构中实力有多强。

股份公司的缺点

股份制的组织形式在企业融资和公司管理方面能够发挥出强大的优势。然而在股权众筹领域中，这种组织形式虽仍能发挥出这些优势，但同样也会带来一定的弊端。

现今公司的起源最早可以追溯到罗马帝国时期，现代版本出现在欧洲的 17 世纪，随后公司制的结构被迁到了美洲殖民地，并在那里与美利坚合众国一起演变。美国的公司与其政府的联邦体系相类似，均将权利分成三个部分：政府分给了行政、立法和司法，公司分给了董事、高管和股东。随着多年来新法规的颁布和案例的判决，公司这三个分支的角色现在已经得到了进一步诠释。从股东的角度来看，这种高度进化的结构能够让公司治理相对统一，同时具有可理解和可预见的作用。但是，从初创企业创始人的角度来看，这种架构也是相当僵硬的，他们想要保持高度集中的管理，以便让领导者做出快速的决策和转型。不仅如此，对于一个精简的创业公司来说，分散的公司管理结构运作起来成本过于高昂，比如，董事会会议、股东大会通知和投票、报告要求以及双重征税（先对利润征税，再对股利征税），等等。因此，许多初创企业和早期企业为了方便公司集中管理，降低运营成本，会选择独资企业、合伙企业、有限责任公司或其他更简单、更灵活的组织形式来创立公司。上述这几类简单的实体中，只有有限责任公司可以为投资者提供责任保护，且允许通过股权众筹的方式出售股份。

有限责任公司

有限责任公司（LLC）是一种相对较新的法人实体，1977 年首次成立于美国怀俄明州。它将股份公司以及合伙公司和 S 型公司的优点融合在一起，既可以让股东们获得责任保护，又可以通过流转税收避免重复征税（实际上，有限责任公司有各种税收方式可以选择，穿透税收只是其中的一种，不过也是最常见的一种）。

有限责任公司的所有者，无论是创始人还是投资者（以及无论是主动还是被动参与公司运营的投资者），在法律上都被称为有限责任公司的成员（members），他们所持有的股权叫作成员权益（membership interest）或成员股份（membership units）。有限责任公司的成员人数没有限制，发行的成员权益也有各种类型。

在美国，大多数州区允许设立的有限责任公司有两种类型，即成员管理型（member-managed）和经理管理型（manager-managed）。前者的功能与普通合伙企业的很相似，即所有成员都参与公司的管理。而后者则与有限合伙企业比较相像，由某个成员（或几名成员组成的委员会）做出最重要的决策，而所有其他成员只是被动地、有限地参与公司管理或者完全不参与。在这方面，经理管理型有限责任企业是传统型有限合伙企业（由普通合伙人负责经营而有限合伙人则不参与管理的企业）的替代品，除了在管理领域的其他方面具有更大的灵活性外，还多了责任保护功能。

关于责任保护，所有 LLC 成员，包括主动投资人和被动投资人，都不会对有限责任公司的行为和债务承担个人责任。不过，这种个人责任保护的"面纱"并不是万无一失的。不管是有限责任公司还是股份有限公司，只要公司的主动型成员存在以下行为，他/她的有限保护的"面纱"就会被刺穿：弄虚作假；没有缴纳从员工薪水中扣除的税款；将公司作为谋取私利的工具。当然，某个成员可以担保整个公司债务从而陷入窘境（这对于新公司来说比较常见），但是这个强大"面纱"通常会保护私人资产免受商业风险的影响。至于有限责任公司的被动成员或股份有限公司的被动股东，他们不太可能会对公司的行为承担个人责任。

有限责任公司在经营协议里确立了实体内部的管理方式。经营协议与股份公司的章程相类似，不过更加灵活和非正统。此外，有限责任公司不像股份公司那样有几个世纪的法律先例和标准可以遵循。它靠的只是一份经营协议（没有全面的法律框架），而这份协议便是管理公司的最高"宪法"。

有限责任公司在经营协议里应说明公司的管理制度，以及成员利润和损失的分配政策。不幸的是，有太多初创的有限责任公司并没有包含这些信息，或者做得不够充分。而这些正是有限责任公司给投资者带来的挑战，特别是在评估交易条款和进行尽职调查时会出现更多的问题。这些内容将在后文进一步解释。

管理层可以决定不同类别的成员权益按照不同比例来分配利润和损失。如果所投资的成员股份在有限责任公司里只占 2%，那么投资人可能只分配到不超过 2%的利润和损失。但从长远角度来看，只要投资人能成功退出并获得丰厚的投资收益，那么当初的那点盈亏相对于份额的升值都是微不足道的。

此外，经营协议还要确定 LLC 是由成员管理还是由经理管理，这二者在股权众筹中也会有重大的区别。正如前面所提到的，在成员管理型有限责任公司里，所有成员，包括被动投资者，可以对经营协议里规定的某些重大决策进行投票表决。而在经理管理型的公司中，只有指定的经理——公司成员或非成员的员工——才可以投票。当有限责任公司打算通过股权众筹的方式筹集资金，但在投票时又不希望有数百名或上千名被动型成员（大多数为陌生人）参与进来，这时只有经理管理型有限责任公司可以满足上述要求。要知道，与相互分散的成员们保持联系，以便在每次投票前及时通知到他们，对于有些公司行政来说会是个不小的负担。

有限责任公司享有税收优势是指公司本身通常不需要缴纳所得税。公司的利润和亏损会按照成员权益比（应分配份额，distributive share）流向成员个人（包括被动投资者）。成员必须在个人纳税申报单上申报这笔收入。相比之下，C 型股份公司的收入则会被征两次税：一次是公司税，一次是股东收到股利后要交的个人所得税。[①] 由此可见，有限责任公司及其所有者避免了所谓的双重征税。和利润一样，有限责任公司的损失也会流向成员，投资人所分配到的损失份额（在创业公司的发展初期比较常见）可以从纳税单上的应税收入中直接扣除。有限责任公司每年会向所有成员出具纳税申报单——通常是一份 K-1 副表（类似于股份公司的 1099-INT 表），上面会显示该成员所分配到的利润或亏损份额。记住，在处理税务问题时，亏损可能是件好事，因为它可以抵扣其他收入，减少该年度的整体纳税支出。

这种税收优势存在两个小问题。

第一个问题，被动成员，即不积极参与公司运营的人，只能从被动收入（比如利息、股利、专用租金和特许经营费、养老金等）中扣除穿透过来的损失。相反，作为有限责任公司的成员，可以从他们的工资（所获收入）中扣除穿透过来的亏损。

第二个问题，有限责任公司在经营协议里可以规定，公司年度利润和/或损失按照其他而非成员权益比的方式来进行分配（此条款不仅会影响公司流转过来的应税利润和损失，还会影响投资回报的最终计算）。在投资有限责任公司之前，最好先和个人会计师谈谈，对以下内容做充分了解：分配到的损失是否可以用于纳税申报？哪些收入会被损失所抵消？LLC 的利润会如何影响自己的税务情况？为此，在保密协议准许的前提下，投资人应当要求会计师对发行人的经营协议进行审查。

① 有限责任公司的成员数量不得超过 100 人，否则的话就无法将收入穿透给成员。有限责任公司也可以按照 C 型股份公司的方式进行缴税，但这种情况并不多见。

有限责任公司的缺点

在股权众筹领域中，有限责任公司有以下三种缺点：税收相关的麻烦；缺乏激励性的员工期权；未来风险融资和 IPO 融资的障碍。

首先，从投资者的角度来看 LLC 所得税上存在的问题。即使有限责任公司没有实际分配利润，成员仍必须对流通利润支付所得税。举个例子，某公司在 2014 年获得了收益，但这些收益被全部用于 2015 年的公司开销，或存进银行以备未来业务的发展。在这种情况下，成员们虽然没有收到任何收入，但仍要按分配到的利润份额支付个人所得税。相比之下，C 型股份公司的股东只有在实际收到现金时才会对股利支付所得税。不过，投资者在购买 LLC 成员权益时，可以通过合同约定来解决这个问题：当公司赚取利润时，每年需向成员分配足够的利润供其支付个人所得税。

好消息是，只要所投资的有限责任公司能赚取利润，成员股份就有可能会升值。如果这项投资最终能大获全胜，那时再回头看税务上烦琐复杂的过程就没有那么紧要了。

其次，在有限责任公司中，为员工提供股权激励，比如成员权益期权（类似于股份公司的股票期权），是一件比较困难的事。在创业型企业中，雇主不仅要为员工支付薪水还要分配期权，以激励他们不断发展，而这与投资人的利益动机是一致的。因此，公司向员工提供期权的能力对于投资者和公司本身来说都很重要。而股份公司可以轻松地向员工提供期权，还能取得良好的税务待遇。而有限责任公司授予期权是件非常复杂的事，且对税务来说也不一定有什么好结果。

最后，有限责任公司的流动性和退出机制对投资者来说存在一定的壁垒，原因有以下两点：①风险基金中很多有限合伙人——如养老基金和非营利性组织，并不想收到公司流转过来的收入，因此风险资本家一般不会选择有限责任公司进行投资；②只有股份公司才可以上市。有限责任公司虽然不能上市，但可以被收购。不过，对于以兼并为目的的收购公司来说，将成员股份转换成股票份额比较麻烦，所以它们一般不会选择有限责任公司。

有限责任公司可以转变成 C 型股份公司，以满足风险融资或者向员工发放激励期权的迫切需要。当然，这样的转变会让公司失去流转税收的优势以及管理结构的灵活性。事实上，公司转换实体类型是相当普遍的事情。只要计划周全，在部分州区（包括加州和特拉华州）完成这样的转变不会产生过高的成本，也不会中断商业经营或造成负面的税务影响。

但是，对于希望快速增长的公司（特别是在科技和医疗行业），它们知道未来肯定需要风险资本的支持，且希望最终能上市，那么创始人会直接成立股份制公司，而不是先创立有限责任公司然后再转变过来。即使他们知道必须先发起一轮天使融资（或许通过股权众筹来融资），但还是会选择组建股份制公司，以防未来需要进行一轮或多轮的风险融资。

除了未来融资的考虑，许多创始人成立股份制公司还有一个原因：股份公司的判例法比有限责任公司的要广泛得多。因此，当股份有限公司的高管、董事或股东在权利和义务上出现问题和纠纷时，可以参考判例法来解决问题。相比之下，有限责任公司的成员和主管在处理这类问题时会更为困难。

在第 9 章我们曾提到，投资股权众筹有两种动机：社会动机和财务动机。如果投资者主要关注的是产品理念、品牌忠诚度、创业者、人口群体、社区发展、创造力或创新性，那么他主要是出于社会动机的投资人。对于这类投资人，只要坚信公司管理团队有能力完成使命、执行商业计划，就不会太在意所投资的是不是有限责任公司。而以财务动机为主的投资人，其主要关注点是经济回报、快速发展的潜力、投票权、跟随有经验投资人或某个战略投资机会。这类投资人在投资有限责任公司之前，应确保公司的创始人和管理层已经制订好明智的方案，在未来风险融资或上市之前，会提前至少一年将公司实体转变成股份有限公司。

股票和成员权益：哪种更适合投资者

股份有限公司的股票和有限责任公司成员股份——这两种直接股权证券（straight-equity securities）中哪种投资更具吸引力呢？其实，这个问题问得不合理，正确的问法是：第一，哪种类型的实体——股份公司或有限责任公司在运营中可以更好地实现公司目标？第二，公司在发行文件中是否明确说明投资者的利润和收益将进行如何分配？“股份公司和有限责任公司都可以进行或简单或复杂的发行，股份公司根据股权的不同类型来定义发行类别，而有限责任公司则由它的经营协议来定义发行类别，”纽约证券律师瓦内萨·J. 肖恩萨博（Vanessa J. Schoenthaler）说道，“因此，投资者在评估投资机会时，不要将关注点主要放在公司的实体类型上。我认为有一条经验法则对所有投资人都有用，即如果你无法理解发行者的公司架构，也看不懂它们所发行证券的权利和义务，那么这个投资机会对你来说可能并不是很适合。”

第 11 章将为大家解释，在众筹网站上发行直接股权会遇到哪些最常见的条款和限制。

可转换债券、混合证券

可转换债券，无论是股份有限公司还是有限责任公司发行的，在一开始都只是普通的债券，代表投资人借给公司的一笔贷款，后期交易时可以将该票据转换成股票或者 LLC 成员股份。有的可转换票据可以让投资者自行选择是否转换成股票，有的则要求投资人在某些未来事件（尤其是与估值和/或转换有关的事件）发生时，必须进行转换，比如股权融资。如果可转换票据的结构合理，那么投资者就可以享受两全其美的结果：当公司无力偿债时，投资者可以享受优先清算权的保护；当公司发展和被收购时，投资者可以获得资本利得。对于发行者，尤其是尚未盈利的初创企业，可转换债券也具有重要优势，这一点将在后文中进行具体解释。

尽管这类证券一开始具有债权的性质，且多数情况下最终也没能成功转换成股权（毕竟初创企业失败的情况比较多），但是投资者购买可转换债券的最终目标是获得股权而不是债权。因此，本书依旧将可转换债券归在了股权众筹范围之内。

虽然可转换债券的基本机制理解起来很容易，但其涉及的变量却十分复杂。举个例子，假设你通过股权众筹交易投资了 Startup City 股份有限公司，花费 1 000 美元购买了该公司的可转换债券。发行人承诺每月支付 *X*%的利息，三年内偿清本金。如果在到期日（三年之内）之前的某一天，天使投资团体或 VC 基金也对 Startup City 进行了投资，这时你就有机会将手中 1 000 美元的可转换债券以及应付利息（如果有的话）转换成 Startup City 的股票。到目前为止，可转换债券的概念看上去还是十分简单。天使投资人或 VC 基金想购买该公司股票，说明这些投资人相信公司具有强大的发展潜力。

问题是，你手中的这 1 000 美元可转换债券到底可以换成多少只股票？换句话说，每股转换价格是多少？这才是可转换债券（类似于直接股权的投资条款清单，上面列出了投资有关的所有条款）要回答的主要问题，也是可转换债券开始变得复杂的地方。

之所以说它复杂，是因为投资人在投资时没有讨论过公司估值问题。那个时候的公司很有可能没有足够的收益或其他指标来作为计算的依据，所以无法得出准确的估值结果。而这一点对创业者来说，正是可转换债券的亮点：公司既能吸引到投资者又不必提供或商定具体的估值。

投资交易中之所以没有说明每股的转换价格，是因为在当时的情况下谁也无法预测出公司会在何时发起下一轮融资，公司在此期间业绩表现如何，至于后续投资者愿意以何种价格来购买股票也就更加无从得知（何况股价最终还是由估值来决定）。

对于早期的可转换债券投资人而言，其每股可转换债券的转换价是通过后期投资者购买直接股权时的价格推算而来的。

假设，Startup City 在你投资两年之后发起了新一轮融资，公司也已实现盈利，此时新投资人愿意以每股 1 美元的价格购买优先股，并将公司估值为 400 万美元。那么，你会心甘情愿地用每股 1 美元的价格购买 1 000 股吗？当然不。早期投资人在公司尚未盈利时就进行了投资，他们比后来者承担了更大的风险。既然早期投资人面临的风险更高，且在公司无法获得天使投资人青睐时为其提供了种子资本，他们应当为此获得奖励。而天使投资人则是等到风险降低了之后才加入投资，他们理应支付更高的购买价格。这种公平性问题通常有两种解决方式：折扣（discounts）和上限（caps）。

- 折扣可转换票据（discounted convertible note）。如果后期有

新投资人购买股票，那么早期投资人就能够享受优惠的转换价格作为早期投资的奖励。这种可转换票据需在自己的条款清单中声明，当公司进行下一轮股权融资时，投资人可以按照折扣价（通常比新投资人的购买价优惠 10%～30%）将债券转换成股票。在 Startup City 这个例子中，如果你的可转换票据折扣价为 20%，那你就可以用每股 80 美分的价格（原价 1 美元）将债券转换成股票。

- 上限可转换票据（convertible note with a cap）。奖励早期投资者的另一种方法是对公司的假设估值设置上限，用估值上限来计算早期投资者在后一轮股权融资之前的转换价格。还是用 Startup City 的例子，如果公司估值的上限在可转换票据中被限定为 200 万美元，那么即便后轮投资者将 Startup City 估值为 400 万美元，你在转换的时候也只需要支付一半的价格。因为你在投资时，公司估值很可能不超过 100 万美元，这样交易才能看起来公平一些。

此外，这两种方式可以一起使用，即有上限和折扣的可转换票据（discounted convertible note with a cap）。不过在设计折扣和上限时必须仔细规划，如果设计得对投资者太有利，势必会损害公司的利益。如果折扣过高或者上限定得太低，令前后估值差距过大，未来天使投资人——尤其是 VC 基金——可能会对投资产生犹豫。毕竟众筹投资人用超低的转换价格就能享受到与天使投资人完全一样的权利。如其不然，后一轮的股权投资人也会想要优惠的价格。

这种情况对发行人而言是喜忧参半的。当公司实现盈利且估值飙升至几百万美元时，VC 基金可能会对该公司产生兴趣。如果这时有一大批早期股权众筹投资人准备用很低的估值（股票价格也会低很多）来转换债券，势必会将 VC 基金吓跑。因此，有些可转换债券在发行条款中规定，发行者可以随时偿清债券和利息。这项规定可以让公司将种子轮的投资者全部清除出去，为A轮融资奠定基础。对于购买可转换债券的种子投资者来说，只要利率足够高（这时债券利率理应会高一点），提前获得本金和利息总比将钱一直存在储蓄账户里要好。但这样的话，投资人的原始目标——获得公司股权——也就无法实现了。因此，投资人如果要投资可转换票据，应先确认公司提前偿清所提供的利率能否让自己感到满意。或者，确认交易条款中是否明确规定，发行者在未经多数投资者的同意时，不得提前偿清贷款。如果投资人（合格的和非合格的）的目标只是用存款赚取更多的利息，那么更为安全的投资便是选择债权型众筹交易（又称点对点借贷，peer-to-peer lending，详情请见本书第1章）。

另一种情况，即A系列投资人对公司的估值低于种子投资者在可转换债券中设置的上限，这时种子轮投资人也会十分高兴（尽管发行人不会那么开心），因为他们依然可以享受友好低廉的转换价格。

上述这两种情况需要公司获得盈利、快速发展并受到A轮投资者的青睐，然而这些对于创业公司来说并没有那么常见。相反，常见的是以下两种情况：①公司的盈利不足以让天使投资人或VC基金产生兴趣，借债到期前也未能出现转换事件。这种情况下，可转换债券的投资者只能获得本金和利息。②公司毫无盈利可言，也无法偿清债权人的债务。这时，可转换债券投资者虽然比其他债权人享有优先分配的权利，但最终能否收到付款还要看公司的财务状况。当然，对股权众筹投资者来说，最糟糕的情况就是失去大部分或所有的投资。

投资可转换债券要获得成功有很多关键要素，其中之一是评估公司在获得成功时能否吸引到后续轮直接股权融资。如果不能的话，那么只能将这种债券看成普通的债券。

本章我们梳理了股权众筹证券的基础原理。透过表面继续深入下去，还会发现许多变化和复杂的地方。或许，以上所有内容已经足够让投资者在股权众筹中做出明智的投资决策。

第 11 章

交易条款

投资人浏览股权众筹网站时，如果对股权众筹发行项目的行业、位置、产品或服务、团队简介和有发展潜力的创意（网站上的每个人都可以看到的因素）产生兴趣，那么下一步便是让发行者提供保密发行文件、交易条款和其他披露信息。

对于刚涉足私募投资的新手而言，很容易对发行文件和条款中的词汇产生混淆。本章会优先区分招股说明书、私募招股说明书、投资条款清单和股权认购协议之间的差异。一般而言，投资人做出明智的投资决策离不开这几份文件所总结的信息。

招股说明书（prospectus）：当公司发行股票并在证券交易所向公众发行时，需对发行中的经济条款和法律条款进行书面说明，这份文件即为招股说明书。招股说明书需分发给潜在投资人，并以 S-1 表（适用于美国公司）或 F-1 表（适用于美国之外公司）在 SEC 备案。大多数招股说明书的篇幅在数十页，有的会超过 100 页。这份文件对投资人做出充分知情的投资决策至关重要，具体内容包含以下几项。

- 发行条款，包括公开发行日期、核定发行股票数量、每股面值（如果是 IPO 的股票）、股票类型（普通股、优先股等）、募资预期用途、股东的权利和限制条件、股利分配政策、清算优先权以及未来股权融资时应对股份稀释的政策。

- 公司概况和运营情况；商业计划或战略；经济研究和市场分析；公司主管和董事的个人资料，包括薪资及雇佣协议；公司主要资产清单、许可证、营业执照、知识产权及重要合同等。
- 公司财务状况详情，包括财务报表、预测和分析；股权结构表（股票类型和主要股东）；资本结构（债权和股权融资）。
- 可预见风险因素的披露，包括竞争、经济风险、关联交易、利益冲突及未决诉讼。
- 承销流程和其他法律事宜的有关说明。

除股票之外，其他公开发行的证券也需要准备招股说明书，比如债券和共同基金等。

私募招股说明书（private placement memorandum，PPM）：非上市公司发行股票（股份公司）或成员权益（有限责任公司）并根据 SEC 注册豁免条款进行发行，如私募发行（private placement）或 D 条例发行（regulation D offering），需向投资人提供一份文件来说明发行条款、公司营业状况、财务状况以及商业风险等信息，这份文件即为私募招股说明书。公司在种子或天使轮、A 轮或其他后续轮均可以发起私募融资。虽然对初创企业来说制作 PPM 所花费的时间和成本较高，但对于非常大型的发行项目（融资额度高），以及有成熟天使投资人、风险投资公司和/或机构投资人参与的项目，投资人通常坚持要求提供 PPM。PPM 只比招股说明书多了一份认购协议书（subscription agreement），其他内容基本差不多，但是不太正式，篇幅也简短许多。

认购协议书是需要交易双方共同签字的合同，交易完成后投资人需在合同里附上支票。

事实上，根据法律规定，发行者只有在一种情况下才需要提供

PPM（PPM 无须在 SEC 备案），即私募发行中存在任何非合格投资人。因此，有些发行者选择只向合格投资人发起私募，省去制作 PPM 的时间和成本。不过，即便所有投资人都是合格的，甚至全是机构投资人，这些人可能仍会坚持让发行者编制 PPM 文档作为交易协商的一部分。

投资条款清单（term sheet）：对于规模较小的私募发行项目，尤其是依托网络平台进行发行的初创企业或早期企业，它们只会为潜在投资人简单制作一份投资条款清单来代替成本高昂的 PPM。投资条款清单中包含一系列与发行有关的条款（内容等同于招股说明书首页清单的第一项），清单后面会附上或者单独附上一份认购协议书。不过，有了这份清单后，投资人可能还会通过各种非正式、简短而零碎的方式——非正式文件、通信和会谈来咨询和获取更多信息，如公司的经营状况、募资预期用途、财务预测和股权结构表，等等。

非上市公司通过股权众筹网站进行发行时，需向潜在投资人提供与小型 D 条例发行一样的信息，所有这些信息只能在发行门户或平台范围内展示：一份投资条款清单、一份单独的购买协议（等同于认购协议书）及其他各式各样的发行文件和披露文件，格式通常为 PDF。

正如第 7 章所讨论的，发行者在众筹网站上发布给投资人的信息，根据不同的访问级别可以划分为以下两种：第一种是股权众筹网站上的所有访客均可浏览的信息，包括粗略的交易条款、公司简介以及团队资料；第二种信息只有注册成潜在投资人后才可以进一步查看，包括完整的交易条款、商业计划、财务报告和预测、风险披露及其他保密信息。

本章先对股权众筹发行中最常见的交易条款进行说明，第 12 章会进一步引导大家如何浏览商业计划书、财务报告和披露文件。

谈判和标准

当发行者直接或通过经纪人或代理人向某些特定的潜在投资人发行私募投资，而不是通过众筹网站向匿名投资人进行发行，大多数情况下发行者需制定 PPM 或投资条款清单，并将其提供给投资人阅览。不过，偶尔会出现对象互换的情况：投资人，通常是那些代表庞大资金池、天使团队或风投基金的投资人，凭借其强势的谈判地位，自行拟好发行条款提供给发行者。由此可见，只要最终协定尚未达成或交易尚未取消，交易双方就可以一直对条款内容进行协商谈判。也就是说，很少会有发行条款的初稿可以不经过任何修改就能成为意见统一的终稿。

然而，在基于网络的发行平台和门户上，大部分流程是自动操作的，发行者交易条款提供的对象大多数都是匿名的投资人，条款内容也没有多少可协商的余地。投资人要么接受条款进行投资，要么直接拒绝，继续在网站上挑选感兴趣的项目。只有在极少数情况下，绝大多数潜在投资人都不赞成股票发行的某项或多项条款时，他们有可能会迫使发行人修改这些条款。如果这种情况发生在融资期间，也就是说，有些投资人已经承诺交易，这时承诺过的投资人应当有机会撤回投资承诺，或者根据修订后的条款重新投资。

和其他所有行业一样，发行条款因各种交易而异。比如，发行优先股的交易条款与发行可转换债券的条款就不会完全一样。没有哪一套条款标准能对所有股权发行项目都适用，这就好比不同的商用房地产无法套用同一种租约标准一样。

对于同类型的股权型证券，某项交易的条款可能在一定程度上与许多其他交易的条款相类似，尤其是在特定行业范围内。因此，有些证券专家、企业家和投资团体会为特定几类发行制定出标准化或“模板化”的投资条款清单。预算紧张的创业者通过套用合适的模板或者稍加修改，便可以制作出投资条款清单，从而省下一大笔聘请律师重新起草的费用。

有的时候，交易条款会比较特殊，比如发行者的想法十分独特，或者投资人有着特殊偏好，再或者交易双方的关系非比寻常。这时，投资条款清单一定是重新撰写的。

当投资人遇到这种特殊投资条款清单时，要格外注意其中不熟悉的条款。有些发行可能确实是个好项目，但如果投资人只能靠聘请律师才能解释这些不寻常的条款，那么投资这个项目的成本可能会变高，投资回报也会降低。

如果计划中的股权众筹投资项目超过一两项，那么投资人应当对常见的发行条款进行熟悉。下面为大家推荐一些值得信赖的投资条款清单模板，适用于融资额度在 25 万～100 万美元的优先股发行项目：

- 考夫曼基金会（Kauffman Foundation）的创业资源中心（Entrepreneurship Resource Center）推荐的《种子轮投资条款清单》(Series Seed Term Sheet)。模板参见 www.seriesseed.com/posts/documents.html。[①]
- 由美国天使投资协会（Angel Capital Association，ACA）和美国风险投资协会（National Venture Capital Association）为优先股发行提供的投资条款清单模板。ACA 代表着合格投资人和天使投资团队，其提供的模板里备有注解和选项。
- 由全美众筹专业协会(Crowdfunding Professional Association)

---

① 由考夫曼创业资源中心的董事汤姆·路和 Thom Ruhe 推荐，www.entrepreneurship.org/resource-center/series-seed-financing-document.aspx。

为股权众筹发行提供的投资条款清单模板。模板参见 www.cfpa.org。

- 高科技公司孵化器 Techstars 为优先股发行提供的投资条款清单模板。该模板由美国科律律师事务所（Cooley LLP）撰写而成。模板参见 www.techstars.com/docs/。
- 由 Gust.com 制定的投资条款清单模板《Gust 种子轮优先股投资条款清单》（Gust Series Seed Term Sheet）。Gust.com 是专为天使投资团队、风投基金和企业家提供创业融资的平台。模板详情参见大卫·S. 罗斯的《天使投资：初创企业投资赚钱、玩乐阵风指南》附录 D（2014 年，约翰威立国际出版公司）。

可转换债券的投资条款清单模板主要适用于高科技领域，下面是一些值得信赖的模板：

- 由 Startup Company Lawyer（为初创企业提供律师服务的网站）提供的可转换债券模板。该网站由 Yoichiro Taku 创办，他不仅是一名公司证券律师，同时也是美国加州帕洛阿尔托市 Wilson Sonsini Goodrich & Rosati（律师事务所）的合伙人。模板参见 www.startupcompanylawyer.com/?s=term+sheet。
- Techstars 为可转换债券提供的投资条款清单模板。该模板由 Cooley LLP（美国科律律师事务所）撰写而成。模板参见 www.techstars.com/docs/。
- Y-Combinator 为可转换债券提供的替代模板《未来股权简单协议》（Simple Agreement for Future Equity）。Y-Combinator 也是一家高科技公司孵化器。模板参见 www.ycombinator.com/documents/。
- 《Gust 可转债投资条款清单》（Gust Convertible Note Term

Sheet），详情请见罗斯的《天使投资：初创企业投资赚钱、玩乐阵风指南》附录 D 部分。

创业者在使用这些标准或模板时，不应当简单地在首页上填写几个名称和金额数目就应付了事。这些模板必须根据需求进行适度修改和调整，因为每一笔交易都有其特点。正如租用商用房产一样，房子不同，租约自然也会不同。

有些股权众筹网站正在开发一套内部使用的交易条款标准，并敦促其发行者使用这套标准或者在此基础上进行修改。而 Early Shares（美国股权融资平台）更是制定了两种投资条款清单标准，一种适用于股权融资，另一种适用于可转换债券，根据不同行业特征对条款进行相应的调整。该平台要求发行者只能使用本平台制定的标准投资条款清单，可修改的幅度很小。这样，投资人只有第一次在网站上进行投资时才需要看懂所有条款的含义。之后，再在该网站进行投资时就不必反复花时间来研究新条款的含义，他们只需要通过条款中的变量（如价格、核定股数以及估值等）就可以对每笔交易做出评估。

所有的交易条款都那么重要吗

有的人可能会问："投资股权众筹项目时，真的要看懂交易条款里的每一项内容吗？"

谨慎点的做法和律师给出的建议一样："是的，当然。你应当在了解投资条款清单（以及其他发行文件）里的每一项条款之后，再开始冒风险投资创业公司。"

然而，这种做法并不切实际。如果投资的金额才区区 100 美元，看完投资条款清单首页上的股价和估值后，投资人还会再花半天工夫（至少半天）来琢磨后面的法律术语吗？更何况之前已经有数十位投资人承诺了会投资这个项目，有的也已表明仔细研读过里面的内容，这样还有必要再看投资条款清单吗？再说了，如果你所投资的公司正在蓬勃发展并被亚马逊（Amazon）或脸谱网（Facebook）收购，这时，条款里那些权利、限制、优先权和意外事项看或不看又有什么差别呢？不管怎样，你最终都会赚个钵满盆盈，不是吗？

确实，连一些有经验的天使投资人也承认，只要条款相对标准、没有歧义，他们不会对价格和估值以外的条款付出太多的关注。相较而言，他们更看重的是这家公司的经营理念、创业者执行商业计划（和必要时对公司进行转型[①]）的能力以及公司产品或服务的可观市场。保罗·格雷厄姆（Paul Graham），美国首屈一指的天使投资人和科技孵化器 Y-Combinator 的创始人之一，在 2009 年曾写道："不要把时间浪费在交易条款的细枝末节上，尤其是第一次进行天使投资的人更不应该在这种小事上计较。担心条款细节不是赢得游戏的重点。当人们谈论一个成功天使投资人时，不会说'他拿到了 4 倍的优先清算权'，而是说，'他给谷歌投资了'。"

天使投资人能从交易中获利，不是因为在公司估值 150 万美元

① 关于公司转型的不同观点，请参见萨拉·汉克斯（Sara Hanks）在 2013 年 5 月 6 日发表的《转型的风险》（*The Perils of the Pivot*），网址为 http://www.crowdcheck. com/blog/perils-pivot。汉克斯是一名证券律师，也是 CrowdCheck（提供尽职调查和信息披露服务的公司）的 CEO（首席执行官），她曾警告说："如果大家认为你拿了钱后要去做项目 A，结果你却用来做项目 B。这种情况下，这些投资人可能会认为你涉嫌证券欺诈。"为避免责任风险，发行者应当披露，如果情况发生改变，公司存在不得不转型的可能。与此同时，发行者还要"解释项目 B 的具体计划是什么"。

而非 300 万美元时加入投资，而是因为他们投资的确实是个成功的公司。

这点无须我再强调，投资人不要纠结于技术细节或交易条款，而是应该好好花时间去考虑这家公司到底好不好。①

毫无疑问，有些人投资股权众筹项目并不是为了投资回报率。比如，有的是向自己欣赏的创业者提供支持，有的想在当地拥有一块聚会场所，而有的只是简单地想冒一次险。对于这类投资人来说，研究交易条款似乎是个不必要的负担。

然而，请记住：投资私募投资有风险，创立新公司也有风险，而制定交易条款的目的就是尽量减少投资人和创业者的风险。不管是为了投资回报率还是出于其他目的，交易条款的每一项内容都有一个重要目的，即解决潜在问题、纠纷或投资后可能（常常）出现的问题。你可以随意忽略某项或全部交易条款，但在此之前，请先阅读下列几项最常见条款的简要说明，看看自己是否了解这些条款是如何保护自己免于损失并提高投资回报率的。

强烈建议：如果投资人反复在同一个股权众筹网站进行投资，且该平台使用的是一种或两种标准化的投资条款清单（比如一份用于直接股权，另一份用于可转换债券），那么投资人最好花点时间好好研究下交易条款中最重要的几项内容，比如估值、股票期权池、清算优先权、投票控制权以及反稀释条款。

当投资人决定质疑网站的任何发行条款之前，请记住一件事：投资不过是投资人和目标公司合作关系的开始——在理想状态下这种关系会持续好几年。如果投资人一定要对其中某项或多项条款提出质疑，那么在沟通时语气要尽量委婉，毕竟和他们融为一个团

---

① 保罗·格雷厄姆. 如何成为一名天使投资人[EB/OL]. 2009-03，http://www.paulgraham.com/angelinvesting.html。

体才是投资人的最终目标。

直接股权发行的交易条款

在股权众筹网站上发行股票（股份有限公司）和成员权益（有限责任公司），最常见的条款通常可以分为四大类：①经济条款；②控制条款；③流动性事件相关的条款，包括未来融资和退出；④其他条款。具体定义和解释如下：

在投资条款清单首页的最上方，其中一个条款就是说明发行证券的类型。在股权众筹交易中，最常见的发行证券包括股票、有限责任公司成员股份以及可转换债券（实际上是普通股和债券的结合体）。本书在第 10 章对这几种证券做过基本介绍。在天使投资范畴中，直接股本比可转换债券更为常见。

经济类条款

投资条款清单会在第一页或前两页列出最重要的经济条款：股票或 LLC 成员权益的每股单价、公司估值（或者增量持股比）、目标融资额、最低投资额、可接受的融资增额以及融资截止日期。

大多数投资人会先研究投资条款清单的前几项内容，看看这几项发行条款是否合理，然后再完整地阅读整个交易条款清单，并进行必要的尽职调查。有的投资人可以不用看完所有条款就能做出投资决策。不过，在首页上的那几项经济条款无论如何都需要研究透彻。如果投资人不太明白条款中的法律用语，可以要求发行者提供一份英文（或西班牙语等发行所用的任何语言）说明，用浅显的语言对这几项条款加以解释。若发行者不能满足这项要求，可以请处理过私募投资交易的律师或金融顾问来解释其中的含义。虽然获取专业的意见可能会花费几百美元，但是这笔费用支出绝对有必要。因为许多发行者（尤其是在同个众筹网站进行发行的人）会使用类似的交易条款，投资人在未来股权众筹投资时可以继续沿用这些专业意见。

如果投资人仍不明白首页上的经济条款，除非采取非常可靠的“跟随领投人”的方式（前几章对这种方法进行过解释），否则的话，不要轻易开始投资。

此外，不要理所当然地认为名气大的众筹网站其交易条款一定公允。虽然有些网站确实会要求发行者提供公正的交易条款，甚至让发行者直接使用（或修改）由自己法律团队起草的标准化投资条款清单。但是，有些网站更在意发行者撰写投资条款的自由，而不是投资人的交易安全。

每股股价及最低投资额。除了发行证券的类型，大多数投资人查看的第一个条款是价格和最低投资额。如果最低投资额超出股权众筹法案对投资人规定的投资上限（根据投资人的收入和净资产来计算），则该投资人无缘参与该融资项目。要注意，有些投资人在第一年参与股权众筹投资时，可能会选择多个项目来分散投资风险。

许多发行项目会说明股票的每股面值或每份成员权益的单价，但是单看价格一个数字并没有多大意义，除非能知道每股股票或每份成员权益所代表的股权比。有些发行者考虑得十分周到，会将这两个数字都提供给投资人，不过，有很多发行者并不会这么做。不管怎样，发行者都应当提供详细信息——如公司（拟定的）估值、现存股票或权益份额的总数，以便投资人用一个或多个公式来计算所持有股份的股权比。公式参考如下：

100 ÷ 发行总股数=每股股权比

投资金额 ÷ 公司估值=该投资份额的股权比

为了让这些公式有意义，我们需要对两个概念进行解释说明：

- 发行总股数。发行总股数指发行者持有的股数、授予员工和董事的股数、已售给投资人的股数和本轮融资核定待发行的股数（以及预留的员工期权）的总和。
- 公司估值。公司估值指在某个特定日期，发行者对公司拟定的估值，或者发行者聘用第三方估值分析师进行评估的估值。对于非上市公司，估值往往具有较强的主观性：公司发展阶段越早，不同人的估值结果差异就会越大。在私募投资发行中，估值通常会在融资前条款中进行说明（在本轮融资前的估值）。有时候融资前条款和融资后条款里都会有估值说明（融资前估值加上本轮募集资金即为融资后的估值）。

  上述第二个公式中的“公司估值”应当使用融资后估值进行计算。

发行者应披露估值的方法、细分方法或倍数，以及估值生效的具体时间——不同月份的估值结果不同（参见下文“创业企业和早期阶段企业的估值”）。

天使资本的估值一般落在 50 万～300 万美元范围，偶尔会有特殊情况。

如何判断股票价格是否公平？当然，在任何自由市场交易中，投资人（买家）都希望估值估得低，而发行者（卖家）则希望股价卖得高。有些没有经验又充满幻想的创业者通常是抱着真诚乐观的心态来夸大公司估值，但有的则是心存贪念。投资人应尽量判断出估值是否合理，毕竟估值决定着股价。但与此同时，不要试图将估值计算得过分精确。正如第 10 章中所说，天使投资成功的关键不一定是购买价格多么优惠，而是入股了具有发展潜力的公司。

下一个逻辑问题是，公司在首轮融资时该发售多少股份比较合适呢？天使投资人在初创企业首轮融资时，通常会认购占总数20%～35%的股份。[①] 如果公司在种子期发售的股数超过 35%，那么在后续股权融资时公司可能无法在保住控股权的前提下预留出充足的股数。

创业企业和早期阶段企业的估值

估值是天使交易中最重要也是最不可靠的条款之一。因为对创业公司进行评估十分困难，这种公司通常没有多少发展历史，甚至没有多少收入或正向现金流可供参考。

对上市公司进行估值相对容易得多，因为这类公司的市值较为离散：每股单价乘以已发行的股数等于资本化价值（过于简化的计算过程）。还有其他几种估值方法，比如账面价值（公司资产减去资产负债表上的债务），这种方法适用于管理和投资目的的估值。

而非上市公司的股份很少进行过交易，股价自然难以推算出来，因此，要想计算非上市公司在某一天的具体市值几乎是不可能的。专业的评估师和估价师对中型企业——营业收入在 5 000 万～10 亿美元的公司（有些人将中型公司的下限定为 500 万美元）进行评估时，会采用三大类方法，每种方法下有各种细分方法。选择合适的方法（或组合方法）是一件兼具艺术和科学的事情。三种大类方法具体介绍如下。

- 资产法（asset approach）。资产法主要依据公司生产性资产

① 斯科特·A. 沙恩. 傻瓜的金子：美国天使投资背后的真相[M]. 牛津：牛津大学出版社，2009：98.

的市场价值（考虑到增值或折旧），扣除负债后进行估值。对有些创业公司来说，其资产可能主要是知识产权，例如注册专利和商标、制造或食品加工设备、经销商库存或者用于能源勘探的土地。

- 市场法（market approach）。估价师将目标公司与近期被收购的同类型公司进行对比分析来计算估值。这种方法最适合“比较对象”位于同一区域的本地企业。市场法通过调整各种风险因素（如管理经验和竞争环境）从而得出估值。
- 收益法（Income approach）。通过对公司未来 10 年或更多年的现金流进行预测，将未来总收入流折算为现值，从而得出估值。贴现率通过无风险利率（例如政府债券的风险利率）加上公司特定的和宏观经济上的各种“风险溢价”来确立。

不过，对于初创企业和早期阶段企业来说，它们通常没有充足的资产、可比的企业或任何营业收入来作为可靠估值的依据。因此，估值对于初创企业来说是十分主观的，更偏向于艺术而不是科学。天使投资人只能通过快捷的评估方法以及强大的直觉来判断发行者拟定的估值是否处于合理范围之内。

对于具有一定盈利历史的早期公司，可以使用行业倍数（industry multiples）来粗略推算出公司估值。阿斯沃思·达莫达兰（Aswath Damodaran，商业评估专家，纽约大学斯特恩商学院的金融教授），每年会为数十个行业发布最新的价值倍数，从广告业到公共事业均有所涉及。他使用的估值指标有两种：一种是 EBITDA（earnings before interest, taxes, dividends, and amortization），即息税折旧摊销前利润）；另一种是更简单的 EBIT（earnings before interest and taxes），即息税前利润。处于价格倍数底端的有石化行业，价值倍数约为 9.4 倍 EBIT。随着价值梯度往上的分别有生物技术行业，价值倍数约 50 倍 EBIT，电商零售业 79 倍，房地产行业约 112 倍。[①]

对于尚未盈利的公司，则采用主要用于技术行业的市场法进行估值，不过参考对象不是可比公司的收购价，而是风险投资和天使投资轮次的财务数据。这需要投资人了解天使和风投交易的内情以及涉及的估值，或者访问美国天使投资研究院（Angel Resource Institute）、CB Insights、Gust 等知名天使和风投机构的数据库与调查报告。可比估值是对目标公司进行估值的起点，然后再结合该公司的风险因素，比如发行者的管理团队、公司发展阶段、市场规模、竞争压力以及经济态势等[②]，来调高或降低（通常是降低）可比估值。

请记住，这些方法只能对创业企业和早期企业进行粗略的估值。如果投资人在特定行业有经验，可能对该行业的创业公司比较熟悉，那么即便没有使用数据库，不了解风险因素，也没有大学水平的数学能力，也能够评判出发行者拟定的估值是否合理。

有一种估值方法——黑箱型“估价工具”，投资人在使用时要十分谨慎。在有些网站上，甚至一些融资平台上，用户只需要简单地输入十几个与财务业绩有关的数字，再勾选上几个选项，页面就能自动吐出一个数值来。如果发行者声称用了这种服务来推算估值的话，投资人要么直接忽视，要么就谨慎一点，对这种服务进行核实——查清该网站是从何处获取到“可比”数据，以及如何计算发行公司输入的数据。如果答案不及时或者不令人满意，那么投资人

① 当前以 EBITDA 和 EBIT 表示的价值倍数可在纽约大学斯特恩商学院的网站获得，http://people.stern.nyu.edu/adamodar/New_Home_Page/datafie/vebitda.html。

② 这种方法和有关方法参见大卫·罗斯. 超级天使投资[M]. 纽约：约翰威立国际出版公司，2014：98-104.

就不要轻易相信这类估值结果。

有些自动估价工具可能确实合法有用，但是好的工具是要收费的。免费工具计算出来的估值，往往没有多少参考价值。

下面换个角度来总结有关估值的讨论。保罗·格雷厄姆，科技孵化器 Y-Combinator 的 CEO，曾写过这样的一段话：

评估早期创业公司并没有什么理性的方法。估值能反映的值不过是这家公司的谈判地位。如果它们真的想要你，要么是急需用钱，要么是你可以给它们带来很多帮助，那么它们自然会将估值定低点让你投资。如果它们不需要你，估值就会更高。说句老实话，初创公司在估值方面的知识结构很可能不比你多多少。[①]

全面稀释后的估值。一般情况下，估值通常指“全面稀释”后的估值，即所有可转换优先股已全部转为普通股，所有股票期权和认股权证均已行权，公司为未来员工预留的期权池也已增加。这里的转换和行权都只是假设性的（不过期权池在实际中确实会增长），目的是让投资人知道未来发生稀释事件时，公司的估值以及投资人持有的股票价值会发生什么样的变化。

在有限责任公司的成员权益中，其权益比可能也会在全面稀释的基础上进行计算。更多有关稀释条款和反稀释条款的内容请参阅本章后面部分。

如果投资条款清单中没有明确说明估值是否经全面稀释，投资人应当要求发行者询问全面稀释后的估值是多少。同时，确保发行者为公司未来的高管和骨干员工预留了充足的期权池。因为这类期权不仅可以激励员工努力工作，保持对公司的忠诚，还可以将员工的利益与投资人的利益紧密地连在一起。或者，至少要确定公司是

---

① 保罗·格雷厄姆．如何成为一名天使投资人[EB/OL]．2009-03，www.paulgraham.com/angelinresting.html。

否可以不经过股权众筹投资人的投票就可以决定未来要稀释股权比（例如，在未来发行更多的股票）。

期权池通常代表着 10%～20%的流通股。如果发行者在股权众筹融资后才发行期权，那么所有人的股价都会被稀释。

投资增额。一般情况下，发行者不仅要标明最低投资额，还要说明投资增额是多少。如果最低投资额以美元表示，那么可允许的投资增额也会以美元表示。如果是股票或者权益的方式，那么投资增额也会是股票或者权益的方式。举个例子，发行者规定投资人的最低投资额为 500 美元（代表 750 股），可增投的额度为 100 美元（追加 150 股）。

融资的上限和下限。有的发行项目只声明在最后期限（截止日期）前需要募集的目标金额。如果承诺投资的人数足够多，并在截止日期前完成融资目标，那么交易就会结束，投资人获得股权。有的发行项目会声明融资的上限和下限。只要已承诺的所有投资额达到或超过融资下限，交易就会在截止日期那天结束。如果在截止日期之前就达到融资上限，那么交易就会在达到上限的当天结束。

募资用途。发行公司必须说明本轮募得资金的使用目的。发行者可以笼统地说："本次发行所获的融资净额将用于公司日常运营"，也可以详细说"……用于拓展销售和零售的能力"或者"……用于采购或租赁电脑终端机来处理公司的产品电子订单和销售业务"。此外，发行者还可能会（或者接着）这样说："我们相信这笔资金能够支撑公司运营 10～14 个月。"为了让投资人更加放心，融资公司应当在投资条款清单中包含这样一条免责声明："本轮融资净额不会用于偿还任何债务或延期工资。"

如何具体描述募资用途比较合适呢？若描述得太过具体，那么有些情况处理起来会缺乏灵活性。如果说得太过简略又不足以令投资人坚定信心。关于这方面，我们也无法给出明确的经验法则。投资人只能相信公司主管既精明又尽责，他们会好好利用募资来提升股权的价值。然而，投资人还需要注意以下几点：①公司可以使用部分筹资来支付意料之外的成本，比如燃料或原材料的价格飙升；②如果公司承诺过会将这笔募资用于某个目的，但最后却花在了其他地方，那么这种行为可能会违反证券法规，投资人可以用证券欺诈罪起诉公司。

资本结构。公司必须在发行文件中（一般是在投资条款清单里）披露以下几项内容：发行证券总量；主要股东的名字、职位、所持证券类型以及股权比；短期负债的来源和总额；债务、可转换债券和股权融资三者的比例。上述信息中大部分在股权结构表里都能找到。

控制条款

作为股权众筹投资人，你可能只持有该公司极其微少的股份，也就是说在公司数十名、数百名甚至上千名的股权众筹投资人中，你所投资的股份可能只有很少的股权比。如此微少的所有权会面临两种结果。在股权众筹融资轮次（我们称之为 CF 轮融资）中，交易条款能赋予投资个人的控制权或参与权非常有限，基本无法参与公司的管理和日常运营。不过，这并不意味着公司可以忽略小额投资人的利益。实际上，在美国的所有州区，公司高管、董事、管理成员和普通合伙人都有受托人的义务，行事需以公司利益而非个人利益为先。因此，主管和董事一般不允许进行谋私交易，包括在没有竞争性投标的情况下，私下买卖物资和服务；靠关系让双方不称职的亲戚在公司担任职位；等等。

获得控制权，哪怕是很少数的控制权，也不应当成为股权众筹投资人的投资目标。除非投资的金额比其他人多得多，并成为公司实质上的领投人，否则的话，交易条款是不会赋予股权众筹投资人太多控制权的。作为领投人，投资人可以凭借自己大量的股权发挥必要的影响力，实现适度的战略目标，比如参与公司的管理（通常是有限的管理范围）。

如果投资人对掌控公司十分感兴趣，可以在下一轮天使融资时买进该公司的股票，和其他少数天使投资人一样，每人投资数万或数十万美元，否则的话就自己创立一家公司。

投资股权众筹项目虽然不能享受多少控制权，但是这并不会影响投资人实现自己的社会和/或经济层面上的目标。

在股权众筹中，小额股东还会面临另一种后果：当投资人在二级市场出售股票时（持股期满一年后），由于缺少控制权，股票价格会被打折。换句话说，如果公司估值 200 万美元，而投资人仅持有其中 0.1%，那么这些股份在出售时的实际价值会低于 2 000 美元（0.001×200 万美元）。[①]虽然这只是个简单的假设，但这会让投资人觉得小额投资非上市公司的风险又增加了一分（在退出事件中可能会出现不同的后果，比如该公司所有的股权都被收购，在这种情况下，股票价值既不会被贬值也不会出现溢价）。

董事会席位。董事会的成员掌握着公司的最终控制权。董事会可以雇用和解雇 CEO，并对公司最重要的决策进行投票，其性质会在公司章程或经营协议里进行说明。处于种子阶段的公司，其董事会通常由 3 名成员组成：一到两名创始人，一名首席执行官（CEO），可能还会有一名外部成员。这名外部成员既不是创始人也不是公司

---

① 相比之下，如果某位大股东拥有 51%的股权，则被认为享有公司控股权，这时控股股份的价值很可能会超过 102 万美元（0.51× 200 万美元）。

员工，而是一名拥有该公司行业经验的人，能够为公司提供监督，并对管理战略提供个人视角。理想情况下应该由专业顾问来担任外部成员，比如具备领域专业知识的律师或会计师，或者是同行业中成功的创业者或前执行官。

经过种子阶段后，创业公司的董事会席位可能会发展到 5 个（通常为奇数，避免投票平局阻碍公司管理）：一到两名创始人，一名 CEO，一名外部成员以及一名种子期或创业期的投资人。到了后期阶段，公司可能会有 7 名或 9 名董事会成员，有时会包括在天使或风投轮次股权融资中连续投资的两三名投资人。

投资人如何才能获得董事会席位呢？当一群天使投资人或一家风投公司为创业企业或早期企业投资数百万美元时，这名大投资人自然希望有权选举一名董事会成员，以保护自己的投资。他们要确保自己投资的公司能够精明地与供应商和客户谈合同，要防止创始人肆意挥霍资金，比如乱开高薪、购置昂贵的公车、租赁高价办公场地、头等舱出行、贸然收购，等等（这些情况屡见不鲜，尤其是头一回创业的创业者，拿到大笔资金后往往会不知所措）。天使团队和 VC 基金之所以能向公司力争董事会席位，是因为：①他们为公司投入了大量资金，拥有强大的行业知识和人脉，这些都是发行者所渴望的；②他们是个有凝聚力的团体，能够有序地从内部推选出董事会成员——通常是负责该项投资交易的主要天使投资人或者 VC 基金合伙人。天使团队或 VC 基金的成员彼此认识，在与发行者谈判之前可能就已经选好了董事会代表。

根据芝加哥大学布斯商学院安德鲁·Y. 黄的研究显示，2002 年之前，天使投资人在一半以上的天使交易中是无法参与董事会的。①

现在假设有一笔股权众筹交易，参与投资的 CF 轮（股权众筹轮）小额投资人有数百名，他们加在一起的总投资额不超过 100 万美元，彼此之间素不相识，也不确定谁会具有专业知识。像这样的群体，如何从中推选一名成员代表他们参与董事会呢？从发行者的角度来看，让这群没有凝聚力的人参与管理可能会导致“火车事故”。因此，交易条款中很少会为这类投资人加上董事会席位这项条款。

我们预计美国国会将修定《创业企业促进法案》(《JOBS 法案》)的 Title Ⅲ（众筹），允许股权众筹门户能够像 VC 基金一样，将多个投资人的资金集中到一个单一实体（可能是有限责任公司)，作为代理人或“代名人”向某个发行者进行投资。此外，门户还可以为特定几个发行项目成立联合投资实体。这种安排在私募发行平台上（见第 2 章）和一些英国股权众筹网站（如 Seedrs）比较常见。在这种众筹门户上，投资人购买的是 LLC 成员权益而不是直接向发行者投资，这样，作为代名人的基金门户就可以更好地代表投资人向公司争取董事会席位和投票权。

投资人若对某个公司产生兴趣，在尽职调查时应了解该公司董事会的组成。如果发行者的董事会没有外部（独立）成员，投资人应当加以注意。因为这可能象征着公司管理不善，或者表明董事会只是草草地通过 CEO 的提议，而不是给予应有的关注和思考。如果种子期或初创期公司的董事会成员太多（依据经验法则，超过 7 人算多），这也可能是个危险信号。因为成员越多，董事会做决策的过程就越复杂。此外，投资人还要注意董事会上是否有“虚

---

① 安德鲁 · Y. 黄. 天使金融：另一种风险资本 [D]. 芝加哥：芝加哥大学布斯商学院，2002-01。黄目前是芝加哥安诺析思国际咨询公司（Analysis Group）的负责人。

荣席”和“无投票权观察席”。前者指某名董事总想在董事会上当个大人物，而后者则是指有些观察员即便没有投票权也要在董事会上吵吵嚷嚷地制造混乱。

保护性条款。不管是投资者个人还是群体，没有董事会席位，就无法对公司日常运营和管理决策发挥多大作用。不过，有些与众筹投资人的股权长期利益相关的事务，交易条款应当向众筹投资群体赋予一定的控制权。这一有限的控制权会在保护性条款里进行明确说明，也就是众所周知的否决权。

在天使投资中，保护性条款的典型措辞如下所述①：只要超过（最低股数）股 CF 轮股票仍在外流通，下列行动无论是直接发生还是在后续融资或并购时触发，必须经过多数（或者绝对多数，如三分之二以上）股东同意方可执行。具体行为如下：

- 变更 CF 轮优先股的权利或优先权。
- 增加普通股或优先股的额定发行数量。
- 设立任何高于或等同于 CF 轮优先股的其他股份。
- 并购、公司重组、出售控股权或任何有关出售公司全部资产的交易。
- 赎回或回购公司任何股份（不包括公司依据条款规定用特定的价格回购的股份）。
- 变更董事会的额定席位数。
- 清算或解散公司。

这些是在天使交易中较为常见的保护性条款，还有其他条款尚未列举出来。有些签订的天使交易或 VC 交易的投资条款清单会包

---

① 改编自 Series Seed.com 网站（考夫曼基金会推荐），访问于 2014 年 8 月。布拉德·菲尔德，杰森·门德尔松. 风险投资交易：条款清单全揭秘[M]. 2 版. 纽约：约翰威立国际出版公司，2013：64-65.

含几条保护性条款，但是全部包括的基本没有。在股权众筹交易中，投资人可能会对上述的第一项或前三项表示满意。不过，对小公司而言，联系成百上千名投资人并收集投票，如此繁重的行政工作会让这些条款难以执行。

当然，一个有凝聚力的 CF 轮投资群体可以通过否决权来实施“肯定性的控制”，正如大卫・罗斯所说：

打个比方，如果公司需要发起新一轮融资，但投资人却希望该公司重新调整其业务模式。这时，除非董事会通过转型决策，否则投资人就会一直拒绝通过新一轮融资。①

不过，如果 CF 轮投资群体中缺少这样极具影响力的领投人，那么这个群体也就没有凝聚力可言。

投票权。保护性条款本质上是否决性的投票权，那么积极的投票权是否存在呢？有些 VC 交易和天使交易中，优先股股东有权和普通股股东一起为某些特定事项行使投票权，这些事项在公司章程或营业协议里会有明确规定。举个常见的例子，优先股股东可以投票选举新成员参与董事会，或准许公司借债超出一定限额。在这种天使交易和 VC 交易中，投资人通常会联合成一个实体（天使团队或 VC 基金专门成立的载体），以方便公司联系投资实体并收集投票。此外，发行者还能通过面对面的谈判来熟悉投资人和他们的专业能力。因此，发行者欢迎投资人用这种方式来表达意见，不然的话，交易将很难进行下去。

由此可知，在股权众筹交易中授予投资人投票权并不是一件容易的事。除非所有投资人能一直聚集在投资网站上，否则的话，当公司发布投票通知和请求时，他们无法做出快速回应。谁也无法保

---

① 大卫・S. 罗斯. 天使投资：初创企业投资赚钱、玩乐阵风指南[M]. 纽约：约翰威立国际出版公司，2014：125.

证成百上千的投资人能定期活跃在网站上。不仅如此，尽管发行者感谢投资人的财务支持，但投资人的投票可能没有那么受欢迎，毕竟他们的专业知识与天使团队和 VC 基金相比并不在同一个水平。

流动性事件和未来融资相关条款

带动投资回报的关键在于所投公司的盈利能力要不断增长，或者至少有向上增长的潜力，这样的公司才有希望成为不错的收购目标或 IPO 候选人。不过，在这期间还有其他因素或多或少地影响着投资回报。这些因素包括：未来融资时增发新股导致股份价格被稀释；公司解散后分配剩余募资；公司的出售价低于 CF 轮估值。这三个流动性例子即便没有对投资人造成实际损失，也会让投资回报受到不少的影响。

除了发行者的家人和朋友之外，股权众筹投资人通常是在第一轮股权融资时为发行者提供资金。为了保护他们的利益不受这几类流动性事件的影响，投资条款清单应至少包括以下第一项：

优先清算权。如果投资人参与的股权众筹交易多达 10 项，则很有可能会遇到一些清算事件。当公司宣布退出时，无论是自愿的还是出于其他原因，必须清算全部资产。清算所得资金首先要支付员工的工资和奖金；其次偿还债权人和持票人的债务；如果有剩余的话，再将剩余资产返还给投资人。如第 10 章所说，优先股股东通常会优先于普通股股东获得分派。

优先清算权条款明确规定，优先股股东在公司解散或出售时有权获得每股（×）倍于原始购买价格的回报。即使在最糟糕的情况下，公司经营“遭受重创”，留给投资人的资产所剩无几，这时剩余资金仍会根据股权比例优先分派给优先股股东。等优先股股东拿到全部份额后，普通股股东才能分派剩余的清算资金。优先清算权的标准条款如下：

当公司清算或结束业务时，CF 轮优先股股东有权优先于普通股股东获得回报，每股以下面两种较高的金额进行计算：（A 选择）原始购买价格加上已宣布但尚未支付的股利；（B 选择）在公司清算或结束业务之前，优先股股东将优先股转换为普通股后所获得的金额（“优先清算权”）。

CF 轮优先股股东获得优先清算回报之后，普通股股东才能按照股权比例分配公司的剩余资产。

公司合并、兼并、被收购、出售控股权或者出售全部或绝大部分资产，从而导致公司现有股东在续存公司已发行股份的比例不高于 50%，以上事件即可被视为触发优先清算权的清算或清盘事件。①

A 选择是众所周知的 1 倍优先清算权，即优先股股东能获得 1 倍于初始投资（购买价格）的回报，以及宣布未支付的股息。如果投资人在交易中拥有强势的谈判地位，就有可能获得 2 倍以上的优先清算权。

再看下 B 选择，当公司的出售价远远高于 CF 轮交易时的估值（后文称之为“增值”收购），优先股股东可以将优先股转换成普通股以享受和普通股股东一样的资本利得。请记住（我们在第 10 章曾解释过），普通股的股价会随着公司市值自由地上下波动，而优先股的股价则会受到保护（和限制），不会被市场波动所影响。事实上，根据优先清算权的条款规定，如果 CF 轮优先股转换后能够

---

① 改编自 Tech Stars 公司的《种子轮融资文件的开源模板》，由迈克尔·普莱特和诺亚·皮塔尔撰写。这两位撰写者均是库利律师事务所的律师。访问时间为 2014 年 8 月，链接地址：www.techstars.com/docs/。

获得更高的收益，这时优先股就会自动转换为普通股。本章在后面会继续说明如何将优先股转换为普通股。

除了解散或上行收购之外，还存在另一种情况：跌价收购，即公司出售价低于 CF 轮交易时的估值。也就是说，公司在股权众筹融资后估值不断地下跌，不过在解散之前就被幸运地收购了。在这种情况下，公司清算后所得资金会根据优先清算权的先后顺序进行分派：先是员工和债权人，然后是优先股股东，最后是普通股股东。

下面这个例子能够说明优先清算权在下行收购中带给投资人的好处：假设 Startup Zilla 公司目前估值 200 万美元，你认购该公司 2 000 美元的 CF 轮优先股，获得 0.1%的股权。之后，该公司以 100 万美元的价格被收购，只有估值的一半。如果没有优先清算权，你最多只能拿到收购价的 0.1％，即 1 000 美元。如果有，就能拿回全部的投资，即 2 000 美元。当然，前提是 Startup Zilla 公司有足够的现金，在支付优先股股东的员工和债权人之后还能有剩余资金分给优先股股东。创始人以及所有普通股股东位于优先清算的底部，除非你拿到 2 000 美元投资额，否则他们连一分钱都得不到。

由此可见，优先清算权是对早期投资人承担高风险的奖励。不管是哪种结果，优先股股东都能实现利益最大化：在跌势时享有优先股的保护，在涨势时又能享受普通股的收益。不过，有项研究表明，合格天使投资人参与的交易中，只有半数交易在遇到跌价收购时享有优先清算权的保护，而在风险投资中，大多数交易都能享受到优先清算权的保护。①

① 斯科特·A. 沙恩. 傻瓜的金子：美国天使投资背后的真相[M]. 牛津：牛津大学出版社，2009：89；埃米斯，史蒂文森. 胜利的天使[M]. 伦敦：金融时报出版社，2001；奥斯纳布拉格，罗宾逊. 超级天使投资[M]. 旧金山：乔西-巴斯出版社，2000。

经过多轮股权融资后，如果不同投资群体存在级别上的差异，且优先顺序前后“堆叠”在一起，那么优先清算权就会变得十分复杂。从发行者角度来说，最简单的方式就是让所有优先股股东享有平等的优先清算权，正式用语为“pari passu”（拉丁语，意为“平等位次”）。

完全参与分配权。完全参与是指在清算时，所有优先股股东获得全部的优先清算回报（投资额加未支付的股息）后，还可以跟普通股股东根据比例或是在“上限”基础上对剩余资金进行分配。不过，在股权众筹投资条款清单中，不要指望能看到这项条款。创始人，通常是普通股股东，一定会拒绝为众筹投资人提供完全参与分配权，即他们眼中的“双重分配权”（double dip）。因为这项条款会让创始人在公司解散时利益遭受重创，或者在公司出售时无法获得适当的回报。只有当对方是个特定的战略投资人而非一群陌生的众筹者时，发行者才会提供这项条款来吸引投资。

如果投资人的优先清算权条款中包含了转换权，那么在上行收购时，只需要将优先股转换为普通股就可以获得更高的收益。因此，完全参与分配权并不是一种至关重要的优势。

稀释：早期投资的弊端

2010 年上映的电影《社交网络》（*The Social Network*），其故事原型来自 Facebook 创业阶段所发生的事情。如果你也看过这部电影，就会知道股权稀释对 Facebook 联合创始人爱德华多 · 萨维林（Eduardo Saverin）造成了多大的负面影响。2004 年，另一位联合创始人马克 · 扎克伯格对 Facebook 进行重组，将公司从有限责任公司转变为股份公司，从而导致爱德华多 · 萨维林的股权被稀释。

尽管电影是虚构的，但有些情节是真实存在的。在现实中，萨维林的确因为自己的股权被稀释向 Facebook 提出了诉讼。如果在此之前你对稀释的认识还停留在模糊阶段，那么上述例子就简单明了地告诉你股权稀释是如何发生的，以及股权稀释是如何不动声色地影响着早期投资人的利益。

假设，XYZ 公司是一家创业公司，依据公司章程创造了 100 000 只股票，并将其中的 60 000 股分给创始人 F。在第一轮对外股权融资中，XYZ 公司将剩余的 40 000 股出售给两位外部投资人 A 和 B。两人以相同的价格分别购买了 20 000 股。

这一轮融资后，创始人 F 拥有大部分股权（60%），投资人 A 和 B 各持有 20%的股权。

几个月后，XYZ 公司需要募集更多资金，公司董事会授权 XYZ 公司增发 16 000 只新股。这时 XYZ 公司将新股全部卖给了投资人 C。

第二轮股权融资后，股票总数为 116 000（100 000+16 000）股。此时，创始人 F 拥有 60 000 股，占新总股数的 52%，仍保持控股权。投资人 A 和 B 各持 20 000 股，在本轮后分别代表 17%（20 000 ÷ 116 000）的股权比。投资人 C 的 16 000 股股份占股本的 14%（16 000 ÷ 116 000）。

现在主要来看下早期外部投资人 A 在第二轮后股权发生了什么：尽管 A 的股数没有发生改变，但股权比却从之前的 20%下降到 17%，这说明 A 的股权比经过后一轮股权融资后被稀释了。同样，投资人 B 的股权比亦是如此。

这时先不要急着下定论说投资人 A 陷入困境，要知道股权比对投资人来说并不一定是最重要的，关键还是要看这些股份的实际价值，而每只股票的价值最终取决于整个公司的估值。

那么在第二轮融资后，XYZ 公司估值到底发生了什么变化？如果将 XYZ 公司的估值看作一块蛋糕，则会出现如下问题：当投资人 C 在第二轮融资中购买 XYZ 公司的股票时，此时的蛋糕是否比投资人 A 和 B 买入时的更大？如果确实比之前要大，那么投资人 A 和 B 现在是拥有一块比例减小但尺寸更大的蛋糕。他们到底是亏是赚，取决于蛋糕最终能做得有多大（不过，蛋糕也有可能越做越小，也就是说估值不断地下跌）。

投资人 A 的三种结果：赚、亏、持平

让我们回到第一轮融资再详细分析一下。当投资人 A 和 B 购买 XYZ 公司的股权时，分别花了 10 万美元以每股 5 美元的价格认购了 20 000 股（该公司 20％的股份）。基于这些交易数据，交易双方将 XYZ 公司的估值（融资前估值）定为 50 万美元（100 000 美元 ÷ 0.2）。

投资人 A 赚了。假设第二轮融资时公司处于上行态势中。在第一轮融资和第二轮融资期间，XYZ 公司的实际收入大大超过预期，这时，投资人 C 愿意以高于投资人 A 和 B 的价格买入 XYZ 公司的股票。比方说，投资人 C 以每股 6 美元的价格买进 16 000 只新股（占新总股数 14％），总投资 96 000 美元。这样，在第二轮融资后，该公司的估值增值到 685 714 美元（96 000 美元 ÷ 0.14）。投资人 A 的股权比被稀释到 17%，其 20 000 股的总价值现在为 116 571 美元（685 714 美元 × 0.17）。在第二轮融资后，A 的投资额由 10 万美元增值到 116 571 美元。换句话说，虽然在这一轮融资后投资人 A 分到的蛋糕比例（股权比）变小，但是蛋糕（公司估值）越做越大，所以股权比稀释并没有对 A 造成负面影响。

由此可见，爱德华多 · 萨维林实际上是处于上行态势中。虽然

他的股权比被大幅削减，但当 Facebook 在 2012 年上市时，他仍然成为一名亿万富翁。

投资人 A 亏了。换个角度，假设公司出现下跌态势，即公司经营陷入困境，在第二轮融资时，投资人 C 只愿意以 4 美元每股的价格买进（低于 A 和 B 的原始购买单价）。由于公司急需用钱，所以接受了投资人 C 的 4 美元价格。经过复杂的数学计算之后可知，公司最新估值为 457 000 美元。投资人 A 原本期望公司未来能盈利，但现在自己的投资已经被贬值了——蛋糕变小，占比也变小了。

这种下跌态势——这一轮的股票价格低于上一轮融资的价格，就是我们通常所说的“低价融资”。在低价融资轮中，投资人 A 的股权比和股价都被稀释了。

盈亏持平。当投资人 C 购买的单价在 4～6 美元，对投资人 A 来说会有一个盈亏平衡点，即投资人 A 被稀释后的股权比乘以最新（第二轮后）的公司估值仍等于 A 的原始投资 100 000 美元。这个盈亏平衡点在每股 5.07 美元左右。

由此可见，早期投资人的股权比经过几轮融资后存在被稀释的可能。只要公司估值在显著增长，即便股权被稀释，早期投资人仍可以获得正向回报。相反，如果公司估值不能实现充分增长，那么股权被稀释对早期投资人来说无疑是个坏消息。

有些股权众筹股权融资交易会在交易条款中包含反稀释条款，让投资人在后一轮股权被稀释时能够获得至少一定程度上的补偿。

反稀释条款。正如 Facebook 联合创始人爱德华多·萨维林从经验教训中所学到的那样，如果公司在后续股权融资时发行更多股票，那么早期投资人的股权比就有可能会被稀释。请记住，投资人的股权比是将自己持有的股数除以流通股的总股数进行计算的。因此，股票总数越大，早期投资人的股权比就会越小（除非购买更多的股票）。如果公司能像 Facebook 那样蓬勃发展，即便股权比被稀释，投资人仍然可以赚得盆满钵满，这样也能让萨维林这样的早期投资人宽慰不少。但如果公司不能获得飞速发展，那么投资人的回报就会被一点点地稀释殆尽。

投资可以通过两种方式进行稀释：第一种是股权比被稀释；第二种是股价被稀释。后者出现在低价融资轮中，即公司第 $N+1$ 轮融资的估值低于第 N 轮的估值。

这就是为什么 VC 基金以及成熟天使投资人在早期投资时会尝试争取有利的反稀释条款。全美众筹专业协会（CFPA）在股权众筹的投资条款清单模板中包含了一项反稀释条款[①]（尽管 Tech Stars 的 AA 系列模板中并没有）。不过，这些条款操作起来比较复杂，且对后续融资的投资人（以及普通股股东）来说可能没有多少好处，因此并不是所有天使投资都会在投资条款清单中加上反稀释条款。[②]

反稀释条款有何作用？如果投资人的投资条款清单里能有幸包含反稀释条款，那么未来将优先股转换为普通股时，可以根据这项条款对转换率进行调整。打个比方，当公司进行低价融资时，即新投资人购买股票的价格低于上一轮投资人的购买价格，上一轮投资人的优先股转换率就会重新调整。这时投资人将优先股转换为普通股时（比如公司被收购时），就可以获得更多普通股。换句话说，为了弥补股权比被稀释的损失，公司会给予早期投资人更多的普通股。不过前提是事情进展得很顺利且投资人有转换的时机（和/或动机）。

---

① Title Ⅲ股权众筹投资［第 4（a）（6）条］，投资条款清单基础模板，CFPA，2014 年 7 月。

② 斯科特 · A. 沙恩. 傻瓜的金子：美国天使投资背后的真相[M]. 牛津：牛津大学出版社，2009：88；引用者黄：《天使金融：另一种风险资本》。

反稀释条款之所以复杂，是因为调整转化率的计算方法比较麻烦。第一种是完全棘轮法（full-ratchet），对首轮投资人最有利，能将稀释后的股权比恢复到原始水平。不过现在基本上不用这种方法了。第二种方法是 CFPA 推荐使用的“加权平均法”（weighted-average），相对而言，这种方法更有利于发行者和后轮投资人。加权平均法是“完全棘轮法”和无反稀释保护的折中。由于计算方法解释起来较为复杂，不能在这里展开解释，具体过程请参考布拉德·菲尔德和杰森·门德尔松所著的《风险投资交易：条款清单全揭秘（第 2 版）》第 4 章内容。[①]

完全棘轮法在 2001 年至 2003 年期间较为常见。当时互联网泡沫出现破灭，低价融资十分常见。如果在科技或其他行业再出现这种泡沫，那么完全棘轮法可能会比现在受到更多的欢迎。

如果投资条款清单中没有反稀释条款，投资人可以采取两种方法来避免稀释：一是在后一轮融资时买进更多的股票；二是行使股权众筹投资人的集体否决权（如果有的话），阻止公司在预期的低价融资中增发新股。但是，如果行使否决权阻止公司融资的话，可能会让整个公司的发展陷入困境，那么投资人的股份还是会被稀释到分毫不剩。

既然如此，没有反稀释保护的融资项目是否要避而远之呢？答案是肯定的，除非投资人真的喜欢这家公司、创始人、产品或服务，以及其他交易条款。稀释也可以被视为投资中的另一种风险，只有公司不断地获得盈利和发展才能降低这种风险。如果公司失败，那

---

① 布拉德·菲尔德，杰森·门德尔松. 风险投资交易：条款清单全揭秘[M]. 2 版. 纽约：约翰威立国际出版公司，2013：56-57。Feld 的网站也有一样的加权平均算法，参见 http://www. feld.com/?s=antidilution。

么稀释条款就变得无关紧要了（这一点与优先清算权不同）。

按比例参与未来交易权。凭借该条款，投资人有权（没有强制性）在后续股权融资中购买更多股票。这样对早期投资人来说是公平的，因为正是他们为种子期或创业期的公司提供了资金支持，才让公司有发展壮大的机会。如果投资人仍看好公司，并愿意按照下一轮的价格和条款继续投资，那么早期投资人理应有机会继续参与公司的未来交易。这项条款对于没有反稀释保护的交易来说尤为重要，当出现稀释时，投资人还有机会通过该条款来恢复自己的股权比（这就是我们在第 8 章中所说的投资人应该为后续融资自备“灭火器”）。

在拉丁语中，“pro rata”意味着“按比例”。本条款中“按比例”是指在后续融资时为避免股权被稀释，投资人有权进行必要的投资以恢复自己的原始股权比。当然，发行者也会对该项权利加以限制，防止早期投资人将新的（或更具战略眼光的）投资人全部排挤出去。

继续参与条款。该条款要求早期投资人必须参与后续融资。当公司资金短缺时，发行者希望早期投资人能够继续支持公司。交易条款中继续参与条款通常规定如下：如果 CF 轮投资人没有按比例继续参与后续融资，那么该投资人的优先股就会被转换为普通股，同时他或她也会失去优先清算权以及优先股相关的其他权利。

只要公司蓬勃发展，在后续融资时能顺利吸引新投资人，继续参与条款就不会被触发，早期投资人也可以继续坐享优先权和其他权利。这项条款和“完全棘轮”反稀释条款一样，在资产泡沫破裂时期更为常见。

领售权条款。在股权众筹投资条款清单中，这项条款也不是很常见。凭借该条款，CF 轮优先股股东可以强制公司进行清算，只要超过 50%的优先股股东投票赞成清算即可。换句话说，CF 轮优先股股东可以迫使任何人甚至普通股控股人（包括创始人）解散或出售公司。

当公司濒临倒闭而创始人拒绝清算时，这项激进的条款就会发挥作用。因为此时公司的估值会低于优先股股东通过优先清算权获得的回报，若解散或出售公司，普通股股东就会连一分钱都拿不到。在这种情况下，优先股股东可以凭借这项条款强制清算公司。

除 CF 轮投资人之外，领售权条款也可以有利于其他投资人，甚至是普通股股东。不过，优先股股东可以将部分或全部股份转换为普通股，从而获得支持/反对清算的投票权。由此可见，被领售对象的处境会相对复杂一点。

其他条款

下面这组条款和之前的一样重要，只是类别上和之前的有所不同，所以统一放在其他条款里进行说明。实际上，下述条款中的前两项——转换权和转让权在交易中相当重要。

转换权。除了在优先清算事件中，优先股股东还可以选择在任何时候（或在制定日期之后，如 CF 轮融资结束一年后）使用转换权将其股份转换为普通股。优先股股东行使这项权利的原因有很多，比如希望和普通股股东一样享有更加积极的投票权，或者觉得普通股在二级市场更容易出售等。不过，一旦投资人将股票转换成普通股，就无法再变回优先股。

不管是由投资人自行决定还是仅在清算时进行转换，转换条款必须确立转换比率是多少——投资者转换每个优先股后所获得的普通股数量。转换率通常为 1∶1，只有当反稀释条款另有规定或者股分发生分割时（在创业公司很少出现），这个比率才会做相应调整。

此外，转换条款还规定了在以下情况中优先股会自动转换成普通股：①大多数 CF 轮投资人同意按照公司提供的比率进行转换；②公司申请 IPO 时的资本总额超过了一定数目，通常为几千万美元（IPO 不同于公司解散和出售，不属于清算事件，所以并没有包含在优先清算权条款中）。

信息权。在私募发行中，投资条款清单通常会规定，公司在合理期限内至少应向所有投资人提供年度财务报表（经审核或审计，视筹集金额而定）。该条款在股权众筹交易中可能并没有什么必要，因为众筹法案要求发行者必须提供财务报表（尽管美国有些国会成员已经提议修改这项规定）。除了股权众筹交易外，非上市公司没有义务向任何人提供财务记录，除非证券发行、机构债务融资安排、信贷申请或者某些法律/司法程序强制要求必须这样做。

在后续融资中，有些交易条款要求发行者除年度财务报表外还要提供每月或每季度的财务报告。

股息分配权。天使投资交易中，优先股股东不一定会拥有股息分配权。CFPA 在股权众筹的投资条款清单模板中没有提供股息分配权，而 Tech Stars 在 AA 系列投资条款清单模板中则包含了有关红利分配的条款，即

在满足一定转换条件下，AA 系列股东有权按比例参与普通股的红利分配。当董事会声明……时，股东才能收到红利。

股息可以累积，即某年宣布而未发放的股息须累积到该优先股股东的递延股息上。当所有递延股息分派给优先股股东后，才能将剩余红利分派给普通股股东。

有些投资条款清单规定股利会采用“实物支付”的形式，即支付时以股权代替现金。

早期公司很少会宣布发放股利，即便宣布了也只是名义上的发

放。因此，股息分配权不应当成为早期投资人争论的焦点。

回购权。回购是指公司购回股东手中的优先股。有些 VC 基金和天使投资交易要求公司在融资结束 5 年后（或其他约定年限），按照原始价格加上未支付的股息来赎回流通股。当公司已经获得成功，但不足以成为收获目标或 IPO 候选人时，即便没有资本利得，投资人也会凭借回购权来获得退出。除了年限要求外，回购权还可以要求投资人在公司达到某个重要里程碑时才可以行使。在这种情况下，回购价格可能会高于原始购买价格，让投资人能够获得更加成功的退出。此外，后一种回购方式能够让中型企业的投资人将优先股回购给公司，从而解决优先股在二级证券市场中的流通性问题。

回购权包括自愿回购权和非自愿回购权。前者指投资人在回购时可以自愿地而非义务性地将股票回购给公司。后者指公司强制投资人接受股票回购，否则投资人只能将优先股转换为普通股从而避免被回购。

当然，发行者可以随时甚至在第一年持股期内向投资人提出回购要求，投资人可以选择接受或拒绝该要求。发行者之所以愿意用有吸引力的价格回购优先股，其中一个原因就是避免投资人将优先股转换成普通股后造成普通股被稀释。

在美国，回购权会受到部分州区的法律限制。比如，在加利福尼亚州，公司禁止回购早期投资人的优先股，除非使用留存收益而非后期融资所筹资金进行回购。

优先购买权。有些投资条款清单会包含的“优先购买权”（ROFR），等同于“在未来轮次中按比例参与的权利”（见前文所述），这指的是当 CF 轮股东想出售他或她持有的股票，或者有外部买家想购买该股东的股票，这时公司（或指定股东）用同等的交易价格参与购买这些股份。这项条款适用于同系列投资人数量较少的情况，在股权众筹领域可能作用并不明显。

优先购买权还存在另一种方式。比如，当其他联合投资人想把自己的股份出售给第三方时，如果公司不行使优先购买权，那么投资人有权协商购买这些股份。

共同出售权。当公司创始人或高管将自己的股份出售给外部买家时，投资人有权向该买家出售自己的股票。这项条款也称为“跟随权”，或者“你退出，我们也退出”。

创始人股份兑现权。有些风险投资者希望创始人能够坚守公司，在公司出现经营困难时能够抵制住他人的高薪诱惑，不让公司落到没远见又没激情的高管手中。因此，有些 VC 交易规定，创始人的股票和期权需满一定时限后才能兑现，通常为四年。如果创始人在第一年结束前就离职，那么他或她就会失去所有股份。一般情况下，创始人可以在一年后兑现 25%的股份，后三年逐月兑现剩余股份。公司出现并购或收购事件时（或其他触发事件或组合触发事件），股份兑现计划可以加快进行。不过，这项条款在天使投资交易中并不常见。

竞争限制权。公司创始人和高管不允许退出并创立竞争公司。[①]即使新公司不存在竞争性，他们也不能退出并带走员工另立门户。限制性条款是投资者对创始人的约束，防止他们做出任何阻碍公司成功和损害投资人利益的行为。

撤销权。CFPA 的标准投资条款清单里包含这项条款：“在交易截止之前，每个投资人（和发行者）有权在截止日期之前以任何理

---

① 竞争限制条款通常出现在投资条款清单，有时候会在创始人的雇佣协议里。在雇佣协议中，这种限制通常涵盖特定的时间段，有时也包括特定的地理区域。

由取消投资承诺（或交易），并收回（或提供）全部预付的资金。”换句话说，只要交易时间没有截止，交易就不算完成。

费用。投资条款清单通常会声明，投资人在截止日期之前产生的所有费用（包括法律咨询和财务咨询以及尽职调查所带来的费用）应由投资人承担，公司不会承担这笔费用。在极少数情况下，公司会同意在交易结束后为投资人支付这些费用。

评估交易条款

每位投资人都希望交易条款对自己越有利越好，比如强大的保护性条款、3 倍优先清算权、完全参与权、反稀释保护权和自愿回购权等。但请记住，对投资人越有利的条款，对发行者也就越不利。投资人也不想让公司处在绝对的劣势中，事实上，只有顾及公司的利益，舍去那些过分的限制和要求，发行者才能更灵活地做出明智的战略决策。因此，最完美的交易往往是投资人和发行者的利益妥协。换种说法是，投资人和公司其实是（或应当是）利益共同体。

有的发行者会修改投资条款清单模板，而有的则选择重新撰写。即便参考了模板，也不会出现完全一样的投资条款清单。因为模板里的条款会根据发行者的不同目的进行定制，比如为了融资需要或吸引某种类型的投资人。即便投资人研究并理解了某项发行的所有条款，也不见得能理解其他项目里的条款（即使出自同一行业或同一家股权众筹网站）。

为帮助大家更深入地理解交易条款的含义和用途，本书推荐布拉德·菲尔德的一篇博客文章《投资条款清单系列》（*Term Sheet Series*），网址为 www.feld.com/archives/2005/08/term-sheet-series-wrap-up.html。菲尔德是一名天使投资人、Foundry Group（一家科罗拉多州的风险投资公司）的董事总经理以及《风险投资交易：条款清单全揭秘（第 2 版）》的联合作者。如果投资人计划构建多元化的股权众筹组合，最好花时间研究这些条款，或许还能发现其中令人着迷的地方。

尽职调查的乐趣

在接下来的第 12 章，本书会详细说明尽职调查的具体过程。在投资之前，不是所有股权融资投资人都有尽职调查的欲望。对于天使投资新手来说，尽职调查可能是个令人生畏的任务。本书并没有要求投资人必须做专业级别的尽职调查，只是希望投资人至少能阅读第 12 章，了解什么是尽职调查，这样才能对其他人尽职调查（或声称做过调查）后的评论和意见做出更好的评估。

作为股权众筹投资人，离不开其他成员提供的有关交易的信息、意见和见解。除非投资人一向不爱与人打交道（投资全凭自己的喜好），否则的话就应当与其他投资人一起协作，承担起尽职调查的责任，在讨论会上贡献有价值的信息。若觉得自己无法胜任大范围的尽职调查，投资人可以针对某个小方向进行调查并贡献专业见解，比如，市场研究、技术可行性、现金流规划分析、知识产权、产品或原型测试、地方或区域经济前景或者创始人的正直性等。

尽职调查的过程可能会让投资人觉得自己像个调查记者或私家侦探，即便调查之后没有选择投资，它也会是天使投资中令人非常满意的一环（嗅出欺诈会非常有趣）。更重要的是，尽职调查能够让投资人甄选出合适的投资项目。

第 12 章

如何投资第三部分：尽职调查

在买房之前，你会实地勘查房子及其周围的情况，以确保：①房子满足购房需求；②没有其他未披露的大问题。卖方有责任将自己知道的所有问题披露给买方。在多数情况下，如果买方买完房子后才发现有严重问题，而卖方声称没有这样的问题存在，这时，只能由买方自掏腰包来修理，谁让自己没有在交易前注意到这个问题。这就是为什么在交易结束之前，买房人会对房子进行仔细的实地观察，了解邻里和当地学校的情况，同时雇用建筑检查员来排查房子是否存在其他问题。以上就是房地产尽职调查的过程。

在证券投资的背景下，尽职调查是指投资人在购买债券或证券之前，对发行者及其关联的行业和市场进行研究和调查。投资私募投资就像买房子，花一大笔钱买一所要住上好几年的房子。

证券尽职调查包括以下内容：确保发行者在本州成立或注册的公司合法；发行者所生产和销售的产品或提供的服务经过必要的许可认证；测试产品或服务的品质是否存在问题；深挖创始人和主管人员的背景；评估商业计划书的合理性；等等。每一位投资人在做出投资决策前都应当进行尽职调查，或者确保其他人做过可靠的调查。

不同类型的投资项目适用不同的尽职调查程序。投资人不会只用一份调查清单或一套程序来完成所有项目的尽职调查。尽职调查的具体程度取决于多个方面的因素。举个例子，如果沃伦·巴菲特（Warren Buffett）打算斥资几十亿美元购买一条铁路，他会花高价从律师事务所聘来律师，历时数周来审查所有的交易文件。但如果投资成本只有 1 000 美元或是对象是家创业公司，那么普通的“零售投资人”（甚至巴菲特）是不会付出这么高的代价来做尽职调查的。这解释了为什么尽职调查在法律中被定义为，一个有理性的人在管理自己的事务时所进行的调查研究。作为一个“理性人”，你不会相信发行者的每一条说明、声明和陈述。不是大多数发行者会故意弄虚作假（有些人会这样），但是他们也会偶尔（或常常）出现纰漏、偏差、误算的情况。

在投资之前，简单地阅读公司按要求提供的发行文件和披露信息，并确认该公司确实提供了这些文件和信息。这种做法固然是个良好又重要的开始，但是并不能等同于尽职调查。证券法会对公司必须提供的信息（包括财务数据和风险披露）进行明确规定，投资人自然应当阅读并确认这些信息的存在性。不过，有些人在确认投资项目是否合理之前，还要对公司的披露数据和风险因素进行评估。对信息进行评估是尽职调查的关键要素。

DIY、外包还是合作

谁才有资格做尽职调查呢？有些天使团队会指定审查员来做尽职调查。虽然律师事务所也可以做，但对于寻求众筹项目的投资人来说成本过于昂贵，毕竟众筹涉及的投资额通常都比较低。

虽然众筹中介有义务对证券发行者的资格进行调查，确保发行者符合证券法第 4 条（a）（6）款规定[①]，但是投资人不能总依靠中

① 参见第 78 号联邦条例第 66 556 条［建议 301 规则（a）款］。

介进行彻底的尽职调查。有些股权众筹网站还会采取其他方式进行调查，比如成立反欺诈部门或聘请像 CrowdCheck 这样的第三方等。不过，这种级别的尽职调查更侧重于合规性，而不是投资人的潜在回报。

CrowdCheck 是一家高级尽职调查服务公司，提供一份最基本的报告（保证项目的合法性）需收费 1 000 美元，一份全面的报告则会高达几千美元。有些平台或发行者会雇用 CrowdCheck 进行尽职调查，担任公司的法律顾问，并出具调查报告。然后，公司可以将这份报告发布到股权众筹的网站上（只能在该网站上），供潜在投资人免费查看。①

还有一些第三方会提供价格适中的尽职调查服务。比如，自动化评估系统，在评估结束后展示数值等级或大拇指朝上/下的手势；律师事务所，能够以优惠的价格或者有侧重点地进行尽职调查；还有各种独立的财务顾问和咨询师，专门为小额发行做尽职调查并提供高质量的评估。对于自称能为股权众筹交易做尽职调查的人，投资人在雇用之前，一样要核实他们的证书和经验。

尽职调查并不是只有证券律师或天使团队成员才有资格做，投资人自己也可以进行调查，或者学习如何进行尽职调查。本章会指导投资人如何开展尽职调查。此外，天使、VC 和私募投资的指导书中也会提供一些尽职调查的技巧，投资人可以通过扩展阅读来进一步了解尽职调查②。

---

① CrowdCheck 的创始人兼 CEO 萨拉·汉克斯，同行评审了本书的每个章节。作者相信 CrowdCheck 具有良好的信誉和权威，但没有义务在本文中提及或推广 CrowdCheck。

② 本书推荐：贾斯汀·J. 坎普. 风险投资尽职调查[M]. 纽约：约翰威立国际出版公司，2013。

顺便提一下，证券法要求依据D条例的发行[①]所提供的披露信息并没有依据Title Ⅲ的股权众筹发行的那么多，尽管有些D条例发行平台会自己制定更为严苛的披露政策。

随着股权众筹行业的发展，各种类型非平台的分析也开始出现。也就是说，除了众筹网站能提供审核、报告、背景调查、发行者评级外，一些基于用户订阅或广告赞助的网站也开始提供报告、发行者评级和其他“尽职调查项目”。不过，通过阅读下文对尽职调查的讨论，你就会明白有些形式的审查（通常作为尽职调查产品进行销售）并不等于彻底的尽职调查。比如，对发行者的社交媒体或其他网络形象进行背景调查和审核，尽管能起到一定的作用，但并不能完全反映出发行者的形象。使用评级服务时，要考虑评级划分的依据是什么，所使用的计算方法或公式是什么，输入信息是来自众包还是知情的专业人士。此外，有些服务会对不同发行项目进行数字排名，应调查排名依据的是主观因素还是客观因素，你是否认同这些因素确实是关键因素，因素之间的加权是否合理。

数据并非总是可靠，也不是靠预测就一定能得到。而且，数字既可以用于说明事实，也可以用来弄虚作假。

如果有人在网上提供在线的“投资建议”（在证券法中，这种建议在概念上十分宽泛，其中包括对特定证券的投资建议），请记住，正规的投资顾问必须在SEC和/或本州证券机构进行注册。对于那些号称是投资顾问或咨询师但没有经过注册的人，投资人应当敬而远之。

---

① 包括依据506法则（b）款和506法则（c）款的发行，后者也称为依据Title Ⅱ条例的发行。

众筹群体

众筹，毕竟是群体性的筹资活动，投资人有机会在股权众筹网站上和其他投资人一起协作尽职调查。我们在第 6 章讨论过群体的智慧（和疯狂），本章将着重谈谈群体有哪几点智慧。

第一，只要众筹成员的知识、专长或经验与投资项目相关，那么他/她提供的信息就是有价值的。因此，投资人应阅读每个众筹成员的个人资料，同时确保所有人都使用了真名，这样才能通过其他社交网络、搜索引擎和/或个人（或其雇主）网站对他们的信息进行众筹平台之外的核实。有些投资人拥有深厚的行业知识和市场知识，能够发掘出的事实和表达的见解连律师和财务顾问都无法企及。如果某个众筹成员提供的事实让人出乎意料或半信半疑，则应当向该成员问清楚信息的来源并加以核实。如果别人使用错误的信息，一定要提出质疑并给出纠正，这样不仅可以帮助众筹团队，还能建立自己的信誉和权威性。事实上，有些众筹平台和非平台分析网站会根据投资人评论和提问的有用性对投资人进行评级。

第二，投资人必须利用良好的判断力，来确认其他“投资人”的评论是否真实有用，并帮助阐明正在讨论的问题，而不是炒作和破坏发行项目。

第三，或许许多众筹成员最有价值的投入是成为公司销售的产品或服务的潜在客户以及对市场潜力（和市场潜在规模）做出评估。比起分析师和专家们的认可，众筹成员对产品和市场的热爱以及对公司计划和战略的热情更具有价值。

从众筹的社会角度给大家最后提个醒：没有掌握真凭实据，就不要随意指控发行者（或其他任何人）存在欺诈或其他犯罪行为。不然的话，任何不实的指控都会在网络空间中一直伴随着你，最好的结局是让人觉得你提供的信息都不靠谱，最糟糕的则是再也无法参加好的投资项目，在极端的情况下有可能会被起诉诽谤。不过，换个角度来说，如果提问探测性的问题可以揭露欺诈问题，那就一定不要迟疑。看到项目可疑时，不要一走了之，应及时提醒其他投资伙伴。这样，他们也会欢迎你加入其他项目，一起分享他们的宝贵信息。

三个部分：法律、财务和业务

对股权众筹发行者做的尽职调查可以分为三个部分：法律调查、财务调查和业务调查。调查时不一定非要按照这种顺序进行，只要三个方面均能涉及即可（可以和他人合作完成）。如果不能亲自阅读文件和披露信息，至少应确保自己信得过的人已经调查了下列清单中的问题。

当然，你也可以直接投资，哪一种调查都不做。不过，这种碰运气的投资方式胜率通常都不会很高，在赌场里也许能获得更多乐趣。

法律尽职调查

第一点，也是最为重要的一点，即排查欺诈行为。合法的业务并不一定会成功，但是欺诈性的企业一定会失败。排查欺诈实际上涉及法律和财务两个方面的尽职调查，此处只针对法律尽职调查进行阐述。大多数投资平台会努力排查出明显的欺诈者，但对于老谋深算的骗子并没有那么容易。在尽职调查时，应警惕发行者是否存在下列问题：无根据的断言、虚假陈述、重要遗漏、保证做得太过完美。此外，利用搜索引擎调查创始人和管理团队的骨干成员在众筹平台之外的信息，检索他们是否有过诉讼案件、犯罪记录以及州区和联邦证券机构的惩戒处分。

在调查时如发现上述问题，一定要向发行者问清楚，看看他们的解释能否令人满意。同时，如果创始人声称自己是某专业和行业协会的成员，应向该协会核查他们的信誉是否良好。如果投资人在投资之后才发觉交易原来是一场骗局，只要这个骗子还在国内（美国），投资人就有可能挽回部分或大部分投资，但至少会浪费掉不少时间。因此，投资人最好提前花时间调查发行者的信息和个人档案是否准确、可靠。

打击欺诈行为只是尽职调查的一部分。许多小公司走向失败并不是因为存在欺诈行为。即便创业公司里的每个人都在诚心诚意地工作，公司的失败率还是很高。因此，除了欺诈问题外，尽职调查还需要评估公司获得成功的可能性。在调查时应注意公司是否存在以下几个迹象：公司理念不切实际或不合逻辑、经营混乱或者管理功能失调。

公司信息

有一点非常重要，本节讨论的所有注册、文件、账户、权利和合同必须使用公司名称而不是创始人的名字。这其中包括公司的银行账户、网站、域名（网址中跟在“www.”后面的部分）及知识产权（比如专利和商标）。这点至关重要，因为有些创始人在创立公司时十分激动，忘记将自己与公司区分开来。一般情况下，他们并不是存心试图欺骗投资人，只不过是一时疏忽罢了。但是，如果后期创始人之间闹了矛盾（这点在创业公司经常出现），那么核心资产是否立在公司名下就会尤为重要，创始人也不会轻易离开并成立新公司进行竞争。

上述信息有的可以通过公司或中介的网站进行查询，有的如果觉得对投资决定至关重要的话，可以要求公司提供。

创业公司不能只向一名投资人而不是所有投资人提供信息，因此，公司需根据投资人的要求将信息发布到中介网站上供所有人查看。有的公司会拒绝提供信息，可能只是觉得处理每个投资人的需求负担过重。这时，就可以体现出第三方尽职调查的优势，公司只需要集中处理第三方提出的一系列需求即可。下面是其他调查要点：

- 合法成立和存续。创始人成立或组建的有限责任公司需符合本州法律规定，且应“合法存续”，即根据司法要求完成所有文件的备案手续并缴清所有费用。公司在合法发行证券之前，通常要确保公司合法存续。对于大型的证券发行项目，公司律师会出具正式的法律意见书来证明公司合法存续，但是这种意见书的费用十分昂贵，在众筹发行项目中并不常见。调查合法存续最经济的方法是在该州维护的公共数据库里查找公司的注册信息。不过，这种方法并不是在所有州区都能适用。有些州区的数据库一年只更新一次，而创业公司又常常忘记及时备案文件或缴清费用，所以数据库很有可能是过期的。如果公司在股权众筹网站上发布的发行文件里没有包含合法存续的证明，那么唯一可靠的验证方法则是向州务秘书申请出具一份公司合法存续的近期（几周之内）证明，州务秘书会收取一定的费用。请记住，即便公司合法存续，也有可能存在其他问题，比如破产、诉讼、SEC 的执法行动。
- 企业实体。公司是 C 型股份有限公司、有限责任公司还是其他类型的实体？不同类型的公司，其治理方式会不同，代表公司决策的人也不会相同（这点稍后解释）。调查时，应注意公司创立的时间——需印在公司章程等正式文件上，有助于确认公司年龄，并评估其状态是否符合自己的预期。此外，检查公司章程或有限责任公司的经营协议里的“经营目标”是否没有受到任何限制，避免公司在经营时出现越权行为（“ultra vires”，法律术语）。大多数公司的经营目标写的是“任何合法业务”或符合规定的业务（取决于各州区的法律法规），但如果公司目标仅限于特定行业或业务，投资人应当有所了解。

- 公司章程或经营协议。公司章程适用于 C 类股份有限公司，经营协议适用于有限责任公司。这些文件确立了公司经营的基本原则，以及用公司名义进行决策的具体流程。检查这些文件是为了确认董事成员的任命是否合格，所做的重大决策（如发起上一轮募资）是否符合内部治理文件的规定。这些调查对一个业余投资人来说可能比较困难，所以中小投资人只需检查公司是否具备公司章程或经营协议即可。有一个非常重要的问题需要大家明白，有限责任公司的治理方式十分灵活，不像股份有限公司有着具体的经营规范，有限责任公司基本上是通过合同（经营协议，由所有成员签署并说明各方权利和责任的协议）创立的。所以，在检查经营协议时，投资人要注意该协议是否（以及以何种方式）向投资人授权。如果不了解有限责任公司组织结构的常见变化，可以向懂的人请教或者让有经验的人加入项目，直到自己完全熟悉起来。投资有限责任公司时，务必弄清楚里面的税务情况：公司是自行支付所得税还是将所有应纳税额“转嫁”给投资人支付？
- 董事会或管理成员会议的会议纪要。会议纪要，有时也称为决议或“一致行动协议书”，记录了董事会上做出的决策、行动和表决。这些文件可以反映出董事会是否遵从了公司内部管理文件的规定。非专业人士调查这些文件同样会比较困难，他们可能只会确认公司是否定期举行了董事会，以及是否有人做会议记录，以避免未来出现某些争端，例如，公司收购其他业务时是否经过董事会授权。

经营信息

- 州和当地注册、相关许可证。在美国，大多数州、郡以及部分城市要求公司在本地经营业务前需进行注册，或者取得营业执照或许可证。有些行业需持有特殊的许可证或执照才能营业，比如专业人员需取得特定资格或经过培训（如建筑师、兽医等行业），或者影响公众健康的行业（如酒吧、食品进口商等）没有证件就不能继续经营。在调查时，应确认公司已经研究过业务开展的所有区域需具备哪些许可证或执照，并开始着手获取这些文件；在这之后，公司还应定期更新这些文件。如果公司没有提供这些信息，可以到相关州、郡或市级网站上自行检索该公司应具备哪些许可文件。
- 网站和域名所有权。对有些公司而言，公司网站是必不可少的部分。创始人在创立公司时做的第一件事或许就是创建公司网站。因此，有的网站通常归创始人个人所有而非公司。如果域名拥有者离开公司却仍然握着域名不放，会对公司造成多大的危害？公司用新域名甚至新名称发布网站时，有多少商誉需要挽回？投资人在进行尽职调查时，需检查网站所有权是否归公司所有，这不仅是公司履行商业计划的要求，也是体现公司专业水平和经营见识的象征。调查域名时可以通过域名注册商的收据判断出该域名是否以公司名义进行注册。

虽然域名可以匿名注册，但如果公司想向大众投资人发行证券的话，就没有理由匿名注册。

- 独立的银行账户。将公司账户和创始人的个人账户区分开来，并将股权众筹募得资金存入公司账户，这一点非常重要。在调查时应注意公司的开户时长——理想情况下在公司创立时开户。哪些属于公司，哪些属于创始人个人，尤其是涉及金钱方面，要清清楚楚地记录下来。如果账户最近才开，则要求公司说明在此之前如何区分公司资金与个人资金。

账户独立非常关键，除了方便会计做账之外，还有其他方面的好处。如果创始人将个人资金和公司资金搅在一起，投资人有可能会因为创始人被起诉而吃上官司，这时公司保护投资人免受责任牵连的假面具就会被拆穿。这种法律诉讼有时被称为连坐诉讼。

潜在责任风险

- 诉讼。在调查时，应确认公司是否卷入任何诉讼案件中，尤其是被起诉的案件（例如，有人起诉公司存在违法行为）。对于联邦诉讼案件，可以通过联邦电子数据库调查公司的记录。比如，在网站 Court Electronic Records（www.pacer.gov）和 Justia Dockets & Filings（www.dockets.justia.com）的“公共入口”开始调查。州级诉讼记录的获取相对较难。许多公司在经营期间会面临各种各样的起诉或被起诉案件。在调查时，需考虑每一件诉讼的具体情况，并评估该诉讼对公司潜在价值造成的影响。当然，有诉讼案并非意味着投资该公司一定是个错误，对于小公司尤其是创业公司而言，它们通常没有那么多的资源（尤其是时间和费用）去处理有争议的诉讼。投资人可以聘请有该领域诉讼经验的律师来审查这些法律文件，以了解对该公司的指控是否合理有据。一般来说，尽量不要选择多个官司缠身的小公司进行投资。不管该公司是不是过错方，即便有很大把握胜诉，它们也没有足够的时间和金钱来保卫自己。案情越复杂，公司就越没有资源耗下去。换个角度，如果公司是原告方，应弄清楚公司是否采取了必要、积极的法律手段来打击不法行为者（如果有的话，会是个不错的象征）。但同时，对于能够避免或私下调解的案件，公司却仍采取代价高昂的诉讼途径来解决问题，这一点投资人也需加以注意。

- 破产。如果公司披露有过任何破产历史或者在背景调查后发现公司曾经破产过，那么投资人应格外谨慎。经历过破产或重组的公司，投资人可能要帮其进行资本重组或准备一揽子救援计划。只有经验丰富的投资人才知道投资这样的公司能为自己带来何种价值，比如，该公司仍然拥有值钱的专利或硬资产。如果投资人觉得自己足够聪明，可以对这种公司做出评估，请记住，只有从失败中汲取教训的公司，才有可能从破产中走出来并逐步走向成功。
- 税收。有些创业公司尚未盈利且收入水平非常低，则无须提交纳税申报单。在调查时需确认公司是否已经研究过这个问题并申报过必要的纳税文件。许多公司即便没有应税收入也要填写纳税申报单，否则的话可能会面临处罚。例如，在加利福尼亚州，公司无论盈利与否，每年必须缴纳特许经营税。只要公司填写过纳税申报单，就可以在一定程度上证明该公司是一家已经开始考虑其纳税义务的合法公司。
- 留置权。留置权是公司为获得贷款担保公司财产或其他资产的合法要求。贷款逾期未偿时，其担保的财产或资产需上缴给贷款方（类似于抵押）。因此，对公司估值时应当将留置资产的全部价值剔除出去。大多数正式的背景调查中都会包含对留置权的调查。

知识产权

知识产权（IP）审计包括无形资产，比如专利、商标和版权。对技术公司而言，通常会为公司经营的基础产品或工艺申请专利保护，至于其他方面的知识产权并不在意，如公司网站的设计或内容版权。早期公司总是会延迟或忽略对这类知识产权申请保护，等到想起来时已为时过晚！如果公司无法承担聘请知识产权律师的费用，可以使用 Traklight 等在线的自助服务，至少能为公司指引一条正确的方向。

- 专利。专利如果写得好（专利赋予广泛的保护）对投资人会大有裨益。事实上，专利是联邦政府授予发明人独占使用其发明创造二十年的权利。有的时候，小公司只能靠专利才能进入市场与巨大的竞争对手相抗衡，而大公司通过斥巨资对类似产品进行逆向工程（根据已存在的产品模型反向推出其设计过程）和大众营销（通常是低价销售）就可以占据市场，价格也通常更低。拥有有价值的专利或其他知识产权可以大大地增加公司估值。在调查时，应检查该公司使用的专利是否经过发明人正式转让（通过劳务合同、正式转让书或一堆出售凭据来转让），以及公司声明的任何专利是否向美国专利商标局（PTO）申请备案过。通过 PTO 的官网 www.uspto.gov 可以检索到专利的注册信息。鉴于专利常常受到各种质疑，应考虑该公司声称的专利是否真的合理。

申请专利只能是“非显而易见”的产品或工艺。但有的时候，发明人也会因为自己的发明常见而被告上法庭要求取消专利权。如果对发行者的评估结果存在质疑，可以聘请自由工程师对专利进行评估，判断专利是可靠的还是显而易见的。

请注意，如果发行者说正在申请专利或者“专利未决”，这并不能保证该专利申请能够获得 PTO 的批准和授权，且这个过程可能需要花费两到三年。如果获得专利对公司的业务十分关键，应当要求创始人出具一份独立 IP（知识产权）律师的意见书，表明专利申请成功的可能性有多大。

- 商标和版权。商标保护的是公司的品牌名称和区别性设计，如标识和标语。商标保护可以防止竞争对手使用近似的特征让人产生混淆。在调查时，应核查该公司是否对重要的名称、标志和其他标记申请了商标保护或服务标志保护。与此同时，为确保该创业公司不会对其他公司已注册的商标造成侵权，应在 PTO 网站上进行相应检索，访问地址为 http://www.uspto.gov/trademarks/。

版权保护的是公司在特定媒体中使用的文字和音乐，如书籍、期刊、网站内容和数字媒体、CD 和 DVD、包装以及广告。版权，不像专利和商标，在公司开展商业活动之前不需要对版权进行登记申请，只需在材料上增加版权所有者的版权声明就能受到相关法律的保护，例如，©2015 公司名称。在美国版权局（U.S. Copyright Office）注册过的版权，在受到侵犯时，版权所有者可以获得额外的法律权利。如果发行者从事的是原创作品出版工作（而不是经过整合或重新编目的作品），应当常规性地为作品内容进行版权登记。

- 许可证。公司使用第三方的技术或设计时需持有相关许可证。在调查时，需确认许可证的条款是否合适以及许可证的使用期限是否充足。如果公司将自有的 IP 授予他人使用，投资人也应查看相关书面协议。

财务尽职调查

财务报表是公司定期制作的反映公司财务活动和财务状况的总结报告，里面的信息以数量、金额和比率来表示而不是说明性的文字。知名公司通常在每年和每个季度发布财务报表。

财务报表供创始人和经理内部使用，以评估公司财政状况，衡量公司是否有能力产出现金流以及承担起短期经营成本、长期负债和未来发展计划的开销。对于小公司，财务报表一般包括以下三项：

- 利润表（也称损益表或 P&L 表），总结了公司在会计期间的收入和支出的状况，通过这二者之间的差额得知这段时期公司（净收入）的盈亏结果。
- 资产负债表，反映公司在会计期末时资产、负债和所有者权益的状况。
- 现金流量表，反映公司在会计期间的现金收支变化。该表将现金的流入和流出分为三大类：经营交易、投资交易和融资交易。利润表是基于权责发生制准备的，而现金流量表则是将所有非现金方式的支付或收入项目都剔除出去，这样投资人可以准确估算出公司实际拥有的现金有多少。

理解收付实现制与权责发生制之间的区别十分重要。大多数小企业以收付实现制的方式来记账，也就是说，它们在实际收到付款之后才会将收入记到公司账目中。

权责发生制试着将收入和支出的费用对应起来，以便投资人能更好地了解公司的盈利能力。通过权责发生制，财务报表会将尚未支付或收到的款项列在其中。打个比方，有一家面包店要在年初购买一批面粉，假设店家在第一个季度同样也备齐全年所有的物料，那么在收付实现制的财务报表中第一季度会出现严重亏损，而其余几个季度则盈利颇丰。如果面包店是依据权责发生制来记账，就可以“认出”这笔面粉费用是承担了制作全年面包的原料成本，这样，面包店的收支也就达到了平衡。由此可见，权责发生制这种会计准则可以帮助投资人更好地了解公司经营的盈亏情况。

SEC 已经明确提出，公司依据众筹法案进行发行时，需按照权责发生制的会计准则来制作财务报表。该条例最终生效时可能会对部分非常早期的公司有所豁免（公司依据 Title Ⅱ条例向合格投资人发行证券时，其财务报表并没有任何要求。它们不必提供财务报表，即使提供了，也没有规定必须使用权责发生制的会计准则）。因此，在审核财务报表之前，应弄清楚公司采取何种会计准则来记账。

股权众筹的财务报表

向合格投资人进行 D 条例发行（包括依据 506 法则的线上发行）时，并没有任何法律规定发行者必须制作财务报表，尽管有些发行平台可能会有这项要求。就算投资人拿到了这样的财务报表，也很有可能没有经过任何审计。种子阶段的公司可能会提供一份“预测的”财务报表，通过参考公司管理层给的（可能过于乐观）预测、评估和假设来估算出结果。

正如本书在第 3 章中说明的，对于 Title Ⅲ的股权众筹发行，对资本额度的需求不同，相应的要求也会有所不同。募资低于 10 万美元的公司，在众筹网站上只需要发布本公司的纳税申报单以及经公司主管认证的财务报表即可；募资在 10 万～50 万美元的公司，其财务报表必须经过注册会计师（CPA）审核；募资超过 50 万美元（最高 100 万美元）的公司，其财务报表必须经过正规审计。

接下来，投资人应对财务报表的可靠性进行调查，即这些报表是否准确描述了公司的财务状况。一般来说，公司在准备和/或审核财务报表时，若有一名独立（外部）的会计参与其中，则其报表就会更加可靠。如果公司没有请外部会计而是由内部职员来完成报表，则应调查该职员是否具备会计资格证。如果没有，则说明这份报表不一定能清楚反映公司的财务状况。并不是说公司这样做一定有什么问题，只不过财务报表的编制过程十分复杂，而小公司偶有出错的情况不足为奇。如果财务报表完全是由公司自行完成的，那么投资人应对其财务情况多加询问。

外部会计师参与财务报表的制作有三种层次：编制、审核和审计。

编制。公司在注册会计师（CPA）的帮助下"编制"自己的财务报表。这里，注册会计师会协助公司管理层将财务信息整理成报表，但并不保证财务报表不会出现重大错误。

审核。审核"有限保证"财务报表在形式上不会出现编制问题，内容上没有任何显而易见的重大错误。[①]当独立会计师在审核公司提供的财务报表时，若发现其中的信息存在缺失、模糊、错误或误导性问题，他或她应当要求公司对上述信息进行补充、阐明、修正

① "有限保证"（limited assurance），是美国注册会计师协会（American Institute of CPAs）在其 2010 年出版物 ***What Is the Difference between a Compilation, a Review and an Audit? Comparative Overview*** 中所用的术语。该出版物将"审核"界定为"经审查的财务报表能让使用者相信，财务报表经会计师审查后，内容符合现行财务报告的框架，没有需要重大修改的地方"。

或改进。不过，会计师通常不会检查与财务相关的原始凭证，例如支付账单、销售通知单和收据、银行存款、已兑现支票、总账、员工出勤表或经核对的银行对账单。

审计。审计由注册会计师或 CPA 公司进行，程度比审核更加彻底，结果也最具可靠性（如果审计顺利的话）。审计师必须保持“专业怀疑态度”，以确定财务报表是否公允、准确、没有重大错误。

审计包含对公司原始凭证的调查（例如，出货和进货发票、收据、采购单及工资簿），或至少从凭证中选出一份具有代表性的样本进行检查，从而核实财务报表中的数据。审计师可以直接向公司管理层和第三方（比如供应商和客户）进行询问，并最好对公司经营的业务进行实地检查。同时，注册会计师必须调查公司内部控制结构，并评估其中的欺诈风险。

审计结果会总结在正式的审计报告中，该报告表达了审计师对于财务报表是否公允公正的专业意见。适当情况下，审计师会出具无法表示意见或否定意见。也就是说，审计报告中会出现这样的一段话：“这些财务报表是不可靠的。”对于依据 Title Ⅲ条例的发行项目，若审计师的意见不是“无保留的”，即给出的审计报告是附保留意见的或无法表示意见，则该证券不允许发行。一般情况下，天使和 VC 投资人查看的财务报表通常是没有经过审查或审计的，如果有的话，请注意结果为附保留意见或无法表示意见的报表。

除非有会计背景，否则一般人很难把握财务报表中的细节之处和细微差别。若想当个活跃的天使投资人，最好选修一门课程或者学习如何阅读财务报表。作为起步，初学者可以看看 SEC 出版的 *Beginners' Guide to Financial Statements*（《财务报表初学者指南》）。[①]初学者可以着重关注以下三个数据来简化分析：

---

① http://www.sec.gov/investor/pubs/begfinstmtguide.htm.

- 净利润（或净亏损）。公司盈利时，本轮会计期间的利润是否高于上一轮？如果尚未盈利，公司亏损状况是否有所好转？
- 总收入。如果公司收入健康，可以将收入进行再投资以增加市场份额、扩大产能或其他方面的发展。对于处于早期快速发展阶段的公司而言，盈利能力并不一定是关键指标。
- 利润率。该数据反映了生产利润的成本。即便面向的是相对狭小的当地市场，高利润率的产品也能带来巨大的收益。而利润率低的产品只能通过高销量来获得不错的收益。

财务报表可以帮助投资人了解公司及其发展前景。请注意以下几点：

- 合规性。如果公司正在进行的众筹发行额度超过 10 万美元，则必须编制财务报表。发行平台应检查该财务报表是否经过相应的审核，投资人亦是如此。如果调查后发现理应经过审计的财务报表只是经过了审核，则说明该发行项目及其所在平台并不可靠。
- 财务状况和趋势。调查时，应注意公司的预期支出（比如员工、租赁、原材料等支出）及其预期利润。此外，还应注意以下几个方面：公司打算如何处理未来可能需要的大额支出？未来财务业绩如何做预估？财务业绩如何记录？近期经营上或财务上有什么变化？通过这些信息能否看出其中的发展趋势？这种趋势是否会持续下去？
- 资金消耗率。资金消耗率指的是公司在盈利之前或创业阶段所花费的金额，即为了获得收入收回成本而消耗的资金。投资人要清楚地了解公司目前的开支是多少，需要开支的项目是什么，预期的未来开支有多少，公司在遇到突发事件时会如何处理，里程碑目标尚未实现就耗尽全部资金，此时公司会如何处理。此外，投资人应评估公司需要多长时间来启用募资，募资利率是否合理。新公司经常会低估自己所需的资金量，也会高估这笔资金能支撑的时间。因此，投资人应询问公司：①公司通过何种假设方式来估算资金维系的时间？②如果假设错误，届时公司又会如何应对，从哪可以筹到更多资金？

- 规划。如果公司提供的是规划过的财务报表，需说明规划依据的假设条件有哪些。这些假设条件你是否认同？比如，报表中所预计的具体市场份额是否合理？定价结果是否认同？如对财务报表中的假设（或其他任何地方）存疑，一定要勇敢地向公司询问。
- 前期资本募集。了解公司过去如何募集以及使用资金对投资人来说十分有帮助。筹资的方式包括贷款、奖励式众筹、风险资本融资、依据 D 条例发行证券，等等。在调查时，需知道公司最终募集到多少资金，如何使用这笔资金。如果公司上一轮是从 VC 基金或其他机构投资人那里募集的资金，那么本轮通过众筹来融资是否表示公司已陷入绝境？或者说，公司是否出于战略考虑才通过股权众筹来募资？比如，消费型产品或零售公司也许会希望自己的股权结构表上能出现几千名投资人的名字，好让他们帮助公司推广品牌。
- 子公司。子公司是发行者（你投资的公司）拥有股东权益的另一家公司。如果所投资的公司拥有子公司，则应在财务报表中进行说明。在调查时，投资人要弄清楚各个公司之间的关系。如果子公司有债务在身，那么母公司（你所投资的公司）从子公司业务中获取收入之前，这些债务是否已经偿清？如果子公司并非由母公司全资所有，那么子公司其他股东享有的权利会与你的产生不同。如果投资的是可转换债券或直接负债证券，投资人需加以谨慎。

业务尽职调查

投资人即便毫无经验也可以通过自己的生活经验、教育背景以及商业经历来做些基本的业务尽职调查。考虑初次投资时，可以选择自己熟悉的行业，判断自己是否会使用这个产品或服务，以及什么价格是自己可以接受的。

当公司出售的产品或服务正是你自己所熟悉的领域，就自己去测试一下。比如，把产品买下来，去连锁餐馆里吃一顿，软件亲自用一下。看看这些是否只是刚刚好而已，还是真的会让人产生兴奋？与竞争对手的产品对比是否更有优势？现在或将来有这种需求吗？市场是否广阔？如果市场狭小，那么公司要茁壮成长的话，其利润率（价格减去生产成本）足够高吗？产品新颖之处是否需要客户有一定的教育背景？本地公司一定具有地理优势吗？公司是确实存在的吗？那里的员工真在工作吗（以防是个装装样子的假公司）？

该产品或服务为用户解决什么痛点？或者，与其他方式相比这种解决方法有什么优势？是否具有质量高、价格低、出货快、便利性高、操作简单或易于维护等差异化优势？这些优势是否容易理解，还是需要公司对客户进行指导？指导成本又是多少？

如果产品具有创新性（假设非专利型产品），那么过多久就会出现竞争对手来争夺市场份额？是否存在资本雄厚的大型竞争对手，能更快、更低价地生产和营销产品？进入市场存在什么样的壁垒？公司打算如何抢占市场先机，或者如何通过差异化竞争来保住市场份额?

创始人和管理团队

相对于产品或商业计划，有些成功的天使投资人更看重的是公司里的成员，他们常说“赌马，赌的是骑师而不是马”。而其他天使投资人则认为只要产品够强大，市场不断增长，就能够让勤奋的创始人看起来像天才。不管是马更重要还是骑师更重要，要想赢得比赛，二者缺一不可。我们先从人开始谈起，因为评估人比评估商业计划需要更多的直觉（人的一生中一直会用到直觉）。在调查时，要看看管理层的核心成员是否具有企业家的品质，以及是否有才干、韧性（在艰难时期能够挺下去）和随机应变的能力。

首先，重要的是分清关键的团队成员是谁。有的人常常在团队中担任多重身份，在调查时要知道公司对其依赖程度有多高，避免他/她离职或丧失能力时对公司产生影响。其次，尽量弄清楚公司关键人物之间的相互关系。比如，他们曾经是大学同学？现在的关系是否密切？这种关系是否会长期维系下去？未来是否会出现嫌隙？能够对公司方向和最终胜利造成强烈影响的成员有以下几类。在调查时，应看看自己能否从中识别出一二，或者认识其中的某位。如果能的话，是否有任何因素会影响到你和他们的合作?

- 创始人。公司的创立者，通常拥有公司大部分股权，在董事会任职，并任命过其他董事会成员，因此，创始人享有很大的控制权。
- 董事。董事会的成员，对公司的重要决策进行投票。
- 首席级别（C-level）的职员。首席执行官（CEO）、首席财务官（CFO）和3名薪酬最高的其他成员。通常，首席执行官也会是董事会成员之一。

- 股东。股权结构表会说明公司的所有权和资本结构，也可以看出拥有公司 20%以上股权的个人股东有哪些。
- 顾问。有些公司拥有知名的顾问（其中有些是聘请来的）。调查时应确认顾问与公司之间的关系是否真的有用，这些顾问是否具备相关资格证，他们确实会提供顾问服务还是只给公司装装门面。创业者需要好的建议，顾问委员应当发挥作用而不是拖后腿。

现在我们将重点介绍负责公司日常运营的创始人和主管。对这些团队成员进行评估，可以从三个方面着手：个人特质、团队活力和经营状况。

个人特质

股权众筹中介——发行门户和经纪交易平台——必须对公司主管（以及董事和持股 20%的股东）进行背景调查，这是降低欺诈风险的一种方式。如果发行方中某个内部成员存在欺诈行为（本书第 3 章有过详细说明），则中介必须取消其发行资格。

调查时，应对每一位创始人（目前仍在职）和高管进行下列几项检查。如果在发行文件中查不到这些信息，可以直接向发行者询问和/或上网检索。

- 就业承诺。这几位成员已经在公司工作了多长时间？如果其中有位成员对公司经营起到关键作用，那么公司会使用何种机制（如劳动合同、股票期权的行权计划）来激励他或她一直留在公司而不被其他竞争对手挖走（例如，公司可以通过强制性的非竞争协议，规定某位员工在限制时期内或限制地理范围内不允许为同行竞争对手工作）？关键成员离职时，其丰厚的遣散条款（“黄金降落伞”）是否会影响到公司的财务状况？员工违反就业协议或其他规定时，公司是否会有相应的程序来终止其合同关系（解雇）？

- 教育背景和工作经历。向学校核实其毕业及学位情况。同时，向之前的雇主调查其在个人资料里所说的工作、培训和成就是否属实。
- 创业经历。“连续创业者”常常会出现在某些人的传记里，在调查前要明确这个词的具体含义。创业者之前参与过多少创业项目？现在还剩多少项目在运营，以及/或者这些公司在哪个阶段出现生存困难？当然，连续创业者能从失败中汲取经验，所以有些天使投资人宁愿选择有过失败冒险的创业者而不选择毫无经验的创业者。如果过去有过成功创业经历的话，那么再次创业未来获得成功的可能性会更大。①

下面几个因素更具主观性，需要投资人根据自己的经验、教育背景和对人性的理解来判断。首先，大卫·罗斯在 *Angel Investing* 一书中提到创始人应具备以下三种特质②：

- 现实主义和实用主义。“我不反对创始人应当具有乐观主义，只是这种乐观主义一定要建立在对事情运转的现实理解之上，”罗斯说道，“我不想听到既美好又模糊的承诺，比如，‘我们能吸引 10% 的目标市场’。相反，我只想知道谁是第一位客户，第二位、第三位……通过何种渠道能将他们吸引

---

① 据哈佛商学院的一项研究表示，第一次创业获得成功的概率约为 18%；经历过失败的连续创业者在后一轮创业冒险中获得成功的概率约为 20%；有过成功经验的创业者投身新事业后其“预测成功率”几乎为 30%（Zack Miller. Investing in Future IPOs. Benzinga.com, October 28, 2013）。

② David S. Rose. Angel Investing. John Wiley & Sons, 2014: 70-79.

过来？花费的代价有多少？他们是否会进行二次购买？”

- 灵活性。“在任何情况下，”罗斯接着说道，“总有事情不会按照计划进行，创业者需要适时地做出调整，在必要时进行转型以解决问题和抓住有利时机。创业公司 Tote（提供女性时尚产品目录）就是这样成功转型为一鸣惊人的 Pinterest（图片社交网站）。”①
- 适时后退。创始人应当甘愿“离任 CEO 一职，如果这样做对公司明显最好的话”。

作为对比，罗斯也指出了能力不足的创始人具有哪些特征②：

- 缺少正直性，“这点会立刻毁掉交易”。
- 不切实际地评估市场规模、竞争、竞争优势、执行时的挑战和成本、财务规划、估值预期以及时机。
- 缺乏执行经验、专业知识和必要的技术专长，目光短浅，领导能力和沟通能力差，不善于听取他人的建议。

另一名天使投资人保罗 · 格雷厄姆（科技孵化器 Y-Combinator 的 CEO），看重创始人以下几个特质：③

- 决心。“在（2005 年）创立 Y-Combinator 时，我们以为最重要的品质应该是智慧。因为硅谷是个充满神话的地方，”格雷厄姆说道，“到最后发现决心才是创业者最重要的品质。”

---

① “注意，在募资预期用途说明中可能不允许使用这笔资金进行转型，除非创始人事先告知投资人存在转型的可能性，提前拟好转型方案，并将转型进展及时通知给投资人。”参见 Sara Hanks, “The Perils of the Pivot”, May 6, 2013, http://www.crowdcheck.com/blog/perils-pivot。

② Rose, op. cit., p. 75.

③ 参见格雷厄姆 2010 年 10 月发布的博客：http://www.paulgraham.com/founders.html。

创业过程中会遇到诸多麻烦，只有意志坚定的人才能成就一番事业。

- 想象力。“在创业的世界中，大多数好点子最初看起来都是糟糕的。而显而易见的好点子又总是被他人抢占先机。因此，创业者要让自己的点子疯狂得恰到好处，这样的想象力才是真正需要的。”
- 凝聚力。格雷厄姆指出大多数成功的创业公司都是由两到三名创始人组成的。“创始人之间的关系必须稳定，发自内心地喜欢对方，合作得十分融洽。创业公司与创始人之间的关系如同猫和线团一样：如果彼此能被分开，那么迟早都会分开。”

此外，根据过去几十年对创业者和创业公司的观察，我们增加了以下三个特质。

- 谦逊。有些年轻的创始人原本没什么积蓄，突然间银行账户里多出了 100 万美元，这时，你会惊讶创始人改变的样子。有太多太多的创始人花起钱来变得大手大脚，迫不及待地去买跑车、坐头等舱——这种情况可能比你想象的还要多。可惜的是，经历过这种转变的创始人很难再找回自己，做生意也总会铺张浪费。
- 销售经验丰富。这点无须解释。
- 信心，而非激情。“激情”，一个流行了十年的时髦用语，现在只不过是评价过高的陈词滥调。在许多情况下，它可以和“过度热心”画上等号，“让创业者盲目了双眼，过度的自信，在最艰难的时期做出糟糕的决定，即便是最有前途的创业公司也可能因此走向没落。直到那时，创始人才能明白‘激情’在拉丁文中本意指的是‘受苦’”。这段话引自 2014 年

的文章 *How an Entrepreneur's Zeal Can Destroy a Startup*，作者诺姆·沃瑟曼（Noam Wasserman），哈佛商学院的客座教授，通过对 16 000 名创业者的研究得出上述观点。[①]

沃瑟曼进一步指出："创始人对自己的创意无比坚信，宁愿抛弃舒适的工作，拿出所有积蓄去追逐梦想。他们的激情极富感染力，可以说服他人成为联合创始人、风险投资人或首批消费者。"这是企业家发挥热情的积极一面。而另一方面，"唯有激情能摧毁一家新兴公司，这是我知道的另一个永恒的定律"。沃瑟曼称之为"企业家精神的悖论"。

创始人过度热情的表现包括以下几点。

- 总幻想着自己肩负着改变世界的使命，而不是向有需要的人提供更好的产品或服务。
- 当顾问指出产品或战略存在问题时，创始人总是极力辩护。
- 对消费需求的评估没有经过市场调研。沃瑟曼告诫道，有的创始人"对自己的创意十分痴迷"，固执地相信别人也会像他们一样热爱产品，这种想法是存在风险的。
- 雇用不称职的亲朋好友，因为更合适的人对创始人的眼光并不买账。

团队活力

保罗·格雷厄姆认为，联合创始人数量为双数的会比单数的更容易获得成功。当然，只要一家公司的创始人人数超过 1 人，就会容易出现分歧。"如果发现创始人之间存在嫌隙，投资时一定要注意避开。"一名经验丰富的天使投资人及 Angel List（美国股权众筹

① 《华尔街日报》，8 月 25 日，2014，p. R1。

平台）创始人纳瓦尔·拉威康特（Naval Ravikant）如是警告道[①]。

管理团队不仅要有凝聚力，还需要寻求多元化，尤其是定位于多元化全球市场或大规模市场的公司。例如，当市场中的男客户和女客户数量基本持平时，应当确保公司关键职位既有男性成员也有女性成员。事实上，不管市场人口统计结果如何，性别多样性的董事会可以发挥得更出色。2012 年，瑞士信贷研究所（Credit Suisse Research Institute）对上市公司进行调查，发现"在大盘股公司中，若董事会有一名以上女性成员，其股价会比没有女性成员的高出 26%，中小盘股公司的股价会高出 17%"。[②]

对于关联交易，要注意合同的第三方是不是靠两方的私人关系达成交易的。这种情况往往在创业公司比较常见。尤其是公司原本可以从无关联的第三方采购到更可靠的产品或服务，却偏偏向某个控权人的亲戚下了订单，这种情况投资人需要格外注意。此外，向姻亲（无血缘关系的亲戚）租用场地的现象也很常见。关联交易并不一定是坏事，只要价格合理、频次不多即可。不过，投资人必须考虑如果关系出现问题可能会发生什么。比如，CEO 离婚后，公司是否可以继续租用其前岳父的场地？如有关联方给公司的是"亲情价"，那么公司是否只能靠这种价格才能盈利？如果通过公平（at arm's length）交易，也就是说，按照市场价格来交易，公司的发展是否会出现不同？

① Christina Farr. *Get Funded*![EB/OL]. Venture Beat，2012-11-19。

② 参见：*Gender Diversity and Corporate Performance*，2012 年 8 月，Credit Suisse AG。

经营状况

如果公司已经营业，投资人应考虑以下几个问题。

- 完整的管理团队。公司现有职员是否各司其职保证公司正常运营。如果团队不完整，公司是否有计划填补空缺？
- 员工和管理层薪酬。注意高级主管的薪水金额和类型是由谁（或哪个委员会）来决定；高管的激励机制是否与公司、股东的最大利益相一致。比方说，公司根据盈利情况向核心员工分配期权或奖励，这种方式通常对投资人比较有利。如果公司向高管分配津贴依据的不是利润而是短期目标，如总销售额或收入，这样对投资人来说可能是个坏消息。
- 客户。要求公司提供其主要客户的信息，然后向这些客户咨询是否满意公司的产品和/或服务；调查时要注意这些人中是否存在对公司运营至关重要的客户；如果公司对某个客户依赖程度高，那么失去这名客户会对公司造成什么影响；公司与大客户之间是否签订或者有希望签订长期合同来锁定合作关系。
- 供应商。确定公司的供应商、原料供应商和销售商主要是谁；这些人是否可靠；如果原材料供应渠道中断，或厂商无法按合同出货，会对公司造成什么影响；公司是否有备选方案。
- 租约。公司目前定期支付的租约可以作为公司合法成立的佐证。不过许多合法公司在经营时并不需要租用场地，尤其是科技类创业公司，在地下室或车库（比如惠普公司）就可以办公。调查时应注意该公司的办公室、工厂或其他场所是否满足当前和未来的需要。

- 保险政策。公司遇到突发事件时，可以通过保险将金融风险降到最低，比如诉讼、自然灾害、财产损坏或失窃。依法参保的金额和种类因州而异。通常，公司需为员工投三种保险：工伤保险、失业保险和残障保险。如果工作期间需要使用车辆，则需另交汽车商业险。调查时要注意公司应当准备哪些保险；这些保险是否已经制定相关政策；是否存在贵重资产需要投保；如果对某位员工的独特技能十分依赖，公司是否为其投过“关键人物”保险。
- 重要合同。如果公司对特殊合同（比如，某项技术的使用许可证或特许经营协议）依赖程度很高，投资人应拿到合同备份进行审查。注意合同中是否存在任何不合理的条款，如费用、合同期限、排他性或非竞争性条款。

商业计划书

对投资人来说，不管公司目前是否营业，都会想知道公司的未来计划是什么。更确切地说，公司会通过何种方式创造丰厚的利润、获得市场份额，然后回报给投资人。公司需将相关战略方案在正式的商业计划书或者相对正式的发行文件中进行说明，需要时还可以附上录像带。无论采取哪种形式，创始人在陈述商业构想时应当有条理、有组织，并突出重点、逻辑合理，以便投资人评估公司的长期潜力，以及自己可能面临的风险和获得的回报。

公司准备商业计划书时，可以参考比较规范的提纲，或者使用在线商业计划书模板或“生成器”。有些计划书十分样板化，虽然可以看出主管在内容和样式上花了很多心思，但没有将公司与众不同的地方展示出来。

商业计划书需对当前以及计划中的运营方案（包括产品或服

务，管理团队和其他相关项目）进行说明，分析市场和竞争优势，对财务业绩进行规划和预测（即便尚未营业），并阐明具有可行性的退出战略以便投资人获得回报。

公司的宏伟目标应当看上去是发自内心的，能够让投资人兴奋起来，否则的话，投资人不会愿意冒险投资。宏伟一点的目标固然是好，只不过要确保计划书里的规划和预测是基于积极乐观而不是凭空幻想做出来的。

市场分析和竞争优势

在确定客户群和特定客户（如前文所述）之后，接下来投资人需要通过消费人数和消费金额来评估市场规模和增长潜力。这片市场相对而言尚未开发，还是已经挤满了根深蒂固的竞争对手？如果市场未开发，则说明这可能是个巨大的商机，不过也可能意味着这种产品或服务根本没有市场。这个问题投资人必须弄清楚。如果投资人不熟悉这个行业，请与具有该领域知识的人交流，并通过阅读相关行业的报告和分析进行调研。

有些市场已经饱和，如能量饮料市场，那么新进入者必须做得更出色——比如质量卓越和价格低廉——才能竞争下去。

有些创业公司声称拥有“先发优势”，认为自己是靠新产品进入市场的，在竞争对手出现之前能吸引一大批忠实的客户。对于这种优势，投资人应当持怀疑态度。虽然成为新行业或新技术的第一个创业者确实具有优势，但这些并不能说明创业者一定能获得成功（即便有发明专利）。举个例子，微软 IE 浏览器虽然不是世界上第一个浏览器,现在很少有人记得早期的“先行者”Mosaic 和 Netscape。再比如谷歌，它也不是第一个搜索引擎，但现在，许多年轻人从来没听过更早期的 InfoSeek、AltaVista 和 Lycos。“抢夺第一其实没有那么重要”，太阳微系统公司（Sun Microsystems，美国计算机公司）的创始人及谷歌种子轮投资人安迪·贝托尔斯海姆（Andy Bechtolsheim）说道：“重要的是如何用最好的办法解决用户痛点，并不断地创新保持竞争力。”① 由此可见，商业计划书的关键在于公司如何以最好的方式解决问题，然后如何在竞争中保持领先地位。

此外，商业计划书还应当说明公司将以何种方式吸引新客户；需要花费多少代价才能吸引一名新客户；每位客户购买产品或服务的数量是多少；每位客户的使用时间有多久；生产和运输每件产品的成本是多少，或者提供每项服务的成本是多少；销售和分销渠道已经确定下来还是仍在假设中。弄清楚这些问题后，公司可以预测出市场的占有率和容量，并对未来6～10年内（投资人获得退出的时间，尽管各行各业会有差别，但通常都是6～10年）的收入、利润和现金流进行规划。

预测和规划

进行尽职调查时，应判断公司预估的成本、销售预测和财务规划是否合理，这有助于和市场行情（大多数行业协会每年都会发布）做对比。此外，平均营运收入、利润率、增长率、客户终身价值等关键比率也可以和市场行情进行对比。

即使公司规划看起来乐观也不要大意，重要的是公司通过这样的盘算能够知道为了获得利润哪些事情必须做。“在我的投资组合中（包括最后产出 5*X*～12*X* 回报的几个项目），九成以上的项目没

① 安迪·贝托尔斯海姆. 2011 年有关风险资本历史的演讲[EB/OL]. 2014-12-20. https:// www. youtube.com/watch?v=4bbkp0pFcmk.

有完成最初规划的目标，”大卫・罗斯说道，“所以，对待财务规划……要持保留态度。但不管怎样，还是得接受这些规划！令人印象深刻的未来收益表和利润表中的数据可能不足为信。”但是，这能说明创始人已经对公司业务进行过充分的思考。①

同理，公司估值应当看起来乐观而非偏离实际；募资预期用途（本轮股权众筹所得款项）应当具体说明；如果公司短期内无法获得盈利，应说明这笔募资预计可以支撑公司经营多久。如果资金快用完时还是无法盈利，公司是否会发起下一轮股权融资？如果是的话，本轮交易条款中是否包含反稀释保护条款（上述估值、募资预期用途以及反稀释条款请参见第 11 章）？如果公司声称可以实现盈利和存续，后期不需要融资，那么这种声明是否现实可行？

退出战略

大多数情况下，商业计划书会略微谈到可能的退出战略或一系列可能的退出方案。如果公司没有认真对待这个问题，则说明它没有考虑过投资人的利益。如果公司预测自己能在 4～7 年内被收购，那么收购者可能是谁？为什么会被收购？除非假定的收购候选人已经确认，否则这纯粹是公司的推测而已。不过，能有这样的收购目标也能够说明公司的目标比较宏伟。

另外，有些交易就其性质而言属于长期持有的项目，并不专注于退出。比如，既有的公寓大楼和知名品牌的特许经营业务。

本书在第 8 章中提过，大公司收购早期阶段企业的原因有很多，其中包括：拓宽销售范围或产品线；实现垂直整合；获得专

① 大卫・S. 罗斯. 天使投资：初创企业投资赚钱、玩乐阵风指南[M]. 纽约：约翰威立国际出版公司，2014：86.

项研究成果；获取专利或其他知识产权；引进优秀创始人或一流的管理团队（人才收购）；先发制人，吞并未来竞争对手；其他动机等。

如果公司将申请 IPO 定为自己的目标，那么投资人就得碰运气了。不过，虽然上市成功概率很渺茫，但也不是完全没有可能。投资人需要考虑公司既能蓬勃发展又能抵住诱人收购的可能性到底有多大。要实现这种程度的成功，公司未来很可能会进行好几轮的风险资本融资。如果投资人看中的正是公司 IPO 的潜力，那么这一路势必会经历不少的坎坷曲折。

如果公司在商业计划中设定的目标是成为一家中型企业并保持平稳增长，没有打算被收购或上市的话，那么这样的公司不会给投资人带来丰厚的回报。或许投资人可以高兴地获得股份和股利，但是不要指望能大赚一笔。

当投资人弄懂了交易条款（参见第 11 章），并做过或与他人合作做过尽职调查后，就可以决定是否要投资这家公司。

第 13 章

如何投资第四部分：出资和出资之后

若股权众筹投资人想用系统的方式投资创业企业和早期企业，从而实现组合多样化和投资回报最大化，那么投资人在做出交易承诺前需完成以下几个步骤：

- 确定投资组合中通过股权众筹进行天使投资的占比是多少；计划如何利用 3～5 年的时间投资股权众筹交易，同时为来年的股权众筹项目做好预算（具体过程参见第 8 章）。
- 明确投资创业企业和早期企业的主要动机。选出一个或多个合适的股权众筹投资门户和/或经纪交易平台，从中挑选适合自己的投资项目：①符合自己的投资动机；②与自己的商业知识或专业知识相匹配；③在可接受的风险/流动范围之内（具体过程参见第 9 章）。
- 选出感兴趣的投资项目，了解所发行股权证券的类型（最有可能是股票、LLC 成员权益和/或可转换债券），确保投资条款对投资人尽可能的有利，也不会让发行者觉得失去公允（这些内容参见第 10、第 11 章）。
- 尽职调查（或与众筹群体的其他投资人协作调查）每个感兴趣的投资项目，或者让值得信赖的、为投资人寻求利益最大化的第三方进行尽职调查（详情参见第 12 章）。
- 最后再提醒一下自己，投资创业企业或早期阶段企业的股权证券，其风险要高于大多数上市证券。因此，投资人对流动性和投资回报的预期应当切合实际（参见第 6 章）。既然决定通过股权众筹的方式投资某个公司，就应当怀有希望，不要还没点击“确认投资”按钮就开始焦虑不安。对投资人而言，这最后一步正是一场压力测试。

投资非上市公司的决定做好之后，意味着投资人大部分的辛苦工作已经完成了。网络技术的发展让交易过程变得更加简单，投资人只需将资金打到第三方托管平台便可以购买权益股份。不过，支付完成并不代表投资人的工作已经全部完成。当股权众筹发行者完成融资目标并关闭本轮融资时，投资人仍需监控所投资的众筹项目，同时采取措施应对公司可能会发生的事件——清算（包括解散或破产）、后续几轮股权融资（比如新一轮股权众筹融资或风险融资）以及退出机遇（被收购或公开上市等）。此外，投资人可能有机会将股票回购给发行者，或者等持股期满 12 个月后将股票在二级市场出售给其他投资人。①

本章主要介绍投资交易、投资人的股东权利与义务以及如何监控和管理股权众筹投资组合。关于清算和退出本书在前几章已经讨论过，接下来第 14 章会对二级市场进行探讨。

在股权众筹网站进行投资，第一步通常是点击发行者的项目展示页面上的确认按钮，如“立即投资”。投资流程前期工作包括投资承诺、确认以及向第三方支付平台转账。做过投资承诺后，需等待几小时、几天甚至几周来看看发行人能否在约定期限前完成融资目标。如果目标达成，则本轮融资项目关闭，交易状态从投资承诺

① 《JOBS 法案》虽然在 Title Ⅲ规定投资人的持股期必须满 12 个月，但投资人可以将股票转卖给合格投资人，或者在离婚或去世事件发生时将股票卖给其他家庭成员。

变成投资实务。以下是投资具体操作步骤。

（1）点击“立即投资”，在投资承诺表中输入金额，表明融资关闭后承诺将该笔资金投资给发行人。关于退款政策，不同的众筹网站会有不同的规定，但是一旦融资关闭，除非发行者存在违反法律或证券条例的行为，否则投资人无法收回所投资的金额。

（2）投资人需在相关发行文件（包括投资条款清单）上进行“电子签名”。通常，众筹网站会使用安全的第三方服务如 DocuSign 来确保电子签名的合法性和有效性。

（3）在股权众筹网站上注册成投资人后必须进行“自我认证”，确保收入和净资产达到投资要求。关于投资额度的限制参见本书第 3、第 7 章。

关于投资人投资过的项目，虽然众筹网站可以通过内部文档调查出本网站的投资人在本网站过去 12 个月里进行过的所有投资，但是投资人在其他网站上的投资情况却无法查到。因此，投资人应当自觉遵守《JOBS 法案》Title Ⅲ关于年度投资限额的规定，众筹网站可能并不会一直遵守该项规定。如果 SEC 后期发现投资人在一年内的投资总额已经超过限额，那么此次投资交易可能会被取消。投资人可能不会因此触犯刑法（但这也不是完全没有可能），毕竟这些条例是为了保护投资人而设立的。至于众筹网站或发行者，如果理应知道投资人会超出限额但依然接受投资，那么该网站或发行者可能需要对投资人的违规行为负责。同时，如果投资人违规事件对发行造成严重影响，那么他们可能会将投资人告上法庭。[①]

（4）有些网站上，投资人可以选择购买保险服务（由第三方服务商如 Asurvest 提供），保护自己的投资在有限期间——通常为交易关闭后 18 个月内免受公司解散或破产事件的影响。这项服务完

① SEC 未来会进一步明确发行门户的相关职责。

美地融合在众筹网站里，除非投资人有单独核查的需求，其他情况下则无须额外访问保险网站就可以享受保险服务。有关保险的更多内容参见第 8 章。

（5）众筹门户或平台需提供转账操作说明，引导投资人安全地将基金（总投资额加上保险溢价，若有的话）转到第三方托管平台。投资人可以选择邮寄支票或者电子转账的方式来支付投资款。如果众筹网站的类型属于经纪交易平台，则自己就可以充当托管代理商的角色并向发行人收取服务费（投资人免除此项费用）。如果不是，则投资人需将资金打到第三方托管平台，托管代理费由发行者承担。此外，众筹门户也允许从代理费中抽取任何收益。

（6）有些众筹网站会提供“分享工具”，以便投资人分享到非众筹平台的社交圈子里（比如通过 LinkedIn、Twitter 或 Facebook 等社交工具），告诉他们自己刚刚在［发行门户的名称和 URL 地址］投资了［发行者名称］，同时鼓励朋友和同事们一起加入此次投资。这种营销策略不仅有利于发行平台的宣传推广，还可以吸引更多的潜在投资人加入你的投资队伍，帮助发行者完成融资目标。但是，你也要决定是否愿意将自己的社交联系方式公开在投资圈里（不过，千万别盘算着能靠吸引新投资人加入投资来赚取推荐费，这种行为在 Title Ⅲ条例中是明令禁止的）。

如果发行者在截止日期之前没有达到融资目标，那么托管平台会将所有资金退还给投资人。而发行者只能两手空空地离开，众筹网站也不会收到任何费用。

如果发行者完成融资目标，则本轮融资就会关闭。托管代理会将投资款转给发行者（以及保险公司，如果投过的话），并从募资中抽取一部分作为服务费。同时，众筹平台也会从募资中获得一定抽成（通常在 6%～10%）。之后，发行者会签署发行文件并制成 PDF

文档，发到每位投资人的商业智能仪表盘上（dashboard）。投资人需复制这些已签署的文件并保存到电脑硬盘里或其他存储设备上，以及/或者打印出来并整理成档以备后用。虽然众筹网站承诺会永久保存这些文件，但是这种承诺谁也无法保证。

最后，你也许会获得一份股权或 LLC 成员权益的凭证。该凭证由众筹网站合同签约的且经过 SEC 认证的第三方股票过户代理人出具。SEC 并没有规定发行者或平台必须提供此类凭证，只要求发行者必须置备股东名册，有的时候只需要提供“账面记录”便能免去书面凭证的需要。

交易完成后，多数众筹网站会为发行者和投资人搭建私人的、安全的交流渠道。众筹网站的内部员工不会使用该渠道与交易任一方进行交流，且除了发行者和投资人以外，任何人均无法进入该渠道。通过该渠道，发行者可以向投资人发布报告、简讯、最新情况以及其他信息。投资人可以通过众筹网站的 dashboard 进入渠道与发行者和其他投资人沟通交流。一般情况下，众筹网站会一直开放该渠道。或者，当发行人不再是使用该渠道而是用自己的网站与投资人保持沟通时，众筹网站才会关闭该渠道。

与投资人保持联系，既是发行者的商业动机所在，也是其应尽的法律义务。投资人之间的相互交流可以帮助公司传递信息，比如新品上架、职位发布，或者转发公司新闻。当公司准备第二轮融资时，首轮投资人自然会帮助公司吸纳更多的资金。聪明的公司会维持投资人参与的积极性，从而不断地巩固投资人的群体力量。同样，对投资人而言，只有不断地支持公司，帮助其获得成功，投资人才有机会获得更高的投资回报。当然，你也可以选择做个被动的投资人，对他们的求助和需求不做任何回应。

股东的权利

根据 Title Ⅲ条例规定，通过股权众筹进行融资的公司必须向SEC 报备年报，并将年报提供给投资人。年报应包含财务报表、下一年的机遇和挑战以及短期目标的实现方案。其中，财务报表至少需包含损益表、资产负债表和现金流量表。

此外，公司法也规定以下事项公司必须向股权投资人提前通知：召开年度股东大会；对股东权利产生影响的法律程序；清算事件（解散、破产、兼并或收购）；首次公开上市。

每一项交易的条款中需对投资人的附加权利单进行详细说明。比如，你的公司（是的，作为股东，你就是公司的老板）根据要求可能需要提供季报或最新进展。此外，当需多数票或全票通过的事件发生时，公司要提前通知股东，比如修改公司章程或者借债超过一定额度。有的交易条款还会要求公司在发起新一轮融资时提前告知股东（不管是众筹融资还是传统的私募融资天使交易），以便让早期投资人有机会用优惠价格参与后续融资。投资人可能有权随时将自己的优先股转换为普通股而无须等到：①公司持续盈利；②公司面临重大流动性事件，比如被收购；③自己想要获得完全投票权。

有些优先股交易条款规定，不管公司是否盈利，优先股股东有权根据股票原始购买股份所占比例获得季度或年度股利。如果公司目前的现金流不足以支付股利，可以将股利累积到公司有能力时再分配——若现金流充足的话。享受该条款的优先股股东需持续关注累积股利的分配情况。

本书建议投资人定期或至少一年一次，将所有投资条款清单重新审核一遍（并研究每家公司的年报），从而提醒自己及时做好准备以应对公司的发展和变化。

管理参与

作为公司的老板，投资人（以及公司客户或其他任何人）有权联系创始人和高管向其咨询问题、表达自己的担忧或提供建议。那对方是否有义务做出回应呢？尽管大多数公司想和投资人保持良好的合作关系，但在法律上他们并没有这种义务。对公司而言，众筹的投资人数量较多，需求相对分散，公司处理起来太耗费时间。现实中还存在个别好事的股东，想通过这种方式间接取代创业者。因此，一些企业者（消费品和零售领域的企业家可能会排除在外）为避免处理群众顾虑和需求时负担过重，会放弃股权众筹的融资方式。

要想参与公司管理，投资人需成为董事会成员，或者在合同中享有有限参与的权利。这时，投资人应对自己的建议进行综合考虑后再向高管们反馈。如果投资人与公司的某位创始人或高管有私人交情的话，应当注意私人场合与和职业场合交流的区别。此外，要知道公司成员回应群众需求可能使他们无法处理公司事务。因此，众筹投资人最好先将自己的问题或争论点提交给其他投资成员，看看他们能否帮你解答，或者是否也存在同样的顾虑或问题。当大家的疑虑相同时，再让管理层花时间去集中处理。如果公司对此没有做出任何回应，则说明其中可能存在更大的问题，比如公司与客户间缺乏交流。

不管怎样，如果你坚信自己提出的问题或建议十分紧急或者有建设性，应当及时反馈给管理团队。如果暂时无法确定的话，最好先不要说，等到公司主动邀请时再提出来。

如果怀疑公司管理层存在欺诈、犯罪（比如侵吞公款或行贿）或违反证券法规的行为，应立即采取相应行动。首先，请公司对上述嫌疑行为做出解释或提供说明信息，排除误会的可能，或者最坏的结果，即证实自己的怀疑。如果公司不理会你的请求，或者提供不相关或虚假信息，这时应：①请律师介入调查；②询问股权众筹平台以外的其他投资人是否认同你的疑虑；③如果掌握公司行为不当的确凿证据，可以直接联系自己的律师、SEC 或者公司所在州区的总检察长办公室。切记，不要在毫无证据的情况下随意指控他人，否则你可能会因为诽谤（诋毁或造谣）而被起诉。有些行为对你来说可能不太妥当，但在法律上可能是有依据的。比如，某主管动用公司募得资金来买车，这种做法在其员工协议或者公司的一般政策里可能有过说明。实际上，从公司扣除一部分费用为员工提供车辆福利是另一种给员工涨薪的方式。因此，当投资人心存疑虑时，最保险的做法是向律师咨询意见，以防产生不必要的误会。不管怎样，投资人越快弄清楚这些疑虑，公司创始人在被宣判有罪或者被 SEC 起诉民事欺诈后，自己就能越快地挽回全部（或部分）投资。同时，若公司因此解散或破产，只要保险没过期，投资人也越有可能通过保险合同挽回投资。

请记住，管理不善并不属于犯罪。通常而言，法院在评估股份公司的管理行为时所依据的法律标准非常低。依据商业判断法则，属于管理人员行为不当的有：①蓄意欺骗，即明知道行为不合法仍要执意为之；②缺乏应有的谨慎，即普通人在类似职位稍加注意即可避免的情况；③违背公司的最大利益。然而，对于有限责任公司而言，这些法律标准未必能适用，因为有限责任公司在治理时依据的是合同法而不是公司法。

管理股权众筹投资组合

接下来这几年，投资人可能参与多个股权众筹发行并构建多样性的股权众筹投资组合。在第 8 章，本书对组合战略进行了详细的阐述，同时建议投资人构建包含十多个股权众筹项目的投资组合以分散风险。

投资组合里一定会有退出的项目。几乎可以肯定的是下行退出，有的是因为公司解散和/或破产导致的清算退出。至于上行退出，并不一定会有。

当投资组合中有一个或多个项目获得退出，投资人应继续投资其他项目来充分维持组合的多样性。同时，投资人还要注意每年的投资总额应避免：①超过 Title Ⅲ依据投资人的收入或净资产所设定的投资上限；②超出该类投资在组合中的占比，从而对其他类型的投资（比如天使投资）造成影响。

股权众筹网站会提供各种工具方便投资人跟踪不同类型的投资，同时还有 dashboard 供投资人查看最新消息、存档文件以及进入讨论专区（只有发行者和投资人可以访问）。如果投资人所有的 Title Ⅲ（股权众筹）投资都在同一个网站上进行，那么管理投资组合时要比分散在多个网站的更加容易。但换个角度来看，仅在一个网站进行投资会限制可供选择的投资项目数量，也不利于投资人构建多样化的投资组合。最后，管理方便固然是好，但找到最佳的投资项目才是更为重要的。

当公司准备发起新一轮股权众筹融资时，如果投资人的交易清单里没有反稀释条款，那么投资人要决定是选择投资更多的资金还是接受份额被稀释的事实。如果公司经过几轮融资后估值有了巨幅增长，即便股权比被稀释，投资人所占份额的价值也不一定会减少，这样看来也许仍旧是个不错的投资。但如果几轮后公司估值下跌，预计会进行贬值融资（新一轮发行时的股价低于上一轮），那么投资人的份额会在股权比和股价的两个层面上被稀释。这时，投资人需要判断公司是否有希望重新振作起来。如果有，那么贬值融资可能仍是个不错的投资机会，投资人可以用更低的价格买进更多股票。

换个假设，如果公司没有使用股权众筹的方式来融资，而是依据 D 条例（私募融资）进行天使交易，这时发行对象只会面向一小群投资额均在数万美元以上的投资人。此外，公司也可以选择依据 506 法则（c）款进行发行（允许一般性劝诱行为），面向对象只限于合格投资人。不过，这种类型的投资方式完全是另一个量级的概念了。如果公司跳过天使轮投资直接进行风险投资，那么投资人就无法对公司直接进行投资了，只能向 VC 公司投资（如果你是合格投资人）。VC 可能会将你的投资分散给多个组合内的公司。这几种情况对于一般的投资人来说可能无法驾驭，但这也说明你所投资的公司正在蓬勃发展，也许很快就能被收购或者 IPO。

投资回报

在投资的前几年，或者长达 7～10 年内，投资人可能都无法知道自己的股权众筹投资组合能获得回报。创业公司通常需要经过数年才能达到收支平衡，产生正向的现金流，之后还要更多的时间才能实现被收购的目标。因此，成功之前会出现各种失败的可能。

如果投资组合里有些创业公司在股权众筹融资后没几年就解散了，这时投资人也无须气馁。投资组合里的那些创业公司总是要经历好几年才能走出一两个胜利者。就一般规律而言，虽然失败的概率往往高于成功，但是成功的收获也比失败的更高。毕竟成功的投资回报没有上限，而失败顶多亏掉自己全部的投资。

成功的天使投资人经过数十年投资后发现，大部分的收益是由在投资组合中占很小比例的公司带来的。罗伯特·维尔特班克通过对合格天使投资人（详情参见第 6 章）进行长达 15 年的研究后发现，在投资组合中仅占 7%的项目所带来的收益是总收益中的四分之三。这就是众所周知的投资组合的偏态分布。此外，路易斯·比利亚洛沃斯（Luis Villalobos），一名成功天使投资人以及加州科技海岸天使投资集团（Tech Coast Angels）的创始人（有关介绍参见第 6 章）称，他的总回报中有 84%是由投资组合中 6%的项目带来的。这个数据表明，投资过程中虽然失败的情况居多，但是投资上的失利完全可以通过高回报的投资胜利抵消掉。

当投资人开始获得正回报时（这里使用“如果”一词可能会更加合适，不过我们是乐观主义者，相信你会获得回报），需将股权众筹的投资回报率（ROI）与组合中其他项目的回报进行对比，同时还要结合关键的市场指数来对比，如标准普尔 500 指数（S&P 500）。投资的长期目标不仅是要追求绝对的投资回报，还要分散投资的风险。要记住，投入的成本中不是只有金钱，甄选发行项目和尽职调查所花费的时间也应计算进去。如果投资人在管理股权众筹投资组合时也投入了时间，那么投资回报应当既要达到自己设定的目标（自己为投资组合设定的目标或基于市场指数的目标），还要补偿自己投入的时间成本。

投资人将 Title Ⅲ投资与其他类型的投资回报进行对比时，应使用年收益率来横向比较。计算年投资收益率并不简单，需考虑到货币的时间价值——也就是年复合收益率。最方便的方法是选用在线的“投资回报率计算器”来推算出年复合收益率，具体可参考投资百科（Investopedia）所提供的简单在线工具：http://www.investopedia.com/calculator/cagr.aspx。

此外，有些天使投资人还会计算总收益倍数，公式如下：

收益倍数=退出价值÷投资成本

结果以数字和后接“*X*”来表示。这种方式并没有考虑投资持有周期（比如货币时间价值）或投资人投入的时间成本。

成熟的天使投资人会使用更加复杂的公式来计算自己的年收益，以便推算出包括Title Ⅲ股权在内的所有资产的“公允价值”。不过，这些内容超出了本书的讨论范围，且对投资额较低（如低于1万美元）的项目来说，没有必要使用这么复杂的计算方式。

如果十年之后（这样才算得上“长期”），股权众筹组合和其他替代投资所带来的回报赶不上自己主流投资项目的回报（比如公共股票、公司债券或市政债券、共同基金、住宅房地产、货币市场基金等），这时，投资人应当对整个组合的构建战略和/或其他替代投资战略进行重新评估。这样做的目的并不是让投资人放弃股权众筹投资，因为股权众筹的投资市场在下一个十年会不断地进化——证券条例、发行者参与方式、二级市场（流动市场）和平台技术都会发生改变（更新情况请持续关注本书在线同步网站：www.wiley.com/go/equitycf）。

如果股权众筹项目中能有一家公司成功上市，那么投资人就会中头彩，这时可以考虑进阶到风险投资或私募股权领域，或者继续投资股权众筹，做个不图回报的慈善家。

在股权众筹中，并不是所有投资人的首要动机都是经济收益。正如前面几章所说，有些人是出于社会动机而投资股权众筹项目。这类投资人需在每一年，尤其是在同一家公司进行后轮融资前，对公司的业务和完成情况进行核查，确保公司按照既定的任务和商业计划运营。不管是哪种动机的投资人，均需要对投资的长期收益进行评估。看见自己所投资的公司在做有意义的事，自己还能从中获得收益，投资人会获得更大的满足感。如果这项投资让你亏了本，就当是做了一次不用交税的慈善捐赠，这样也能获得更多的满足感。

投资者的社交网络

投资人在众筹网站进行投资，尤其是和其他众筹投资人一起协作做尽职调查时，很可能会需要与其他投资人互相交流宝贵意见。这时，不论是通过投资平台或其他途径和他们一直保持联系，交流彼此对新项目的看法，都是种不错的方式。我们希望全国各地都能成立股权众筹线下交流小组，面向所有投资人开放，就像天使投资团体为合格投资人成立的小组一样。随着股权众筹行业的不断成熟，以后会出现各种针对投资人的教育性会议、线上社交活动，出版其他与本书相似的众筹书籍，或许还会在有线电视外的其他媒体上开通股权众筹专有频道。到那时，你就会成为股权众筹投资社群里的一分子。

第 14 章

流动性和二级市场

投资人通过股权众筹平台投资私募投资的原因主要有两种：社会动机和经济动机。然而，在 Title Ⅲ（股权众筹）的世界里，投资人最好不要同时抱着这两种目的来优化自己的投资决策，这一点我们在第 8 章讨论过。

如果是出于社会动机投资 Title Ⅲ发行项目，应多关注公司的短期生存状况，监督公司能否长期有效地完成自己的使命或取得特定的社会影响，以及/或者看看自己成为“团队”（包含创始人和联合投资人的团队）一员后能否获得想要的满足感。由此可见，股权众筹是一种买进后需长期持有的投资，并不是一场单纯的交易。当然，投资人也不想让自己的资金打了水漂，所以会期望公司将来能够回报以股息、资本利得和/或福利和津贴。不过，这种类型的投资动机不应当是获得丰硕的投资回报（比如公司 IPO），同时也不要对股份的流动性——一年持股期满后可以任意出售股份——产生过高的期望。

如果投资是出于经济动机，那么 ROI 和流动性则是这类投资人的首要关注点。本书在第 13 章讨论了盈利退出，比如公司成功上市或被收购，这时投资人——持股数年之后——可以计算出自己的年收益率（如每年 20%）以及总收益倍数（如为 5*X*）。关于流动性，本书在第 11 章讨论了优先股回购（投资人有权利或义务将优先股回购给发行者）的几种可能性。

然而，对于天使投资人来说通过回购变现并不总是个好法子。“公司是能够回购股份的唯一实体，其开出的价格可能会低于别人在公开市场中给的价格，”穆罕默德·赛义德[①]说道，“公司很少会或基本不会用高价来回购股票，除非它们打算和专业的投资人合作，清理掉股权结构表里的众筹投资人，为下一轮 VC 和机构融资做准备。”这就是为什么有些天使投资人只投资能在二级市场流通的私募投资。

本章将解释如何通过二级市场为投资人的私募投资提供更多的流动性。在深入分析之前需强调一点，尽管私募投资可以在二级市场交易，但其流动性还是无法与公开证券相比拟。大公司的公开股票在证券交易所里交易频繁，成交量大，且每天会有上千家报纸和网站对股价进行报道。即便是小公司的公开股票，也称为场外交易市场（OTC shares）股份，其价格可靠稳固，不缺乏买家。而私人股份则受到联邦和各州法律限定，交易频率低，价格波动大，也没有多少媒体对股价进行广泛报道。

此外，与公开证券的股票相比，普通投资人对私募投资的需求（在过去八十多年里）一直是微乎其微的。这一方面是因为不合格的投资人受到证券法的限制，基本无法参与私募投资；另一方面是因为小型私人公司的信息披露程度较低，且退出计划不明确，所以很多合格投资人不敢轻易投资。

因此，即便创业公司的股票能在二级市场流通，也有媒体对股

---

① 穆罕默德·赛义德（Muhammed Saeed），一名连续创业家（serial entrepreneur）、证券电子贸易系统的开发者。他还在波士顿创立了 Firefly Capital（一家电子贸易和经纪公司），2008 年与 Alivia Technology（金融科技公司）合并。

价进行可靠报道，那么又有谁会成为私募投资的买家呢（不考虑价格因素）？根据《JOBS 法案》的规定，只有合格的投资人才允许转售私人证券。但是私人证券的需求量在短期内还是无法提上去，这样即便创业公司发展良好，其股价也会持续低迷下去。也许在接下来的十年里，数以千万计的投资人逐渐意识到 Title Ⅲ发行带来的新机遇，那时，私人证券的需求量有可能会激增，股价也随之上涨。但这些又有谁能保证呢？

来自纽约的公司和证券律师米切尔 · 利特曼给出了一个合适定义：二级市场交易是指“发行者将不能公开交易的证券进行私人协商发行。其中，有些交易是由买卖双方直接达成的，有些则由代表单方或双方的中介进行的，中介会从买卖中赚取佣金。买方和卖方可以通过网络、私人经纪人或中介机构来寻找彼此”。[①]

转让限制

《JOBS 法案》规定，依据 Title Ⅲ条例在众筹网站发行的证券必须满一年持股期（除少数情况例外）。在第一年持股期内，投资人可以通过以下方式转让（出售或者捐赠）股票或者 LLC 成员股份：①回购给发行者；②成为经 SEC 注册发行的股票或成员权益，比如 IPO；③转让给合格投资人；④离婚或逝世事件发生时转给直系亲属。

限定持股期主要目的是防止一级投资者成为私人证券的“承销商”，即购买大量证券后抬高价格再分批倒卖给下家。

进一步说，转售证券必须符合联邦和各州的法律规定。对于初

---

① 引自：米切尔 · 利特曼和莱斯利，*The Secondary Market for Private Shares*，Littman Krooks 律师事务所，纽约市，2012 年 5 月。

次发行的 Title Ⅱ或 Title Ⅲ证券需优先遵从联邦证券法的有关规定（也就是说，根据联邦法规定，州级法规无须对这两种发行强制注册和资格要求），而后续交易则没有这类优先要求。根据联邦法规定，Title Ⅲ证券在一年持股期满后可以自由转售。但在州级法律中，这类证券的转让可能会存在各种相互冲突的法律要求。[①]有些州不会对二级出售加以限制；有些州则允许“单独的”二次销售；有些州只能自由转售给机构投资者。只有当各州协调了 Title Ⅲ证券转售有关规定，有序的 Title Ⅲ证券二级销售市场才有可能建立起来。[②]

转让股权众筹证券除了受到上述的 Title Ⅲ以及各州法律的限制外，交易条款可能对持股期满一年的股份进一步增加转让的限制和/或义务。比如，投资人在转让前必须告知发行者自己的转让意向，包括转让对象、每股出售价格（或其他且有值对价）以及转让时间。公司需要知道自己股票的最终持有人是谁。当交易条款包含优先购买权时，投资人须让发行者有机会优先购买拟转让给第三方的股票，购买价格需相同，条件也基本一致。有些交易条款（比如种子轮）会给予其他种子投资人同样的优先购买权，所以通知流程可能会更加复杂。

有的公司会限制投资人在特定时间内出售股票。比如，公司在组织文件中包含这样一条规定：发行后的 36 个月内投资人不允许出售自己的股份。发行文件中存在个性化因素，这提醒着投资人在做出投资决策前要仔细审阅交易条款。

---

① 参见 Second Market（私人持股公司的股票交易所）更新于 2013 年 1 月 31 日的 Blue Sky Report，https://www.secondmarket.com/education/reports/secondmarket-blue- sky-report。

② 萨拉·汉克斯，弗吉尼亚州证券律师以及 CrowdCheck 公司的 CEO。

为何出售？买家是谁？

当持股期满时，投资人可以通过私下交易或正式成立的二级市场（如果存在的话）向任何投资人出售 Title Ⅲ权益股份。

本书将对二级市场以及运作方式进行解释，在此之前需要知道：既然二级市场的股价难以预测（且价格通常较低），为什么有些投资人在获得盈利退出之前会转让所持有的股份呢？以下总结了七点原因：

- 突然急需用钱。
- 其他投资人开出的购买价格让人难以拒绝。
- 决定调整投资组合的分配策略，将手中的私募投资（另类资产）出售出去，从而降低投资风险。
- 意识到公司收入增长已趋于平稳，即便公司还在运营，股票价格也不会高于目前的水平。
- 认为公司出现严重战略失误，股价会因此跌破，或者觉察出公司管理层的不同派系出现了矛盾。
- 发现更有吸引力的投资机会，继续持有该股票的机会成本过高。
- 公司转型，更改商业计划，不再继续实现其社区影响目标，让投资人失去了投资动机。

如果投资人必须将股票出售出去，那么请先问下自己：谁会购买我的股票？购买的原因是什么？如果公司不再继续发展，那么别的投资人在购买时一定会谈价格——换句话说，价格会非常低，甚至会低于投资人的原始购买价格。如果公司还在盈利和发展，别的投资人应当愿意用合理的价格购买你手中的股票——但最好还是继续持有股份，等待盈利退出的机会。当然，如果投资人急需用钱，那就另当别论。

当公司经历前几年快速发展后进入平稳期，这个时候投资人并不容易判断公司日后会如何发展。公司也许能恢复往日的势头继续向前发展，也许会一直处在平稳期保持稳定的经营状态，也有可能渐渐地被人遗忘。有的投资人觉得公司不可能再出现迅猛发展，但有的则认为还有巨大潜力。这种情况下，由于公司在股权众筹融资后不断地发展，估值也随之上涨，乐观的投资人可能会愿意开出高价购买你手中的股票。这时，你就得凭借自己的商业经验来评估公司的发展潜力，从而明智地决定是否要将股票转让出去。

除了公司进入平稳期，还会存在其他情况。当投资人的预测与其他人的存在偏差时，也就是说投资人认为股价会继续上涨而其他人则正好相反，投资人也有机会将股票卖个好价钱。毕竟，这种事情在公开证券交易所每天都会发生，对同只股票期望不同，自然就会有人来买，有人来卖。

还是回到最初的问题上：买家是谁？他们为什么要购买你的股票？答案可能有以下几种。

- 其他股权众筹投资人，在上一轮股权众筹融资中投资总额已达到 Title Ⅲ条例的年限（依据投资人的收入和净资产而定），但还想继续投资该公司。因此，等到一年期限满后，他们会通过二级市场或者直接向该公司的其他众筹投资人购买更多的股票。
- 公司，出于某种原因考虑想回购种子投资人手中的股票，比如，公司打算向风险资本家募集资金，但这些投资人要求股权结构表不得包含其他投资人。
- 新投资人，在上一轮融资就注意到这个股权众筹投资机会，但由于当时的资金不够充分，无法及时加入投资行列。或者，投资人想观望公司在融资后能否取得发展，如果能的话，他们再投资进来。

- 另一种新投资人，之前没有注意到这个股权投资项目，但后来出于某种社会动机（比如有朋友买过该公司的股票）或经济动机（公司看上去会迎来强劲的发展势头）的考虑，想要成为该公司的股东。这类投资人很有可能会等到价格优惠时再出手。
- 有战略眼光的投资人，认为公司会成为本行业里的关键供应商或变革者。这类投资人不一定会等到价格优惠时才购买，只要价格公道甚至估价乐观都会心甘情愿买进。
- 机构投资人，一直观望公司在股权众筹融资后的发展状况，等公司发展到后期可以进行风险融资时才考虑买进。不过，他们投资 Title Ⅲ股份可能是想丰富投资组合的多样性，当然不想错过能带来巨大收益的快速成长型公司。

投资人也可以站在买方位置上，当其他投资人打算出售股票，而你相信股票价格还会继续上涨，所以你愿意买进这些股票。能买到优惠的股票最好，价格“公道”（估值比较合理）你也能够接受。

下一个问题是，有买卖意向的投资人，如何能找到对方呢？答案就和你找到目标投资公司一样——通过在线中介。融资后的中介就是我们所说的“二级市场”。因为股权众筹目前尚处早期阶段，暂时还没有正式成立的二级市场支持 Title Ⅲ股权众筹股权交易，所以众筹的市场机制（买方想低价买进，而卖方想高价卖出，双方在某个地方一起协商“合理”价格）还不是很完善。在后续几年，股权众筹的二级市场可能会一直低效运行，甚至还有可能出现市场混乱。不过，买卖双方必须经过日复一日的交易和协商，才能让二级市场进化，让交易程序渐渐变得高效起来，价格也会趋于合理。这就是我们所称的自由市场资本主义。

数字世界里的二级市场

私募证券的电子贸易平台最早出现在 20 世纪 90 年代。那时，大多数贸易平台只不过是被动的电子公告牌，买卖双方只能通过平台进行联系，交易只能通过线下的方式。[①] 第一家真正经过 SEC 认证[②] 的电子二级市场（线上交易平台）出现在 90 年代末，由 Nasdaq（美国纳斯达克）、Goldman Sachs（高盛投资公司）、NYPPEX（纽约私募交易所）等机构联合发布，当时只有“合格机构买家”，也就是拥有价值 1 亿美元投资组合的机构，才有资格在该平台上进行交易。

所谓的次级市场基金出现在 2000 年左右。Industry Ventures 和 Millennium Technology Value Partners 是当时最大的两家基金公司，主要对早期企业和成长型公司进行风险投资，股份直接从创始人、员工和天使投资人手中购买。Millennium 目前掌管着近 10 亿美元的资金，持有包括 Facebook、Twitter 和阿里巴巴集团上市前（pre-IPO）的股份。

2007—2008 年经济出现衰退后，IPO 活动呈低迷状态，人们开

① 罗伯特·罗宾斯和马修·哈利南. 限制性证券的私人贸易平台. 美国法律研究院，2013-03。两位作者均是证券律师，罗宾斯位于华盛顿特区，哈利南位于旧金山。

② SEC 主要通过出具无异议函的方式来批准平台的发布，即 SEC 暂时性承诺不会对其采取制止措施。

始寻求其他可替代的流通方式。于是，Second Market 以及 Shares Post（美国私募股权二级市场先驱）在 2009 年推出了支持私募证券交易的二级市场平台。[①] 其操作方式类似于 eBay 的拍卖，卖家可以在上面发布私人股份，表明最低价格；作为买家的合格投资人可以在规定时间内对这些股份进行竞拍；出价最高者“获胜”。这类平台很快就吸引了各方投资人的浓厚兴趣，如次级市场基金、机构投资人和合格的个人投资人（“散户”），等等。

起初，Second Market 允许卖家——以发行方在职或离任员工为主——无须经过发行者同意或参与便可以在平台上出售自己的股份。然而，Second Market 渐渐发展成专为发行者提供“个性化流通方案”的平台，现在又赋予发行者更多权利（面向客户的权利）来控制二级市场上的交易——目前将自己主要定位成“合并&收购平台”。例如，发行者可以规定在职和/或离任员工只能向现有股东出售股份（以避免增加股东人数）；设定每季度出售股份数量的上限；设置最低出售价格；增加优先购买权（即便交易条款中没有包含该项条款）；等等。

Second Market 要求在平台上进行股份交易的所有公司必须将财务信息（包括经审计的财务报表）发布到安全的数据库中供合格的买家查看。该平台将最低交易额设为 10 万美元，每笔交易抽取募资的 3%（最低为 2 500 美元）作为手续费。根据 Second Market 报告显示[②]，2014 年上半年该平台平均交易规模为 2 700 万美元。

---

① Second Market 实际创立于 2004 年——随后更名为 Restricted Stock Partners，为上市公司的受限证券提供交易市场。

② http://blog.secondmarket.com/ image/ 94718993867.

要注意，这些都是 Title Ⅲ股权众筹之前的数据，且交易中的所有买家均是合格投资人——2011 年约有 15 000 人使用了 Second Market 平台。从这点来看，Title Ⅲ股份的二级市场并没有正式成立，但是我们希望当 Title Ⅲ的二级市场真正出现时，最低成交额和平均成交额能够稍微调低一点，同时让非合格投资人也能参与到买卖中来。

根据 Second Market 2014 年上半年的报告显示，出售方主要是发行方的在职员工（83%）和离职员工（15%），只有 1.6%是天使投资人，剩下不到 1%是公司创始人。从证券的细分种类来看，交易中出售的大多数是普通股（52%），其余的是期权（26%）、优先股（20%）、认股权证和限制性股票（2%）。参与交易的公司其成立年份平均为 8 年。此外，上半年报告中还有一点需要注意，交易中有 67%是第三方发盘收购的（以公共基金和对冲基金为主），而发行者自行回购的只占到 33%。

现在 Second Market 已经调整了业务范围，除了经营二级市场外，还提供企业型技术，支持公司自行处理次级股份的销售。这种新型服务所面向的客户包括 Survey Monkey（在线调查系统服务网站）、Square（日本游戏软件公司）以及 Kabam（视频游戏开发商）。

2013 年 3 月，Shares Post 和 Nasdaq OMX Group（纳斯达克-OMX 集团）联合组建了合资企业 Nasdaq Private Market（NPM），继而推出为私募投资提供二级市场交易的平台。和 Second Market 一样，NPM 强调发起人对二级市场的控制作用。

据彭博社报道，2013 年由员工与天使投资人达成的私募投资交易总额达到了创纪录的 120 亿美元，而 2014 年有望上涨到 190 亿美元。

Title Ⅲ二级市场

有些金融专家认为，Second Market 和 NPM 让发行者来控制二级市场，不利于形成高效且价格公道的二级市场，扼杀了市场机制。许多私募投资已经受到诸多条款和限制条件的束缚，再让发行者来控制二级市场只会增加买卖双方的限制。我们希望在 Title Ⅲ股权众筹世界中，随着二级市场的不断发展，未来股东可以在平台上自由出售自己的股份，无须发行者的同意或任何控制（持股期满一年之后可以自由转让，持股期在一年内的只能向合格投资人转让）。

股权众筹门户或经纪交易平台可以在本平台嵌入点对点的二级市场，让已注册的投资人可以出售从该平台购买的股份。目前，荷兰一家股权众筹平台 Symbid 已经可以支持这种内嵌式的二级市场。 该平台成立于 2011 年，是全球第一家上市的股权众筹平台。在该平台上，非合格投资人最低可投资 20 欧元。

结论

二级市场的发展就如同股权众筹行业一样，在接下来的几年内会不断地进化。我们会将 Title Ⅲ二级市场的全部最新进展发布在本书同步网站上，参见 www.wiley.com/go/equitycf。

有些成熟的投资人相信（正如赛义德写道），“如果没有强健的二级市场，就连一级市场也会难以生存。因为不是每家公司都能成功上市或者被收购。股权众筹若缺乏流动性，就无法吸引大大小小的投资人为创业公司投资”。鉴于此，建议部分投资人优先阅读本章的内容，希望他们能够从中获得鼓舞。

后记：趋势和革新

Title Ⅲ股权众筹是以下三点相互汇合的结果：①法律法规；②社会媒体；③“新”天使投资人的大量拥入。这三个方面在接下来的十年会不断进化发展，从而为发行者和投资人带来更高效的股权众筹交易。

对于证券法，美国国会众议院已经提议修订《JOBS 法案》的 Title Ⅲ，放宽股权众筹的融资限制，并为发行者减轻负担、降低成本。我们相信，这些条例的修改能为股权众筹门户带来更多的优质交易流，其中包括具有市场牵引力的后期公司。我们期望，监管股权融资的法律法规能在未来几年进一步完善，跟上其他国家的发展步伐，让（面向所有投资人的）股权众筹得到全面繁荣。不过最重要的是实现《JOBS 法案》的最初愿景：推动经济发展，创造更多就业机会。

对于社会媒体——为各种类型的众筹平台提供技术基础，它们知道什么样的创新能够为生活提供更多方便，降低投资风险（可能还会获得更多的乐趣）。众所周知，社会媒体发展尚不成熟，还需要不断地飞速发展。我们期望在不久的将来，股权众筹网站也许可以让投资人们“会集”起来，一起同发行者协商交易条款，而不是被动地“接受或放弃”他人的决策。

对于“新”天使投资人，未来会出现许多教育机会，其中包括：

大学课程、在线研讨会、学术会议和其他（最新的）书籍。这样，投资人才有机会了解私募投资、投资组合战略、交易条款、尽职调查以及其他有关股权众筹的知识，从而做出更加明智的投资决策，提高自己的投资收益。另外，投资人要学习如何开发出透明度更高的商业计划和交易条款。我们预计发行者及其律师会一起联合创建出新的企业实体——我们称之为CF公司，专门适用于通过众筹成立的公司。这种CF公司处理问题会更加灵活，比如，运用独特的管理方式对地域分散且人数众多的小额投资人进行管理。

当股权众筹能够自我发展时，会有更多创业者需求股本资金（供应方），更多投资人寻求能够丰富投资组合多样性的“替代”投资项目（需求方）。持续增长的供给和需求会刺激出具有爆发性的行业，不断地创新，进一步提高效率。